Villa Borghese
Villa Torlonia
Monte Pincio
Galoppatoio
Piazzale Brasile
Porta Pinciana
Viale del Muro Torto
Villa Medici
Via Nomentana
Via del Corso
SPAGNA
Piazza di Spagna
Mausoleo di Augusto
Trinità dei Monti
Via Porta Pinciana
Via Ludovisi
Via Veneto
Via Boncompagni
Via Piemonte
CASTRO PRETORIO
Via Palestro
Via dei Condotti
Via Sistina
V. L. Bissolati
Via XX Settembre
BARBERINI
Via Barberini
Piazza Barberini
Via Cernaia
Terme di Diocleziano
Piazza Indipendenza
V. S. Martino d. B.
Piazza Parlamento
Via del Tritone
Via Rasella
Piazza Repubblica
Piazza dei Cinquecento
Via Marsala
60
Fontana di Trevi
Giardino d. Quirinale
Quirinale
REPUBBLICA
TERMINI
Museo Naz. Romano
Stazione Centrale
Via Quirinale
Via Nazionale
Via Cavour
Via Giovanni
V. d. Corso
V. Lucchesi
Via Seminario
Piazza del Quirinale
V. Consulta
Via C. Balbo
Santa Maria Maggiore
64
Largo Magnanapoli
Via Panisperna
CAVOUR
Via Paolina
V. C. Alberto
V. d. Plebiscito
Piazza Venezia
60 64
Via Botteghe Oscure
Monumento Nazionale a Vittorio Emanuele II
Mercati di Traiano
Via Storza
Via G. Lanza
Piazza Vittorio Emanuele II
VITTORIO
Via Cavour
S. Maria d'Aracoeli
Museo Capitolino
Via dei Fori Imperiali
San Pietro in Vincoli
V. D. Annibaldi
M. Esquilino
Via Merulana
Teatro di Marcello
Via di Teatro di Marcello
Capitolino
Foro Romano
Colle Oppio
Via Mecenate
V. M. Ariosto
Lung. Pierleoni
Piazza Colosseo
Viale Domus
V. R. Bonghi
V. S. Teodoro
COLOSSEO
Colosseo
Via Labicana
Ponte Palatino
Via di S. Giovanni in Laterano
S. Maria in Cosmedin
M. Palatino
Via di S. Gregorio
Via Claudia
Piazza Bocca della Verità
Via dei Cerchi
Piazza di Porta S. Giovanni
Lung. Ripa
Fiume Tevere
Circo Massimo
Via del Circo Massimo
M. Celio
Via di S. Stefano Rotondo
Basilica S. Giovanni in Laterano
Piazza di Porta Capena
V. d. Navicella
Lung. Aventino
Via di S. Sabina
V. Terme Deciane
Pontif. Ateneo Lateran
V. Amba Aradam
CIRCO MASSIMO
Piazza Porta Metronia
Aventino
Parco di Porta Capena
Via delle Terme di Caracalla
Via Drusco
Via Gallia
Terme di Caracalla
Piazza Numa Pompilio
Marmorata

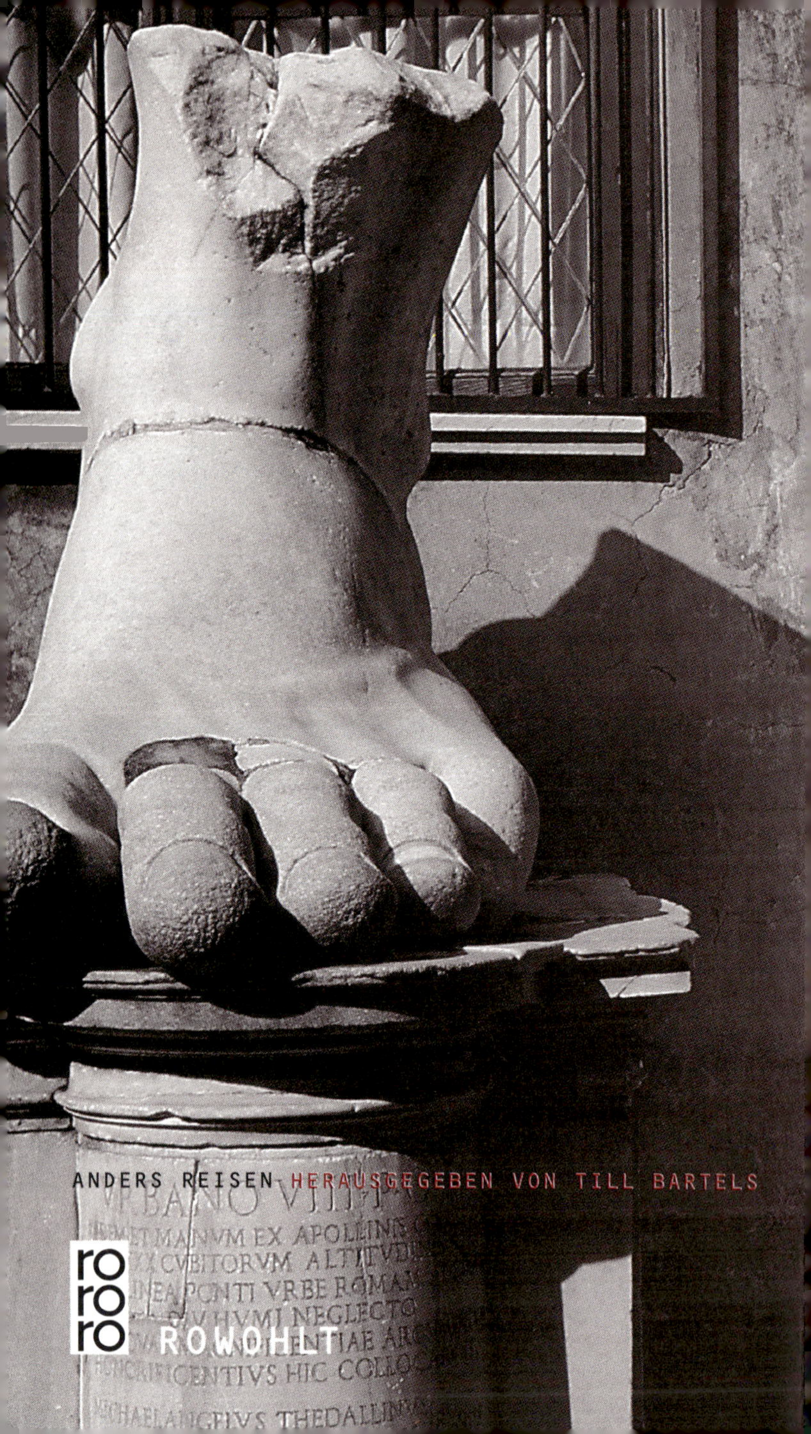

ANDERS REISEN HERAUSGEGEBEN VON TILL BARTELS

rororo

ROWOHLT

ANDERS REISEN

ROM

VON PETER KAMMERER
UND HENNING KLÜVER

MIT FOTOS VON
BERNHARD SCHURIAN

INHALT

WEGE DURCH GESCHICHTE UND GEGENWART

TOUREN DURCH DIE STADTVIERTEL

KUL-TOUREN UND AUSFLÜGE

INFOTEIL

52.–61. Tausend Juni 1997
Neuausgabe
Veröffentlicht im Rowohlt Taschenbuch Verlag GmbH,
Reinbek bei Hamburg, April 1984

Satz Stone, PostScript, QuarkXPress 3.31 (Dolev 800)
Umschlaggestaltung Walter Hellmann
(Foto: Tony Stone IMAGES, A & L Sinibaldi)
Layout und Grafik Alexander Urban
Karten Elsner & Schichor, Karlsruhe
Druck und Bindung Clausen & Bosse, Leck
Printed in Germany
1990-ISBN 3 49919094 x

Mitten durchs Gewühl
und die Jahrhunderte

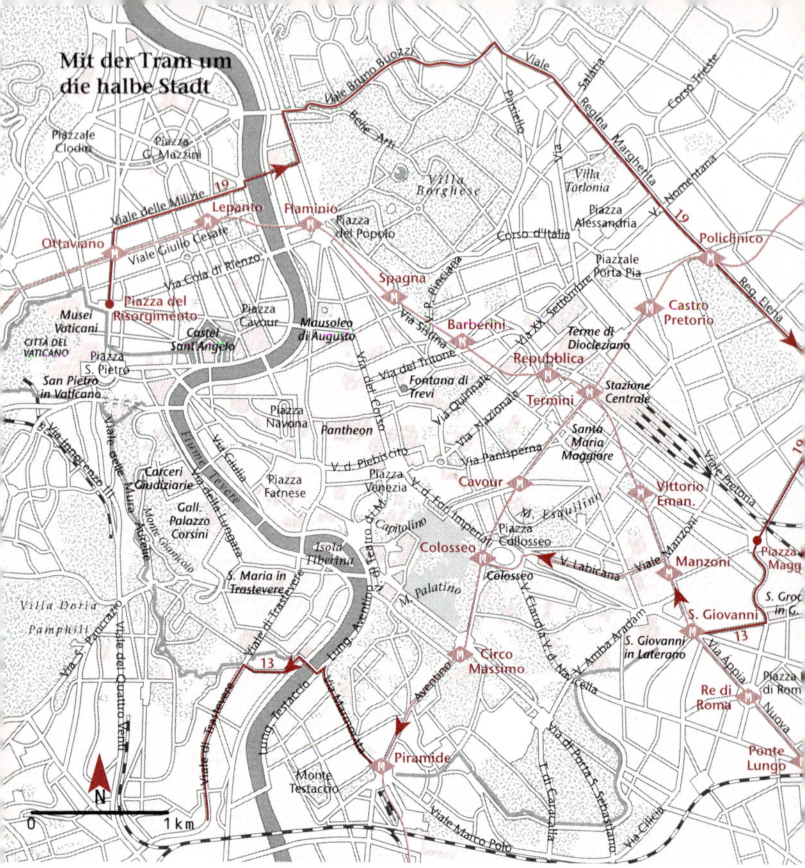

sie fast 2000 Jahre lang bestimmten. Als 1870 das Königreich Italien Rom und den Rest des Kirchenstaates erobern konnte, begann die neue Regierung sehr gemächlich, die Hauptstadt auszubauen. Sehr bewußt wurden für das neue Viertel Prati, das um den Vatikan herum entstehen sollte, Straßennamen gewählt, die sich entweder auf das alte römische Kaiserreich oder auf die nationale Erhebung, das Risorgimento und das neue Königreich beziehen. Die Kirche empfand das als Provokation und die Stadtplaner hatten ihren Spaß. Die Hauptstraße des neuen Viertels, der hübsche Boulevard Via Cola Di Rienzo, der die Piazza del Popolo mit der Piazza del Risorgimento verbindet, wurde nach dem «Demokraten und Revolutionär» benannt, der in der ersten Hälfte des 14. Jahrhunderts ein neues, von Kaiser und Papst unabhängiges Rom errichten wollte. Am Fuß des Kapitols wurde er 1354 auf dem Gang zu einer Sitzung ermordet. Sein Schicksal beschäftigte vor allem im 19. Jahrhundert Literaten und politische Träumer, so auch Richard Wagner.

Die Tram fährt durch die Via Ottaviano und biegt ein in den **Viale delle Milizie**, den Boulevard der

Miliz. Die Boulevards entstanden als Räume für Cafés und Vergnügen, aber auch als Räume für militärische Aufmärsche. Der Viale delle Milizie diente vor allem dem Militär. Denn als zweite Provokation hatte der neue italienische Staat dem entthronten Papst Kasernen unter die Nase gebaut. Der Vatikan sollte auch militärisch isoliert werden. Durch die Aufmarschallee fahren wir an den Kasernen vorbei dem Tiber zu. Die Allee besteht aus Platanen, die im Herbst oft auf barbarische Weise gestutzt werden. Überall da, wo das neue Rom nach 1870 neue Straßen baute, stehen Platanen.

Dritte Provokation: So angestrengt wir auch aus der Tram schauen mögen, nirgends haben wir einen direkten Durchblick zur Peterskuppel – die Anlage der Straßen stellte den Vatikan ins Abseits. In diesem Viertel der Beamten und Soldaten mit Mietspalästen und Villini (Ein- oder Zweifamilienvillen, oft in schönem Jugendstil, vor allem in der Via Pompeo Magno und Via degli Scipioni in Richtung Tiber) schuf der «Einiger Italiens», der piemontesische Staatsapparat, ein unübersehbares Zeichen der Modernisierung: das neue, mittelständische Rom als Gegensatz zum Rom der überfüllten, verwahrlosten Volksquartiere des Zentrums. Fertiggestellt wurde das Viertel erst nach dem Ersten Weltkrieg. Immer wieder wurde die Bautätigkeit unterbrochen: Spekulation und Krisen bestimmten die Erweiterung der Stadt. Trotzdem kommen uns dieses Viertel und das in den zwanziger Jahren hinzugefügte Viertel um die Piazza Mazzini geradezu idyllisch vor: Heute kann sich das kleine und mittlere Bürgertum so etwas nicht mehr leisten.

Überfahrt über den Tiber, über den **Ponte Matteotti**, Blick nach rechts: am Ufer das Denkmal für Matteotti, eine goldene Flamme. Im April 1924 hatten die Faschisten mit massiven Manipulationen und aufgrund des Zusammenspiels von Polizei und Schlägertrupps die Wahlen gewonnen. In einer aufsehenerregenden, schonungslosen Rede im Parlament stellte der Sozialistenführer Matteotti Mussolini und seine Partei der kriminellen Schläger bloß. Am 10. Juni erhielt er die Quittung. Er wurde hier am Tiber überfallen, in ein Auto gezerrt und ermordet. Als wenige Tage später die Leiche des Abgeordneten gefunden wurde, schien das Ende der faschistischen Regierung da zu sein, so groß war die öffentliche Empörung. Die sozialistische Opposition zog aus dem Parlament aus, auf den Aventin (wie einst die Gracchen!), die Kommunisten blieben im Parlament und forderten den Generalstreik. Der König und die Konservativen zauderten, dann nahmen sie den Mord in Kauf, dessen Blut fortan die Allianz von Konservativen und Faschisten besiegelte. Im Januar 1925 konnte Mussolini im Parlament «die volle Verantwortung für die Tat» übernehmen – eine Tat, die er wahrscheinlich selbst nicht angeordnet hatte. So wurde der Mord an Matteotti zur «Wachstumskrise», zum Schritt in die offene Diktatur.

Rechts vom Ponte Matteotti die neue Brücke der U-Bahn-Linie A (Metropolitana). Links das Marineministerium, mit dem Meer durch das trübe Tiberwasser verbunden. Nach ein paar hundert Metern erreichen wir die Via Flaminia, eine der Hauptausfallstraßen nach Norden, biegen aber bald ab und fahren in das Tal der Villa Giulia, direkt auf den Renaissancebau zu, den sich Papst

Julius III. um 1550 vor den Toren der Stadt errichten ließ.
Die Straße verengt sich zwischen Villa und Felsen und erreicht den Talkessel und den äußeren Teil der Villa Borghese, deren Park hier einst in die Campagna überging. Um die Jahrhundertwende wurde aus diesem Tal ein Tal der Akademien und Künste, erneut ein Gegenbild zum alten, keiner neuen Kunst mehr fähigen Rom der Päpste. Neben der **Galleria Nazionale d'Arte Moderna** wurde über hohe Treppen 1935 die Fakultät für Architektur errichtet, und gegenüber bauten Länder wie Belgien, Rumänien, England, Schweden ihre Kunstakademien. Hinter Museum und Architekturfakultät erstrecken sich die Monti Parioli, die nach dem Zweiten Weltkrieg als Ghetto für das neureiche Bürgertum bebaut wurden. Bei guten Verkehrsverhältnissen sind wir erst 15 Minuten unterwegs. Dennoch bietet sich ein Zwischenstopp an: In der **Villa Giulia** befindet sich das etruskische Museum, eines der schönsten Museen Roms. Auch die Nationalgalerie für moderne Kunst ist seit einigen Jahren zu einem interessanten Museum und Ausstellungsort geworden. Den meisten ist die moderne italienische Malerei nur durch wenige große Namen (stellvertretend De Chirico und Guttuso) und durch junge Avantgardisten bekannt. Hier erhält man die Chance, auch die Futuristen, die Metaphysiker und die Scuola Romana kennenzulernen. Ferner kann man von hier aus durch den Park der **Villa Borghese** zur Mitte der neunziger Jahre restaurierten Villa spazieren, in der eine atemberaubende Fülle von Kunstwerken ausgestellt ist – liebenswert allein schon wegen ihrer «privaten Sammleratmosphäre».

Platanenalleen und Jugendstilvillen

Von der Valle Giulia keucht die Tram auf der ehemaligen Scheidelinie zwischen Park und Campagna hoch. Links stehen heute Villen, rechts sieht man die Käfige des Zoologischen Gartens. Bis zum Jahr 2000 soll der alte Zoo in einen «Bio-Park» verwandelt werden, was immer das heißen mag. Schon seit Jahren gibt es das Museo Africano nicht mehr, das mit dem Zoo verbundene alte Kolonialmuseum. Wie auf den Zigaretten- und Margarinebildern sah man die Wilden und die zivilisierte Welt im Kampf – in Somalia, Äthiopien und Libyen. Darum hatte man mit der Reorganisation des Museums so seine Schwierigkeiten und zog es vor, es ganz zu schließen.
Wieder Platanenalleen und dann die **Piazza Ungheria**, in den sechziger und siebziger Jahren Treffpunkt der feineren Neofaschisten. Ein Großteil der Bauten hier stammt aus den dreißiger Jahren, so die Kirchen in einem verspäteten Gründerstil, die wir hier am Platz und später an der Piazza Buenos Aires sehen. Die Straßennamen sind dem Königshaus und seinen dynastischen Beziehungen gewidmet: Viale Liegi, Viale Regina Margherita, Viale Regina Elena. In einer einzigen, mehr als vier Kilometer langen Geraden tangieren diese Boulevards die gesamte östliche Stadt und kreuzen dabei die Via Salaria, die alte Verbindungsstraße mit der Adria, und die Nomentana, die Nahverkehrsstraße zu den Dörfern und Villen in den Sabiner Bergen. Mit einem Januskopf könnte man beim Überfahren der Via Nomentana stadteinwärts die Porta Pia sehen, einen späten Bau des Michelangelo, neben der die italienischen Frei-

Travertin und Marmor – die Pyramide des Cestius bei der Piazza Ostiense willigen 1870 (am durch zahlreiche Straßennamen verewigten 20. September) die berühmte Bresche schlugen, und stadtauswärts zur Rechten den Park der Villa Torlonia, einer der letzten Villenbauten, in der Napoleonzeit errichtet für die Bankiers und Großgrundbesitzer Torlonia und später Privatresidenz Mussolinis.

Hinter der Via Nomentana, vor allem an der Piazza Galeno, stehen einige hübsche Jugendstilvillen – links am Platz ein Prachtstück, die Villa Ximenes: reiner Jugendstil mit Reliefs, die Künstler «aller Zeiten» darstellen, ein «Altar der Künste».

Rechts beginnt der große Komplex der Universitätskliniken, gebaut um die Jahrhundertwende. An die Poliklinik schließt sich die Città Universitaria an, ein vom faschistischen Oberarchitekten Piacentini in den frühen Dreißigern entworfener Komplex mit einer Kirche der göttlichen Weisheit (Divina Sapienza), die Papst Pius XII. nach einem Entwurf Piacentinis 1948 bauen ließ. Wenn die Uni schon nicht mehr faschistisch sein durfte, sollte sie doch zumindest katholisch bleiben. Sie blieb beides, bis 1966 der linke Student Paolo Rossi von Neofaschisten erschlagen wurde, ein Mord, der zum Beginn der Studentenbewegung führte.

Römische Mischung

Die Straßenbahn fährt direkt auf die Basilika San Lorenzo und den hinter ihr liegenden römischen Zentralfriedhof Campo Verano zu, biegt dann rechts ab in die Via Tiburtina, die Ausfallstraße nach Tivoli, und durchquert auf der Via dei Reti das Arbeiterviertel von San Lorenzo. Am 19. Juli 1943 wurden der Verschiebebahnhof und das Arbeiterviertel San Lorenzo einschließlich der Basilika von den Alliierten bombardiert. Das war wenige Tage nach der Landung auf Sizilien und knapp eine Woche vor der Absetzung und Verhaftung Mussolinis durch den König. Das Machtvakuum war in der Stadt bereits spürbar, und nach dem Luftangriff hatte Pius XII. seinen großen Auftritt vor der Basilika als Schützer der Stadt; ein Denkmal erinnert daran.

Die Tram fährt, vorbei an empfehlenswerten, billigen Kneipen, durch ein abenteuerliches Chaos von Verkehr, alten Häusern, Bahnhof und hochstelzigen Autobahnen, zur Porta Maggiore – dort umsteigen in die Linie 13.

Die **Porta Maggiore** ist ein großartig erhaltenes Tor aus dem Jahre 52 nach Christus, erbaut unter Kaiser Claudius, dessen Wasserleitungen von hier in die Stadt führten. An der Außenseite des Tores steht das Grab eines reichen Bäckers, eines Staatslieferanten von Brot, in der Form eines Backofens, geschmückt mit einem schmalen Fries voller Darstellungen aus einer Backstube. Am Platz, unter den Geleisen der Eisenbahn – das gehört zu den Verrücktheiten Roms – befindet sich in der Via Prenestina 17 eine der bedeutendsten heidnischen Basiliken, die leider ständig geschlossen ist.

In wenigen Minuten fährt die Tram an drei Basiliken vorbei, die zu den wichtigsten Pilgerzielen gehören: San Lorenzo, Santa Croce in Gerusalemme und San Giovanni in Laterano (siehe auch S. 121).

Einen nicht-kirchlichen Ausstieg kann man an der Ecke zum Viale Manzoni unternehmen, an der die Bahn links abbiegt, während geradeaus an der Piazza Vittorio Emmanuele an jedem Vormittag einer der reichhaltigsten und bil-

ligsten römischen Märkte stattfindet. Von dieser Ecke des Viale Manzoni aus (auch U-Bahn-Station der Linie A) erreicht man in drei Minuten die Via Tasso und zu ihr parallel die Via Matteo Boiardo und damit zwei sehr unterschiedliche, fast vergessene Stätten deutschen Wirkens in Rom. In der Via Tasso 145 lag das Hauptquartier der SS. Heute ist hier ein kleines Museum, das **Museo Storico della Lotta di Liberazione di Roma**, das den Widerstand in Rom in den Jahren 1943 und 1944 dokumentiert. In der Parallelstraße hingegen steht noch das hübsche Lusthaus der alten Villa Giustiniani-Massimo mit Fresken der Nazarener, einer religiös motivierten deutschen Künstlergruppe, die sich um 1810 in Rom niederließ.
Die Bahn erreicht im Tal zwischen Celio und Esquilin das Kolosseum, und es beginnt eine der schönsten Trambahnstrecken der Welt, die Strecke zwischen Kolosseum und Circus Maximus am Hang des Celio, gegenüber dem Palatin. Es geht vorbei am Beginn der Via Appia, an dem seltsamen Obelisken von Axum und den weißen Bauten der Welternährungsorganisation FAO. Nach der Eroberung Äthiopiens ließ Mussolini den geraubten Obelisken hier aufstellen und plante ein Afrikaministerium. Das Gebäude wurde nach dem Zweiten Weltkrieg nach den alten Plänen fertiggestellt und wird heute von der UNO für die FAO genutzt. Rechts kommt der Circus Maximus ins Blickfeld.

Trümmer und Trödel

Zwischen dem Kleinen und dem Großen Aventin erreichen wir die **Porta San Paolo** mit der Cestius-Pyramide, und hier beginnt die letzte Strecke, durch die Via Marmorata – so genannt, weil hier große antike Lager von Marmorsäulen gefunden wurden – am Steilhang des Aventin entlang, während sich linker Hand das erste geplante Arbeiterviertel der italienischen Hauptstadt, il Quartiere Testaccio, auf dem Gelände der antiken Hafenschuppen und Lagerhäuser ausdehnt. Dieses Viertel, der antike Schuttberg Testaccio, der protestantische Friedhof, das alte Industriegebiet hinter dem Schlachthof und der Aventin, sind von der Porta San Paolo aus sehr leicht zugänglich. Von der Tram aus sehen wir wenig, wir merken nur, daß sich die soziale Zusammensetzung der Tramfahrer wieder einmal geändert hat, ein anderes Segment des popolo romano bevölkert den Wagen.
Die Tram fährt über den Fluß, und von der Brücke aus sieht man entlang dem Ufer die Ausgrabungen der alten Hafenanlagen. Hier beginnt das Gebiet des Trödelmarktes, der jeden Sonntagmorgen an der Porta Portese stattfindet. Es beginnt Trastevere, und die Tram steuert auf den **Viale Trastevere** zu. Man erkennt gleich an den Platanen und dem ägyptischen Pathos eines riesigen Ministeriums, daß hier der italienische Einheitsstaat nach 1870 wieder einmal zugeschlagen hat. Hier hat man eine letzte Chance, endgültig auszusteigen und sich im uralten, chic gewordenen Trastevere umzuschauen, bevor sich die Tram in Richtung Peripherie bewegt, zunächst noch durch das Rom der Gründerjahre, an Hospitälern und dem Bahnhof Trastevere vorbei, dann auf der Circonvallazione Gianicolense hinein in das Rom christdemokratischer Bauspekulation, die den Monteverde Nuovo in den fünfziger Jahren in eine Zementwüste verwandelt hat.

PLÄTZE DER VERGANGENHEIT

AUSBLICK AUF DAS ANTIKE ROM

Eine Tour durch römische Mythologie und Geschichte, vom Aufstand der Gracchen bis zu Cäsars Ermordung und der Reichsgründung durch Augustus. Unsere Tour endet beim Kaiser Konstantin, unter dessen Herrschaft das Christentum zur wichtigsten Stütze des Staates wurde.

Vom Aventin, von der **Piazza Ugo La Malfa** zu Füßen des Mazzini-Denkmals, überblickt man das älteste besiedelte Gelände Roms. Hier haben sich die Ereignisse abgespielt, die zur Gründung der Stadt führten.

Der Räuberstaat

Rom entstand als Räuberstaat aus dem Zusammenlauf von allerlei Gesindel und räuberischen Hirten, und die Überlieferung weiß genau, wann diese sich entschlossen, eine Stadt zu gründen, und darum stritten, wer König sein solle: Es war am 21. April 753 vor Christi Geburt. An diesem Tag setzen sich zwei Anführer, die Brüder Romulus und Remus, auf den zwei gegenüberliegenden Hügeln Aventin und Palatin fest. Sie wenden sich an die etruskischen Priester, deren magische Wissenschaft entscheiden soll, wer König wird und wo die Stadt gebaut werden soll. Die Priester lesen in den Eingeweiden der Opfertiere und im Flug der Vögel. Winzige Details geben Aufschluß über die Qualität des Wassers, der Pflanzen, über die Lebensbedingungen der Umwelt. Wie bei Karl May kann ein gebrochener Zweig, eine fallende Feder über Leben und Tod entscheiden. Zwischen den Brüdern, auf dem Gelände des Circus Maximus, liegt ein Sumpf. Remus sieht als erster sechs Vögel, dann Romulus zwölf. Wie auch später bei den Römern siegt die Quantität. Da gibt es nicht viel zu interpretieren, meint Romulus und erschlägt den Remus, der ihn verspottet. Remus ist auf dem Aventin begraben, und dieser Hügel wurde zum Berg der Plebejer, während der Hügel des Siegers, der Palatin, Sitz der ersten Siedlung und später Residenz der römischen Kaiser wird. In den Worten «Palast» und «Pfalz» ist diese Residenzfunktion aufgehoben.

Das junge Gemeinwesen raubte sich vom benachbarten Stamm der Sabiner Frauen und überlebte mit Brutalität nach außen, härtester Disziplin nach innen. Es gab Arme und Reiche, starke und schwache Familien, Patrizier und Plebejer. Die Historiker weisen darauf hin, daß dieser zeitweise sehr ausgeprägte Gegensatz, my-

Die 57 Meter hohe Fassade des Kolosseums, des größten geschlossenen Bauwerks der Antike in Rom

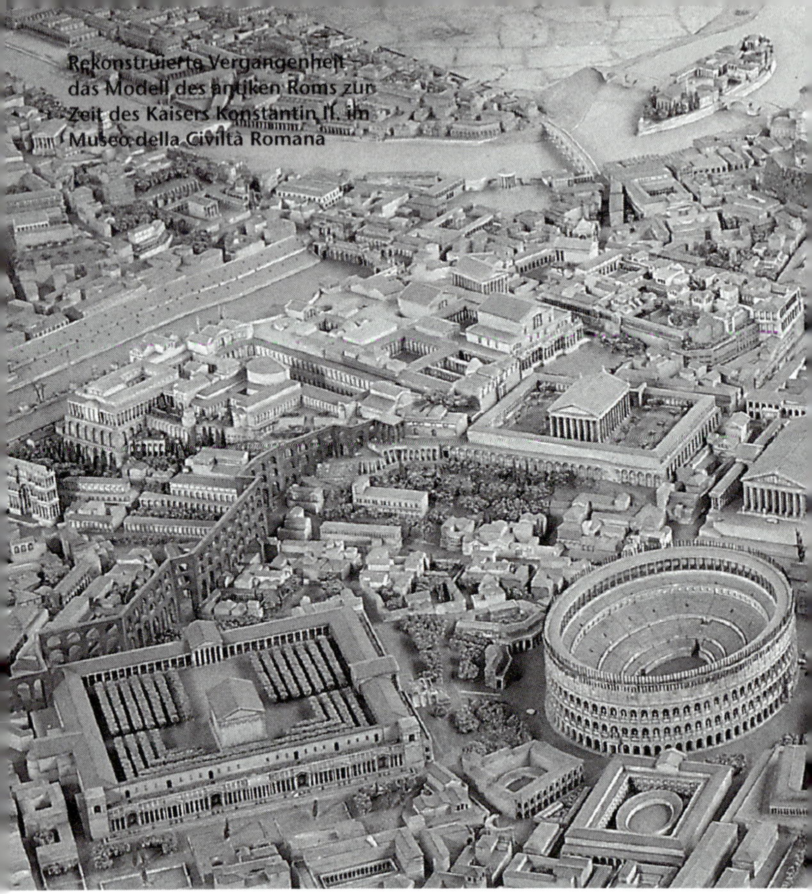

Rekonstruierte Vergangenheit – das Modell des antiken Roms zur Zeit des Kaisers Konstantin II. im Museo della Civiltà Romana

thisch bereits angedeutet in den Figuren des Romulus und Remus, fast nie gewaltsam ausgetragen wurde. Der Brudermord hatte den Staat zementiert.

Ein paar Jahrhunderte lang waren die Römer Bauern und Soldaten und eroberten in langwierigen Kriegen nach und nach ganz Mittelitalien und die Ufer des Mittelmeeres. Die inneritalienischen Kriegsgeschichten sind langweilig im Verhältnis zu jenem Kampf auf Leben und Tod, der zwischen Karthago und Rom im Streit um die Weltherrschaft ausbrach. Nach drei Weltkriegen wurde das Karthago des großen Hannibal 146 vor Christus endgültig dem Boden gleichgemacht. Im gleichen Jahr wurde Korinth eingeäschert und Griechenland Provinz.

Aus Bauern werden Soldaten

Während die römischen Bauern die ganze Welt eroberten, verloren sie zu Hause ihre Existenzgrundlage. In ihrer Abwesenheit kassierten die Reichen die verschuldeten kleinen Güter, faßten sie in großen Einheiten zusammen und bewirtschafteten sie durch Sklaven, die nach den Sie-

gen massenweise anfielen. So machte sich der römische Bauer selber überflüssig. Bei der Stange gehalten wurde er durch das Versprechen der Feldherrn auf Landzuweisungen – zu Hause oder in den eroberten Kolonien – nach zwanzigjährigem Kriegsdienst.
Im Jahre 133 vor Christus agitierte Tiberius Gracchus die Soldaten, die von den großen Eroberungen heimkehrten: «Die wilden Tiere Italiens haben eine Höhle, ein Lager, einen Unterschlupf. Aber die Männer, die für Italien kämpfen und sterben, haben nur Licht und Luft. Ohne Haus und Heim irren sie mit Weib und Kind umher. Die Generäle lügen, wenn sie in der Schlacht die Soldaten aufrufen, die Gräber der Ahnen gegen die Feinde zu verteidigen. Denn keiner von diesen Römern hat ein Vaterhaus und die Grabstätten der Vorfahren. Für den Luxus und den Reichtum anderer setzen sie ihr Leben ein. Ihr heißt Herren der Welt, doch in Wahrheit gehört euch kein Krümchen Erde.» Der Mann wurde mit 300 Anhängern von den Großgrundbesitzern im Wahlkampf erschlagen.
Sein Bruder Gajus Gracchus versuchte den «historischen Kom-

promiß» zwischen Bauern und Handwerkern einerseits und der progressiven Bourgeoisie der Banken und des Handels andererseits, um den alten Senatorenfamilien, den Großgrundbesitzern, die politische Macht streitig zu machen. Er führte das Projekt einer Landreform vor allem in den eroberten Gebieten weiter und verfügte für die verarmte römische Plebs regelmäßige Kornspeisungen. Dafür mußte Getreide importiert werden, und die riesigen Importe aus Sizilien und Ägypten, die nun einsetzten, machten nun ihrerseits wieder die Preise kaputt und die römischen Bauern bankrott. In kürzester Zeit stellte sich die römische Wirtschaft völlig um: Die brotlosen Handwerker und Bauern erhielten in der Stadt regelmäßige Speisungen, die Importe blühten, und finanziert wurde das Ganze durch neue Eroberungen. Rom produzierte nur noch Soldaten und Herrschaft. Auf dieser Konstellation beruhte Roms Weltherrschaft mehrere Jahrhunderte lang. Und obgleich Gajus Gracchus der Mann der Banken, der Subventionen und des Handels war und die Ausplünderung der Provinzen deckte, verfolgte er doch auch eine Politik der Reformen. Er führte die Idee der Landreform weiter und verlangte eine Ausweitung des Bürgerrechts auf die anderen italienischen Stämme. An diesem Punkt ließen ihn die Bankiers im Stich, und die Konservativen bekamen wieder Aufwind. Gajus verschanzte sich auf dem Aventin, dem Volksviertel, aber in einer Nacht der langen Messer wurde er im Jahre 121 mit 3000 seiner Anhänger ermordet. Gajus versuchte zwar vom Aventin herunter in den Tiber zu entfliehen, aber am Abhang verstauchte er sich den Fuß und ließ sich von einem Sklaven erstechen, um nicht in die Hände seiner Verfolger zu fallen. Das Andenken der Gracchen wurde geächtet, Trauerfeiern verboten. Es kam eine Zeit ständiger Militärputsche und Bürgerkriege, in der Politik nur noch mit der Waffe in der Hand entschieden wurde. Erst Julius Cäsar, mütterlicherseits verwandt mit den Gracchen, setzte 75 Jahre später durch seine Alleinherrschaft den Wirren ein Ende.

Zeiten für Cäsar und Augustus

Trotz Klassenkämpfen und Bürgerkriegen überstand Rom in jener Zeit den ersten Ansturm der germanischen Völker, der Kimbern und Teutonen (der Retter des Vaterlandes war Marius, ein Onkel Cäsars), die Aufstände der Numider in Afrika und der Perser im Osten und einen Klassenkampf besonderer Art: Sklavenaufstände in Sizilien und den großen Aufstand der Sklavenheere des Spartakus in den Jahren 73 bis 71.

Trotz dieser Siege trug «das ganze äußere und innere Regiment dieser Zeit den Stempel der Erbärmlichkeit», so Hegel. Aber es wurde die Zeit großer Individuen, die um so freiere Entfaltungsmöglichkeiten hatten, je zerrütteter der Staat und je unfreier das öffentliche Leben wurde. In den republikanischen Institutionen war kein Halt mehr, es galt keine Regel, sondern nur der Wille des einzelnen. Die Fäulnis der Republik und das Herumtaktieren des Senats gaben einem Cäsar freie Hand. Wie agiert nun ein großer Mann zwischen kaputten Institutionen und korrupten Machern? Diese Frage, die die Phantasie beschäftigt und gefährliche Träume transportiert, beschäftigt die

Nachwelt bis heute. Doch nicht nur die Nachwelt.
«Cicero spürte als erster die tyrannischen Absichten des Cäsar, sein Streben nach der Macht und nach der Weltherrschaft, beruhigte sich aber immer wieder: ‹Wenn ich sehe, daß sein Haar immer so übermäßig gepflegt ist und er sich nur mit einem Finger kratzt, dann wird ihm, meine ich, ein so furchtbarer Gedanke wie der Umsturz der römischen Staatsform nie kommen›» – so steht es im Plutarch.
Cäsars Ermordung führte nicht zur Wiederherstellung der Republik, sondern zunächst zum Bürgerkrieg und später zur Herrschaft seines Neffen Oktavian, der den Namen Augustus, der Erhabene, annahm. Mit ihm konsolidierte sich die Alleinherrschaft eines einzelnen und wurde bis zum Untergang des Römischen Reiches im 5. Jahrhundert zur Staatsform.
Nun hatten die langen Wirren der Bürgerkriege ihre autoritäre Lösung gefunden, aber das religiöse Erlösungsbedürfnis äußerte sich um so drängender und führte zum massenhaften Import orientalischer Heilslehren und schließlich zum Siege des Christentums.
Wir brauchen nur den Palast der Kaiser, den **Palatin** uns gegenüber anzuschauen, um in der mächtigen Architektur nicht nur die Größe, sondern auch den Keim des Ruins zu sehen. Nicht umsonst ist der Palatin als Ruine vielleicht ebenso herrlich wie als Palast. Die Intellektuellen bereits der ersten Kaiserzeit drückten ähnliche Gefühle aus und versuchten auf Reisen das Leben eines Aussteigers aus dem Zentrum des Imperiums zu führen. Die Briefe Senecas, der einer der reichsten Männer seiner Zeit war, behandeln Themen wie: «Streben nach Weisheit befreit von Todesfurcht», «Keine unnötige Furcht vor künftigem Unheil», «Möglichst bald hinaus aus dem Staatsdienst» und «Zurückgezogenes Leben ist wahres Glück». Einige seiner Briefe sind heute wieder Bestseller in der Reihe der Billigtaschenbücher zum Preis von 1000 Lire (Stampa Alternatia). Doch ein Aussteigen durch Reisen war nicht möglich. Überall im Imperium holte den Fliehenden die Blutspur der Macht ein, alle Spuren führten nach Rom.
Während der römische Staat durch die Übernahme wichtiger Funktionen und durch den Bau riesiger Verkehrswege und Infrastrukturen immer konkretere materielle Formen annahm, wurde er gleichzeitig immer abstrakter, den Bedürfnissen der Menschen immer fremder. So entwickelten sich die christlichen Gemeinden in strenger Abgeschiedenheit von aller Staatstätigkeit und in strikter Ablehnung des Gottkaisertums und seiner materiellen Basis, die ein christlicher Autor des zweiten Jahrhunderts folgendermaßen kritisierte: «Alle ihre Tempel sind aus Beutegut gebaut, das heißt aus dem Untergang von Städten, mit Tempelraub und Priestermord.» Später, unter Kaiser Konstantin, war das alternative Netz der christlichen Gemeinden so stark, aber auch so entdemokratisiert, daß es zur wichtigsten Stütze des Staates werden konnte. So wurde das Christentum nicht nur zu einer religiösen, sondern auch zu einer organisatorischen Antwort auf die Nöte der Zeit. Es wurde zur gewaltigen Klammer zwischen Römern und Germanen, zwischen denen, die aus der Geschichte ausstiegen, und denen, die nun neu einsteigen sollten, so Werner Raith.

DIE GESCHICHTE VON PETER UND PAUL

PILGERZIELE DES FRÜHEN CHRISTENTUMS

Von Petrus und Paulus zu den sieben Pilgerkirchen des Frühchristentums und wieder zurück. Eine Tour in Begleitung von Reliquienhändlern und Merkwürdigkeiten. Der Weg führt zu den Stätten der frühen Machtkämpfe, die im Namen der Apostel geführt wurden.

Zur Zeit des Kaisers Konstantin (306–337) gelingt den Christen, einer aus dem Osten gekommenen, gut organisierten Sekte mit völlig neuen Ideen vom Heil und von der Erlösung der Menschheit, der Durchbruch. Sie dürfen große Basiliken bauen, zunächst an der Peripherie, an den Orten der Verfolgung und Hinrichtungen: über den Gräbern von Petrus, von Paulus, von Laurentius und über den Katakomben, die dem Andenken der Apostel geweiht waren (San Sebastiano). Innerhalb der Mauern gründete Konstantin direkt neben seinem Palast die wichtigste Basilika, die zunächst dem Erlöser, später dem heiligen Johannes geweiht wurde: San Giovanni in Laterano. Von diesen ersten Stützpunkten aus wurde von nun an das heidnische Rom erobert. Die wachsende Verehrung der Märtyrergraber bewirkte bald, daß man ihren Kult von den Außenbezirken und Grabstätten in innerstädtische Kirchen übertrug.

Der Sieg der Christen

Zu dieser Zeit, wir befinden uns etwa in der Mitte des 4. Jahrhunderts, war der Marienkult noch nicht offiziell anerkannt. Kirchen wurden, mit der Ausnahme der beiden wichtigsten Apostel Petrus und Paulus, nicht nach Normalheiligen benannt, sondern nach ihren Erbauern und Stiftern. Die Rolle Marias als des weiblichen Gegenpols zum männlichen Gottvater setzte sich erst im folgenden Jahrhundert durch und fand ihren Ausdruck in der Gründung der Basilika Santa Maria Maggiore auf dem Esquilin. Damit war die Mannschaft komplett, die seitdem die himmlische Hierarchie der katholischen Kirche bildet: Christus, Maria, Petrus und Paulus.
Die Herrschaft des Theodosius im Ausgang des 4. Jahrhunderts trug den letzten Schimmer des Glanzes in sich, der die römische Welt verherrlicht hatte. Unter ihm wurden die heidnischen Tempel geschlossen, die Opfer und Zeremonien abgeschafft und die nichtchristlichen Religionen selbst verboten. Die heidnischen Redner jener

Treffpunkt von Pilgern und Touristen – vor der Kirche Santa Maria Maggiore

Epoche waren voller Erstaunen und Klage über den ungeheuren Kontrast von früherer und jetziger Zeit: «Unsere Tempel sind zu Gräbern geworden. Die heiligen Orte, welche früher mit den heiligen Bildsäulen der Götter geschmückt waren, sind jetzt mit Knochen (den Reliquien der Märtyrer) bedeckt. Menschen, die einen schmählichen Tod um ihrer Verbrechen willen erduldet haben, deren Leiber mit Striemen bedeckt sind und deren Köpfe eingesalzen worden sind, sind Gegenstand der Verehrung.» Man verstand die Welt nicht mehr, alles Verächtliche wurde erhaben und alles, was früher hoch gehalten worden war, zerfiel zu Staub.
Nach Theodosius wurde das Reich in einen östlichen und einen westlichen Teil unter die Söhne geteilt, die Residenz der Herrscher lag nicht in Rom. Goten und Hunnen bedrängten die Provinzen, die Stadt wurde von Alarich, dem großen Gotenfürsten, im Jahre 410 gestürmt und geplündert. Ein Schicksal, das sie 45 Jahre später durch die Vandalen unter König Geiserich noch einmal erlitt. Die Würde der weströmischen Kaiser wurde zur Farce, und ihrem leeren Titel machte schließlich Odoaker, König der Heruler, ein Ende.
Die Weltgeschichte, welche ihren Lauf in den endlosen Weiten Asiens begonnen hatte, welche in ihrem Jünglingsalter auf dem griechischen Olymp verkehrte und in der römischen Geschichte ihre männliche Reife entfaltete, trat nun – so schreibt Hegel – mit den Germanen in ihre Phase der Vollendung. Aus der Einmillionenstadt Rom wurde zur Jahrtausendwende eine 100 000 Einwohner zählende Stadt der Päpste und Pilger. Für die Gläubigen war Rom ein neues Jerusalem.

Panoptikum der Heilsgeschichte

Was in Rom zu sehen war, beschreibt im Heiligen Jahr 1350 Petrarca einem Freund: «So gelangst du endlich nach Rom, Herrin und Haupt aller Dinge. Der Pilger besucht die Gräber der Apostel, betritt die Erde, die vom heiligen Blut der Märtyrer gerötet ist. Er sieht das Antlitz des Herrn, das sowohl auf einem Schleier (dem Schweißtuch der Veronika) wie an der Wand der Mutter aller Kirchen (des Lateran) zu sehen ist. Er betritt die Sancta Sanctorum, einen kleinen Ort voller himmlischer Gnaden. Er besichtigt den Vatikan und den Friedhof des Kalixtus, der mit den Knochen der Seligen gefüllt ist. Er sieht die Krippe des Erlösers (in Santa Maria Maggiore). Er betrachtet das abgeschlagene Haupt des Täufers, den Rost des heiligen Lorenz, er besucht die Stätten, wo Petrus gekreuzigt wurde, wo das Blut von Paulus floß und Wasserquellen hervorsprudelten (Tre Fontane), den Ort, wo man die Grundmauern einer wunderschönen Kirche auf den Schnee baute, der im Sommer gefallen war (Santa Maria Maggiore).»
Neben diesen Wunderdingen gab es noch zahlreiche andere zu sehen. Rom, die Stadt der Apostel, begann Jerusalem, der Stadt Jesu, den Rang abzulaufen und versammelte in seinen Kirchen mittels eines ausgedehnten Reliquienhandels und zahlreicher Fälschungen die großen Zeichen der gesamten Heilsgeschichte. Die Pilger sahen und verehrten zum Beispiel allein im Lateran: Reste der Arche Noah, Dornen des brennenden Dornbusches Moses', Reste der steinernen Tafeln der Zehn Gebote, die Rute, mit der Moses aus dem Felsen Wasser schlug, das Messer der Beschneidung Christi, ein Gerstenbrot der wunderbaren

Brotvermehrung, ein Kopftuch Unserer Lieben Frau, das Tuch, mit dem Maria ihrem Sohn am Kreuz die Scham verhüllte, den Tisch, auf dem die Soldaten die Kleider Christi verlosten, die Salben und Büchsen, mit denen Maria Magdalena Christus salbte.

In Rom waren in konkreten Zeugnissen die gesamte Heilsgeschichte, das Alte und das Neue Testament samt der bisherigen Kirchengeschichte versammelt, in zeitloser Eintracht, als Fragmente und Zeichen, die die Zeit erfüllen. «Und auf dem Münster (von Sankt Johann im Lateran) steht ein eisernes Kreuz, das ist geschmiedet worden von dem Schwert, mit dem Sankt Paulus ist enthauptet worden. Wer das mit Andacht ansieht, der hat 300 Jahre Ablaß» (Niclas Muffel aus Nürnberg, 1452). Bereits der Blickkontakt mit dieser aufgehobenen Vergangenheit durchfährt wie ein Blitz das ganze Leben, leuchtet weit in die Zukunft und verkürzt das Fegefeuer, in dem wir nach dem Tode geläutert werden.

Es ist wahr, daß diese Fetische Macht ausübten und Millionen von Menschen in Bann hielten. Wahr ist aber auch, daß sie den Massen einen phantastischen Zugang zur Geschichte und zu Lebensgeheimnissen eröffneten und daß sich im Aberglauben nicht nur die Macht der Kirche, sondern auch das Wissen der Massen gegen die Kirche äußerte.

In zahlreichen mittelalterlichen Pilgerführern wird die Zahl der Kirchen in Rom mit der fabelhaften Zahl 1505 angegeben, quarum major pars est destructa, deren größter Teil zerstört ist, von denen einige aber auch an Alter, Würde und Heiligkeit herausragen. In der Hierarchie der Kirchen stehen an erster Stelle die vier Erzbasiliken Sankt Peter, Sankt Paul, Sankt Johann im Lateran und Groß-Sankt-Marien, die bis heute noch direkt dem Heiligen Stuhl gehören und zur Feier der «Heiligen Jahre» über eine Heilige Pforte verfügen. Zusammen mit drei weiteren Kirchen (Sankt Sebastian, Sankt Lorenz und die Kirche zum Heiligen Kreuz von Jerusalem) bilden sie die sieben Hauptkirchen, deren Besuch Ziel der Pilger war. Die Phantasie der Pilger hatte sich der Stadt bemächtigt und Ruinen, Steine, Bauten, Quellen und Bäume mit dem Leben einer fabelhaften Geschichte erfüllt.

Der Besuch der sieben Kirchen

Papst Bonifaz VIII., nicht nur laut Dante ein ausgemachter Bösewicht auf dem Papstthron, gründete im Jahre 1300 die Tradition der Heiligen Jahre, indem er denen, die zu den Apostelgräbern pilgerten, einen vollkommenen Ablaß ihrer Sünden gewährte. Die Wallfahrt zu den sieben Hauptkirchen wurde erst im 16. Jahrhundert ein Ritual. Filippo Neri (1515–1595), ein wirklicher Heiliger und Narr Gottes, den Goethe «den humoristischen Heiligen» nannte, begründete diese Sitte. Die Wallfahrt begann am Aschermittwoch und dauerte zwei Tage, gedacht als Gegenveranstaltung zum römischen Karneval, nicht als Buße, sondern als Suche nach einer anderen Fröhlichkeit. Die Veranstaltung wurde sehr populär und fand, solange es den Kirchenstaat gab, also bis 1870, auch das ganze Jahr über statt.

Am ersten Tag wurden Sankt Peter und die Kranken des nahegelegenen Hospitals San Spirito besucht. In der Frühe des zweiten Tages zog man von der Porta di San Spirito auf der Via della Lungara zur Tiberinsel, zum Circus Maximus,

San Giovanni in Laterano – das Hauptschiff mit dem Papstaltar

über den Aventin zur Porta Ostiense bis nach Sankt Paul vor den Mauern. Das war die erste große Etappe, wobei man auf dem Weg noch viele der kleineren Kirchen besuchte. Der zweite Abschnitt ging auf der Via delle Sette Chiese, die damals in freier Landschaft verlief und herrliche Ausblicke auf die Campagna und die Aurelianischen Mauern bot, zu den Katakomben der Via Appia Antica und zu San Sebastiano. Das Mittagessen fand als Picknick in der Villa Celimontana statt. Von hier ist es nicht weit zum Lateran, zur Scala Santa und zur Basilika Santa Croce in Gerusalemme. Die letzte Etappe führte nach San Lorenzo und zurück zu Santa Maria Maggiore.

Sankt Paul vor den Mauern

Die *Legenda Aurea*, ein populäres religiöses Volksbuch im Mittelalter, weiter verbreitet und mehr gelesen (und gehört) als die Bibel, bemerkt: «Man findet auch geschrieben, daß Paulus geringer war als Petrus; auch, daß er größer war; oder, daß er ihm gleich war. Doch ist er in Wahrheit kleiner als

Petrus in Würdigkeit, größer als Petrus in seiner Predigt, Petro gleich an Heiligkeit.» Mit Würde hat die **Paulusbasilika** an der Via Ostiense wenig zu tun. Die französische Romantikerin Madame de Staël schrieb bereits 1807: «Von außen gleicht sie einer schlecht gebauten Scheune.» Madame hatte noch Glück. Wir sehen nur den akademischen Versuch, die Basilika, die 1832 durch einen Brand fast ganz zerstört worden war, Mitte des vergangenen Jahrhunderts wieder aufzubauen. Zum Glück ist der wunderschöne Kreuzgang vom Anfang des 13. Jahrhunderts erhalten geblieben.

Es ist für den Besucher fast unmöglich, den überwältigenden Eindruck nachzuvollziehen, den die Kirche, die heute mit ihrem traurigen Neubau wie der gelungene Abschluß des überflüssigen Industrieviertels scheint, einst auf die Pilger machte. Die riesige, im Mittelalter größte Kirche der Welt, stand buchstäblich auf einer Wiese, vom Fluß und von sanften Hügeln umgeben. Der spanische Dichter Prudentius, der sie kurz nach ihrer Entstehung im 4. Jahr-

Piazza San Pietro mit Pilgern beim obligatorischen Gruppenfoto

hundert gesehen hatte, schrieb über sie: «Dort im anderen Gebiet wahrt Ostias Weg des Paulus Titel / Wo linker Hand den Fluß der Rasen gürtet. / Königlich pranget der Ort / (...) so funkelt schon die Au von Lenzesblumen.»

Man betritt die Basilika von der dem Tiber zugewandten Fassade aus, der ein Atrium vorgebaut ist, das mit seinen kolossalen Granitsäulen, Skulpturen und Palmen nichts mehr mit den ruhig gegliederten Vorhöfen des Frühchristentums zu tun hat. Aber Maße und Proportionen sowie die erhaltenen Teile im Querhaus (Triumphbogen und das Apsis-Mosaik) geben noch die Idee einer christlichen Kaiserbasilika wieder. Nicht irgendeiner: Sie wurde über dem angeblichen Grab des Apostels Paulus gebaut. Ein architektonisches Dokument nicht nur für die Wichtigkeit von Paulus für die Christenheit, sondern vor allem auch für die Symbiose von heidnischer Antike und christlicher Moderne. Diese fünfschiffige Säulenbasilika entsprach mit Querhaus, Grundriß und Ausmaß fast der Basilika des Kaisers Trajan in den Foren. Wo dort in der Apsis der Kaiser saß, nahmen im christlichen Bau der Papst oder der Bischof Platz. Der imperiale Ausdruck der Macht wurde von den Christen bruchlos übernommen.

«Wie Romulus und Remus die Gründer des antiken Rom gewesen waren, so wurden jetzt zwei heilige Apostel, Petrus und Paulus, die legendären Schöpfer des neuen Rom», kommentiert Gregorovius. Um Paulus aber dazu zu machen, bedurfte es einer großen ideologischen Umdeutung. Sie dauerte Hunderte von Jahren, bis der Apostel «nicht mehr als Zeuge des Widerspruchs, sondern als Repräsentant der gesunden Lehre und einer Kirche erscheint, die

jene Freiheit und Dynamik verloren hat, die für den historischen Paulus als charakteristisch gelten darf» – so eine uns glaubwürdige These des katholischen Religionshistorikers Paul Hoffmann. Denn «was sich in der Kirchengeschichte allmählich zu einer monarchischen Institution entwickelte, war zu seiner Zeit noch eine plurale Bewegung, innerhalb derer sich zwar bereits Zentren herausbildeten, in der jedoch für Initiative und eigenständige Wege Raum war, schon weil es noch keine Instanz gab, die solches hätte wirksam verhindern können».

Kultfigur der Interpreten

Je mehr das Christentum aus dem Untergrund in die Gesellschaft hineinwuchs, desto mehr entspann sich ein Machtkampf zwischen Paulus und Petrus. Petrus stand für die Gemeinde in Jerusalem, Paulus für die der Diaspora. Petrus bestand auf der Führungsrolle Jerusalems, auf einer Hierarchie der Gemeinden, Paulus setzte dem ein gleichberechtigtes Nebeneinander entgegen. Wie wir aus den gesicherten Paulus-Schriften im Neuen Testament wissen, kam es zu einer Art «Vergleich». Jerusalem erkannte die Unabhängigkeit der anderen Gemeinden an, wurde jedoch von diesen ökonomisch getragen.

Der zweite große Machtkampf spielte sich ein paar hundert Jahre später zwischen Rom und den anderen Gemeinden ab. Inzwischen war das Christentum von der neuerungsbedürftigen Hauptstadt des Imperiums aufgesogen worden. Obwohl die Auflösungstendenzen immer größer wurden, war Rom immer noch zentrale politische Macht. Dieses Bewußtsein prägte auch die Christen der Stadt. Um Roms christlichen Führungsanspruch zu rechtfertigen, brauchte man eine Theorie der Hierarchie, die am besten auf Petrus aufgebaut werden konnte. Gleichzeitig mußte aber der zweite große Machtpol des Urchristentums, nämlich Paulus, neutralisiert werden.

Paulus, der einer jüdischen Familie mit römischem Bürgerrecht entstammte, war etwa im Jahre 61 als Gefangener nach Rom gebracht worden. Als relativ freier Mann konnte er hier mehrere Jahre lang arbeiten und die christliche Gemeinde aufbauen.

Um das Jahr 67 fiel er den Christenverfolgungen unter Nero zum Opfer. Im Märtyrerkult, der die Grundlage für die Heiligenverehrung legte, hatte Rom also im Unterschied zu den anderen Gemeinden nicht nur die Masse erschlagener oder gekreuzigter Christen zu bieten, sondern auch noch das Grab eines der wichtigsten Führer – nur halt des falschen.

Im Matthäus-Evangelium steht der berühmte Satz von Christus: «Du bist Petrus, und auf diesen Felsen will ich meine Kirche bauen.» Hier kam Rom eine Legende zugute, die Legende, daß auch Petrus in Rom den Märtyrertod erlitten haben soll (Katholiken glauben das, Historiker müssen daran zweifeln. So wurden Petrus und Paulus zu den Schutzpatronen der Stadt und damit gleichsam den anderen Gemeinden entzogen. Aber gleichzeitig mußte Paulus «entschärft» werden. Dies geschah durch die Aufnahme von Texten ins Neue Testament, die fälschlich Paulus zugeschrieben wurden, aber erst nach seinem Tod entstanden sind (Pastoralbriefe). Vor allem aber durch die Aufnahme der Apostelgeschichte des Lukas. Hoffmann schreibt: «Der Paulus des ‹Historikers› Lukas ist nur ein Schatten seiner selbst. Was in aufreibenden Kämpfen zwischen urchristlichen Gruppen errungen wurde, ist in der Perspektive des Lukas die eine, zentral vom Heiligen Geist und den Jerusalemer Aposteln geleitete Bewegung. Paulus trägt zwar die Glorie des wundermächtigen und erfolgreichen Missionars, zugleich ist er jedoch ohne eigenes theologisches Profil dieser Bewegung eingeordnet.»

Die Paulusbasilika war bereits bei ihrer Entstehung ein architektonischer Ausdruck der Umdeutung Paulus'. Dieser hatte für eine strikte Trennung des Christentums von anderen Religionen plädiert, gegen eine Vermischung mit dem Heidentum gekämpft. Es gab unter ihm keine Tempel, keine Gotteshäuser. Er lehnte sie, wie auch das Priestertum, ab. Man traf sich in den Wohnungen, «Gottesdienst» war das gemeinsame Gespräch von Gleichberechtigten. Im Brief an die Römer schreibt er: «Wir sind nämlich der Überzeugung, daß der Mensch zu Gott in die richtige, gute Beziehung kommen kann, ohne daß er religiösen Forderungen genügt, einfach dadurch, daß er sich ihm anvertraut und so empfängt, was Gott ihm schenken will.» Die römische Kirche aber schluckte andere Religionen, nistete sich in ihren Tempeln ein, baute neue Kirchen, die wie die Paulusbasilika römischen Kaiserbauten entsprachen.

In der Folgezeit setzt sich der Petruskult, mit dem das Papsttum seine Macht legitimiert, immer mehr durch. San Paolo fuori le mura geriet unter dem glänzenden Neubauprojekt von Sankt Peter auf dem Vatikan immer mehr in Vergessenheit, verfiel zur «Scheune», brannte wie ein Heuschober ab und wurde wie eine

Kaserne wieder aufgebaut. Während sich die Stadt dem Petersdom noch in unserem Jahrhundert triumphal mit einer Prachtstraße näherte, umgab man Paul mit Industrie und Arbeitervierteln. Die Geschichte kennt jedoch eine kurze Paulus-Renaissance. Aus gutem Grund. Darüber können wir uns, zehn Minuten mit dem Bus von der Paulusbasilika entfernt, an seiner Hinrichtungsstelle überzeugen.

Am Platz des Geköpften

An der Via Ostiense, etwas dort, wo man den Kreuzgang der Basilika verläßt, nimmt man den Bus 761 in Richtung Via Laurentina, wo man an der Haltestelle Tre Fontane aussteigt. Gegenüber führt eine kleine Allee zu einem Kloster, das an der Hinrichtungsstelle von Paulus errichtet worden ist. Diese **Abbazia alle Tre Fontane** hat ihren Namen nach den drei Quellen, die der Legende nach aus dem Boden traten, als das geköpfte Haupt des Apostels dreimal aufschlug. Durch ein schönes romanisches Tor gelangt man in den Klostervorhof. Hier kann man von den Mönchen selbstgebrannten Eukalyptusschnaps kaufen, der wie Hustensaft schmeckt und es in sich hat. Die Anlage mit der eigentlichen Klosterkirche, der Gedächtniskirche über den inzwischen versiegten Quellen und einer dritten Kirche über dem angeblich letzten Gefängnis von Paulus wurde mehrfach wegen der Malaria verlassen und erst gegen Ende des vergangenen Jahrhunderts von den Trappisten (Zisterziensern) endgültig saniert. Die Mönche pflanzten hier auch die schnapsbringenden Eukalyptusbäume.

Man sieht es diesem heute immer noch feuchten Ort, den die Römer einst «Tal der Kämpfer» nannten, nicht an, daß er eine der größten Hinrichtungsstätten unter Nero war. Hier wurden vor allem römische Bürger geköpft. Sklaven und Ausländern war die Kreuzigung vorbehalten. Zehntausende sollen nach dem großen Brand durch das Schwert hingerichtet worden sein. Wie der Leichnam des römischen Bürgers Paulus von diesem Schlachtplatz in seine verschiedenen Gräber gelangt ist, gehört in den Bereich der Legenden.

Der Ort gehörte jedenfalls bereits im Urchristentum zu den wichtigen Plätzen der Märtyrerverehrung. Mit dem Niedergang des Pauluskults verlor er an Bedeutung und wurde der Malariafliege überlassen. Sicher kein Zufall, daß sich im Zeichen der Gegenreformation nach dem Trientiner Konzil die kämpferische Kirche auf ihren militanten Apostel besann. Ende des 16. Jahrhunderts wurde das Kloster wieder in Betrieb genommen. Giacomo della Porta, einer der damals wichtigsten Architekten, der zur gleichen Zeit auch die Bauleitung über den Neubau der Peterskirche hatte, bekam den Auftrag, sowohl die Gedächtniskirche zu erneuern als auch das Gotteshaus über dem legendären letzten Gefängnis von Paulus (Santa Maria Scala Coeli) zu errichten. So schnell aber, wie sich der militante Schwung der Kirche in den barocken Formen des 17. Jahrhunderts verfing, so schnell wurde auch die Hinrichtungsstelle von Paulus wieder vergessen, dem Sumpf überlassen. Bramantes Tempietto über der angeblichen Hinrichtungsstätte von Petrus auf dem Gianicolo, der programmatische runde Zentralbau der Renaissance, ist bis heute strahlender Anziehungspunkt für Touristen und Gläubige geblieben.

ÜBER DÄCHERN UND KUPPELN

WIE DAS ROM DER PÄPSTE ENTSTAND

Die Engelsburg, der Pincio und der Petersdom: drei Aussichtspunkte, von denen man aus unterschiedlichen Winkeln spätes Mittelalter, Renaissance, Barock und die Gründung des italienischen Einheitsstaates überblickt.

«Wie über den Fürsten und dem Adel der Kaiser, so stand über den hohen und niederen Pfaffen der Papst. Wie dem Kaiser der ‹gemeine Pfennig›, die Reichssteuern, bezahlt wurden, so dem Papst die allgemeinen Kirchensteuern, aus denen er den Luxus am römischen Hof bestritt. In keinem Lande wurden diese Kirchensteuern – dank der Macht und Zahl der Pfaffen – mit größerer Gewissenhaftigkeit und Strenge eingetrieben als in Deutschland. So besonders die Annaten bei Erledigung der Bistümer. Mit den steigenden Bedürfnissen wurden dann neue Mittel zur Beschaffung des Geldes erfunden: Handel mit Reliquien, Ablaß- und Jubelgelder usw. Große Summen wanderten so alljährlich aus Deutschland nach Rom.» Was Friedrich Engels hier in *Der Deutsche Bauernkrieg* beschreibt, gehört zum Hintergrund für den Aufschwung Roms in der Renaissance. Mitte des 15. Jahrhunderts, als das Forum noch eine Weide war und das Kapitol ein Marktplatz, hielten Vieh- und Getreidehändler die Zügel der wirtschaftlichen Macht der Stadt in den Händen. Aber die aus der Avignonesischen Gefangenschaft zurückgekehrten Päpste hatten nicht die Absicht, Oberhaupt einer sich redlich von Woll-, Wein- und Fleischhandel ernährenden Provinzstadt zu sein.

Blick vom Castel Sant' Angelo

Stationen dieser Stadtentwicklung können wir von der **Engelsburg** aus in den Blick bekommen. Hier schaut man auf Rom in

Blick vom Pincio – die Kuppel des Petersdoms ist immer gegenwärtig

Über den Ponte Sant' Angelo zu erreichen – die Engelsburg

Augenhöhe. Von der Loggia Julius' II., die wir nach einem steilen Aufstieg durch Gänge und waffenstarrende Höfe erreichen, blickt man nicht «über» die Stadt wie vom Petersdom, vom Gianicolo oder vom Pincio, vielmehr hat man die Stadt gegenüber, den Vatikan im Rücken. Die Engelsburg entstand in der Antike als Grabmal des Kaisers Hadrian. Das riesige Grabmal verfiel, wurde im Mittelalter zu einer Burg umgebaut, die sich gleichsam drohend gegen die Stadt auf der anderen Tiberseite richtete. Eine Art Reflex auf die militärische Bedeutung konnte man in der Diskussion um die Unterführung erkennen, die für das Heilige Jahr 2000 geplant wird. Die Bastionen der Engelsburg reichen nämlich so nahe an

den Tiber, daß für den modernen Verkehrsfluß am Lungotevere ein Hindernis entstanden war, das man jetzt untertunneln will.
Die strategische Bedeutung erklärt sich zunächst durch die Engelsbrücke. Totila, ein gotischer General, erkannte als erster, daß mit der Kontrolle der Engelsbrücke die Stadt zu beherrschen war. Die nächsten Brücken befanden sich abseits im Norden (Ponte Milvio) oder im Süden (Tiberinsel). Das Rom des Mittelalters füllte dagegen nur das Tiberknie gegenüber der Engelsburg. Das Grabmal Kaiser Hadrians verwandelte sich so in eine gegen die Stadt gerichtete Festung. «Borgo», Burg, heißt auch der Stadtteil zwischen der Engelsburg und dem Petersdom.

Für die Päpste war es bei häufigen Prozessionen zwischen der Peterskirche und dem Lateran lebenswichtig, die Kontrolle über die Brücke und die Festung zu haben. Die antipäpstliche (und antikaiserliche) «weltliche» Stadtregierung konnte mit Hilfe der Engelsburg das Papsttum zeitweilig machtpolitisch in Schach halten. Vor der Rückkehr aus dem Exil in Avignon, 1377, stellte der Papst deshalb der kapitolinischen Stadtverwaltung eine grundsätzliche Bedingung: die Übergabe der Engelsburg.

Von der Loggia Julius' II. blicken wir in Richtung Frühchristentum – hinter den beiden leeren Gasometern am Horizont liegt die Paulusbasilika (siehe S. 29) – wie auch in Richtung Faschismus: Die Via della Conciliazione, die rechts von uns zum Petersdom führt, wurde in den dreißiger Jahren zur Feier der Lateranverträge mitten durch den Borgo gerissen, den man so zerstückelte. Rechts außen sehen wir die Mauer (später, von der Bar aus, hat man sie noch besser im Blick), die den Borgo seit dem Spätmittelalter schützte. Oben auf der Mauer befindet sich ein Gang, der den Päpsten und Höflingen bei mehreren Gelegenheiten zur Flucht in die uneinnehmbare Engelsburg verhalf.

Die Herrscher im Vatikan benutzten die Burg nicht nur, um sich vor ihren Feinden abzuschließen, sondern auch, um sie darin einzuschließen. Das Erbe der Antike wurde in ein gefürchtetes Gefängnis umgewandelt. Hunderte von Gegnern des Borgia-Papstes Alexander VI. kamen darin um. Benvenuto Cellini, der drüben bei der Via Giulia gelebt hat (Goethes Übersetzung seiner Autobiographie gibt eine der anschaulichsten Schilderungen der Renaissancewelt), hat in der Engelsburg gesessen, in einem dunklen «Behältnis, das sehr feucht war, voller Taranteln und giftiger Würmer». Im Risorgimento wurden hier politische Gefangene eingesperrt und gefoltert – im oberen Rundgang ist eine Zelle nachgebildet. Und selbst der italienische Einheitsstaat nutzte die Engelsburg zunächst noch als Gefängnis und Kaserne, so als mißtraute er dem Rom auf der anderen Seite des Flusses. Kein Wunder also, daß die Römer im Laufe der Jahrtausende mehrfach versucht hatten, diese der Stadt «feindlich gesinnte» Burg zu schleifen.

Großbaustelle Rom

Als die päpstlichen Machthaber am Ausgang des Mittelalters die Engelsburg fest in der Hand hatten, konnten sie darangehen, Rom in den Griff zu bekommen. Die Wiederentdeckung der heidnischen Antike bot für die Ideologie des Papsttums neue Horizonte: Rom konnte wieder den Anspruch führen, Mittelpunkt der Welt zu sein, und die Päpste waren die neuen Cäsaren.

Als Nikolaus V. 1455 starb, hinterließ er ein Testament, in dem es hieß, daß Rom als Sitz des Papsttums die bedeutendste Stadt in der Welt sei und deshalb mehr als jede andere befestigt und geschmückt sein müsse. Seine Nachfolger fingen an, durch Straßenbauten die vereinzelten Zentren außerhalb des bewohnten Gebiets im Tiberknie an die Stadt und den Vatikan zu binden, der bald fester Sitz der Päpste wurde. Sixtus IV. ließ Trastevere über eine neue Brücke, die Ponte Sisto, mit dem ökonomischen und administrativen Viertel um den Campo de' Fiori verbinden, wo der Papstneffe Riario gerade seinen Palast, die

Cancelleria, baute. Unter Sixtus entstand auch die nach ihm benannte Kapelle, deren spitzes Dach wir neben der Peterskuppel mit einiger Mühe ausmachen können – als Wehrbau und Papstkapelle. Sein Neffe Giuliano della Rovere nannte sich bereits stolz nach Cäsar «Julius». Als er 1503 Papst wurde, ließ er sich die Repräsentationsloggia bauen, in der wir hier oben stehen. Neue Straßen ließ auch er bauen: Julius band den Vatikan über die Via della Lungara an Trastevere (und den Ponte Sisto, die Brücke seines Onkels). Gegenüber schlug er auf der anderen Tiberseite mit der Via Giulia den Bogen zurück Richtung Engelsburg. Der Medici-Papst Leo X. schuf über die Via Ripetta neue Verbindungen vom Nordtor Porta Flaminia zum ökonomisch wichtigen Ripetta-Hafen und politisch-repräsentativen Zentren wie dem Palazzo Medici-Madama.

Zur gleichen Zeit wurden die damals berühmtesten Künstler nach Rom gerufen, um der Stadt neuen Glanz zu verleihen. Sie sollten den «neureichen» Papstfamilien gegenüber dem alten römischen (Land)-Adel wie den Massimo, Orsini, Colonna und Caetani, die noch immer in ihren burgartigen Umbauten der klassischen Ruinen hausten, einen repräsentativen Vorsprung erbauen und ermalen. Rom wurde so zu einem großen geistigen Zentrum Europas. Ende des 15. Jahrhunderts konnte es sich rühmen, zusammen mit Venedig die größte Zahl von Prostituierten und hier veröffentlichten Büchern zu haben. Nur der unbequeme Leonardo da Vinci war in Rom nicht gern gesehen. Er hielt mit seinem Spott über die bürokratischen «Abkürzlinge» im Vatikan und am päpstlichen Hof, die nur den schönen Schein der Klassik erben wollten, ohne mit ihr wirklich ernst zu machen, nie zurück.

Die ideelle und materielle Großbaustelle Rom war auf dem flüchtigen Sand der Geschichte errichtet worden. Nach einer halsbrecherischen Schaukelpolitik zwischen Kaiser und französischem König mußte der zweite Medici-Papst, Klemens VII., von dieser Loggia mit ansehen, wie Truppen Karls V. im Jahr 1527 mit deutschen (lutherischen) Landsknechten an der Spitze die Ewige Stadt plünderten und zerstörten (Sacco di Roma). Nur die Engelsburg hielt der Belagerung stand. Der Traum vom neuen römischen Zentralreich der Kirche mit dem Papst als Richter der Weltpolitik war zunächst einmal ausgeträumt. Standortwechsel zur Loggia von Paul III.: Dieser Papst war noch so von den Folgen des Sacco di Roma beeindruckt, daß er keine Lust hatte, das Elend auf der anderen Tiberseite zu sehen (seine Loggia öffnete sich auf Wiesen und Weingärten – heute sehen wir den «piemontesischen» Stadtteil Prati). Neben der päpstlichen Residenz im Vatikan und dem Sommersitz an der Piazza Venezia – den er zu diesem Zweck sicherte und mit einem Wehrturm versah –, ließ er sich in der Engelsburg festliche Repräsentationsräume schaffen. Von der Loge Pauls III. sehen wir heute auch auf die zum Park umgewandelten Bastionen der Engelsburg. Der Blick zurück auf Rom kommt am weißen Ehrenmal Viktor Emanuels an der Piazza Venezia nicht vorbei. Wie man, ohne gnadenlos zu protzen, symbolisch Machtveränderungen bezeichnet, hatte gerade Paul III. vorgemacht, indem er von Michelangelo das letzte

weltlich-politische Zentrum, das Kapitol, umbauen und die Reiterstatue des feinsinnigen Kaisers Mark Aurel dort aufstellen ließ. Damit war mit Berufung auf die wiedergeborene Antike die letzte Machtbastion Roms vom Papst und von der Kirche belegt.
Hinter dieser Loggia folgt bald die kleine Bar der Engelsburg, eine der schönsten von ganz Rom, falls man draußen einen freien Tisch findet (relativ preisgünstig). Von hier hat man vor allem einen schönen Blick auf den Petersdom und den Vatikan. Über uns erhebt sich der große Erzengel, der himmlische Landsknecht, der sein Schwert in die Scheide stößt, um gemäß der Legende das Ende der Pest anzukündigen.

Akrobatik im Garten
der Villa Medici

Morgenspaziergang auf den Pincio

Der Weg auf den Pincio von der Kirche Santa Trinità dei Monti oberhalb der Spanischen Treppe bis zur Terrasse über der Piazza del Popolo gehört zu den schönsten Morgenerlebnissen, die die Stadt bieten kann. Das Licht, das von Osten kommt, modelliert plastisch Dächer und Kuppeln. Die Spanische Treppe, auf die wir herabblicken, ist noch menschenleer – ein paar Stunden später wird sie, falls die Sonne nicht zu stark brennt, von Touristen wimmeln. Vom Metroausgang kommend, gehen jetzt schnell ein paar Leute über die Piazza, um rechtzeitig zur Ladenöffnung am Arbeitsplatz zu sein. Im Viertel zwischen Via Frattina und Via delle Croce finden sich die nobelsten und teuersten Bekleidungsgeschäfte Roms. Hier wacht die Stadt erst gegen neun Uhr auf.

Vom **Pincio** aus hat man das Rom der Päpste, vor allem das in der Barockzeit mit Kuppeln übergossene Dächermeer, im Blick. Was hier zwischen dem Ende des 16. und Mitte des 18. Jahrhunderts geplant und gebaut worden war, hat in seiner Kulissenhaftigkeit viele Intellektuelle abgestoßen, obwohl die vollen Formen auch den Reiz der Bühne bieten, auf der man sich wie ein Schauspieler bewegen kann. Heitere, weiche Formen: Was wurde in dieser Kulisse eigentlich gespielt?

Rom wird in dieser Zeit des höfischen Papsttums zur Hauptstadt eines monarchischen (Klein)-Staates und damit zum Modell der absolutistischen Fürstentümer des 17. Jahrhunderts. Mit dem Konzil von Trient wird der Reformismus in Staat und Theologie bekämpft. Das ökonomisch-politische Zentrum Europas verlagert sich nach Norden. Auf dem Schlachtfeld kommt es zwischen Protestantismus und Katholizismus zu einem Vergleich. Im Westfälischen Frieden von 1648 wird die Welt, wie 300 Jahre später in Jalta, in Interessengebiete aufgeteilt. Nur im Inneren, in der Ideologie des Katholizismus, gelingt es der Kirche, sich zu stabilisieren – indem sie sich immer noch als Mittelpunkt und Herrscher der Welt vorstellt.

Dieser Prozeß der Imagination schafft den heiteren Stil des Barock. Rom wird zu einem Komödianten einer Weltordnung, deren wirkliche Helden gestorben sind. Es benutzt noch die klassischen Formen der Antike, die Päpste feiern wie die Cäsaren, verwandeln die Stadt in einen Ort der Massenveranstaltungen und Spiele. Aber das klassische Rom ist nur noch Einbildung. Die Geschichte wird zur Farce, die Kunst zum belanglosen Spiel.

Auf dem Pincio, kurz hinter der heutigen französischen Akademie, der ehemaligen Villa Medici, steht rechts in Sträuchern versteckt eine Säule. Nach 1870 hier aufgestellt, gedenkt sie der Gefangenschaft Galileo Galileis in der Villa. Galilei war einer von denen, die in der Barockzeit Berufsverbot erhielten, weil er sich der Borniertheit seiner Zeit widersetzte. Ihm erging es noch relativ gut. Giordano Bruno wurde auf dem Campo dei Fiori verbrannt. Auch das ist Barock: gnadenlose Verfolgung Andersdenkender.

Panorama mit Obelisken und ein Straßennetz mit Ausrufezeichen

Hinter der Villa Medici führt rechts eine Rampe hoch zur Casina Valadier, dem Schickeria-Café der Freiluftsaison. Aber noch liegen auf den Tischen keine Decken, vor zehn Uhr wird hier nicht geöffnet.

An dieser Stelle bietet der Pincio das vollständige Panorama Roms. Was wir hier sehen, ist aber nur das «Fleischfüllsel». Das Netz, das diese Füllung zusammenhält, muß beschrieben werden, ein Straßennetz. Ein Blick auf die Karte zeigt, daß mit den neuen Straßen, die im 16. Jahrhundert geschaffen werden, ein Gewebe zwischen den Machtzentren der Stadt hergestellt wird. Der Vatikan mit dem Petersdom, damals noch im Bau, ist sowohl an Trastevere als auch an die Viertel diesseits des Tibers über die Brücke vor der Engelsburg gebunden. Von den beiden für die Wirtschaft und den Pilgertourismus bedeutenden Nordtoren Porta Flaminia (Piazza del Popolo) und Porta Pia führen neue Straßen zu wichtigen ökonomischen, ideologischen und repräsentativen Punkten der Stadt: zum Ripetta-Hafen, zum Spanischen Platz mit dem Missionszentrum und zum Quirinalspalast, der neuen Sommerresidenz der Päpste. Besonders wichtig ist die Einbeziehung der Lateranbasilika mit dem neuen Lateranpalast. Mag der Petersdom Ausdruck der Weltherrschaft des katholischen Glaubens sein, so stellt der Lateran als Sitz des Papstes in seiner Eigenschaft als Bischof von Rom die weltliche Herrschaft des Pontifex über Rom und den Vatikanstaat dar. Santa Maria Maggiore, eine der fünf päpstlichen Patriarchalsbasiliken schließlich, ist nicht nur eine Haus- und Grabeskirche so wichtiger Päpste wie Sixtus' V. oder später Pauls V. Borghese, sondern im Zeichen der Gegenreformation durch die Betonung des Marienkults ein ideologisches Zentrum.

Domenico Fontana, der Architekt von Sixtus V., schließt dieses Netz durch die Via Sistina, die lange Verbindung von Santa Maria Maggiore bis zur Kirche Santa Trinità dei Monti oberhalb der Spanischen Treppe. Die Zerstörung des Straßennetzes durch das moderne Rom hat bewirkt, daß die Via Sistina kaum noch als Verbindung zu erkennen ist: Auf drei verschiedenen Abschnitten trägt sie heute drei verschiedene Namen.

Jener Domenico Fontana beginnt Ende des 16. Jahrhunderts, die strategische Verknüpfung Roms symbolisch zu kennzeichnen. Römische Feministinnen haben vor Jahren seinen genialen Trick auf ihre Weise durchschaut, als sie forderten, die Obelisken abzubauen, die nichts anderes seien als unselige Phallussymbole. Eben diese Obelisken, zum größten Teil Beutegut der antiken Römer, werden von Fontana und seinen Nachfolgern an strategisch bedeutenden Stellen aufgerichtet: vor dem Petersdom, auf der Piazza del Popolo, vor Santa Maria Maggiore (genauer: hinter der Kirche, damit der Obelisk in Linie zur Piazza del Popolo steht!), vor San Giovanni in Laterano (wiederum genauer: neben der Basilika, aber in Linie zu Santa Maria Maggiore), vor dem Quirinalspalast (in Linie zum Petersdom und zur Porta Pia).

So entsteht das Netz, das die Stadt zusammenhält und von der hochaufgerichteten Stärke des Papsttums kündet. Ohne sich um die originären antiken Standpunkte zu kümmern, werden von nun an Obelisken, Statuen, Brunnenbekken – alles, was das klassische Rom an Macht- und Herrschaftssymbolen nachgelassen hat – hin und her geschoben und als Ausrufezeichen im Satzbau der päpstlichen Macht und Herrlichkeit benutzt.

In diesem Gewebe klammert sich die Stadt fest, entwickelt sich. Sie importiert Waren aller Art, um die wachsende Bevölkerung zu ernähren – um 1600 wird zum erstenmal nach der Antike die 100 000-Grenze überschritten – und um der Repräsentationswut der herrschenden Kleriker und Adeligen Genüge zu tun. Rom produziert wie immer (fast) nichts als Ideologie, die es aber reichlich exportiert: als prachtvolle Botschaft der katholischen, das heißt «weltumfassenden», «einen» Kirche.

Die Kuppelkunst des Barock

Der Barock als Kunststil ist auf Massen ausgerichtet, verständlich, lebensnah, sinnlich. Barocke Bilder brauchen keine Dolmetscher mehr, wie noch die intellektuelle Minderheitskunst der

Renaissance. Pietro da Cortonas Deckengemälde der göttlichen Vorsehung im Repräsentationssaal des Barbarini-Palastes versteht jeder: Im Mittelpunkt der göttlichen Vorsehung steht nicht Christus, sondern schwebt das Wappen von Papst Urban VIII. und seiner Familie.
Als Massenkunst schafft man mit Hilfe des Barocks öffentliche Szenerien. Die Öffentlichkeit mit ihren Plätzen und Fassaden wird zur Bühne der Politik, zur Kulisse der Macht. Auf diesen Bildern, Fassaden, Plätzen und Brunnen führt Rom noch einmal eine Ganzheit vor, der weltumspannende Glaube legt sich als schöner Schein symbolisch auf die Kirchenvierungen: als Kuppel. Und wo es keine Kuppel gibt, malt man sich eine: in bestechend imaginärer Weise zum Beispiel in der Jesuitenkirche San Ignazio unweit der Via del Corso.
Von der Pincio-Terrasse sehen wir auf die Piazza del Popolo. Parkende Autos, Busse, Menschenverkehr. Die Zwillingskirchen, die unter Berninis Bauleitung hier errichtet worden sind, bilden nach der Porta Flaminia das «innere» Tor Roms. Heute quält sich der Verkehr durch die dünnen Straßenadern, die von hier abgehen. In den Obelisken ist vor einigen Jahren der Blitz eingeschlagen. Ein paar Steinbrocken waren heruntergefallen, danach blieb der Obelisk lange Zeit mit den Gerüsten der Restauratoren verdeckt. Manchmal hat man den Eindruck, daß die Monumente nicht nur zu Restaurierungszwecken «eingepackt» werden, sondern auch, um die Passanten vor der Fülle an historischen Zeugnissen zu schützen. Als müsse man gleichsam für den Barock gerüstet sein.

Aussichtspunkt Sankt Peter

Von allen Aussichtspunkten ist die Kuppellaterne des Petersdoms sicherlich am mühsamsten zu erreichen. Vom Dach der Kirche geht ein schmaler, gebogener Treppenschacht hinauf, in dem man in der Hochsaison mit nachdrängenden wie entgegenkommenden Besuchern um jeden Kubikzentimeter Luft ringt. Der Gang wird bald so eng, daß nicht einmal mehr Platz für ein Seitengeländer ist – die letzten Stufen muß man sich am Tau festhalten.
Doch die Mühe lohnt. Von hier haben wir das ganze Rom im Blick: Richtung Süden und Osten jenseits des Tibers das Rom der Renaissance und des Barock, durchsetzt mit antiken und frühchristlichen Spuren. Rundherum und in Richtung Norden und Westen das «neue» Rom, entstanden nach 1870, 1922, 1945. Das Nachkriegsrom belagert mit seinen Betonzügen das Zentrum innerhalb der Mauern, während sich seine Arme nach «hinten» in die Landschaft Latiums krallen. Den Horizont beschließt im Osten ein großartiges Gebirgspanorama (bei klarem Wetter sieht man die im Winter schneebedeckten Gipfel des Apennin): die Albaner, Prenestiner, Tiburtiner und Sabiner Berge. Im Westen verhindern Hügel und Häuser den Blick auf das Meer.
Im Süden, über den Gianicolo hinaus, ein friedliches Bild: die Villa Doria Pamphili. Hier wurde von patriotisch gesinnten Römern unter der Führung von Garibaldi vor über 130 Jahren die Römische Republik verteidigt. 1848, im Jahr des um verfaßte Rechte kämpfenden Bürgertums, wurde in Rom ein Minister der päpstlichen Regierung ermordet, der Papst

floh nach Gaeta. Im Februar 1849 wurde unter der Führung Mazzinis die Römische Republik ausgerufen. Im April landete die päpstliche Schutzmacht Frankreich ein Expeditionskorps in Civitavecchia. Der Gianicolo und der Park der Villa Pamphili wurden im Juni zum Schlachtfeld zwischen den Franzosen und den Republikanern. Die Franzosen siegten, Pius IX. konnte zurückkehren und sich hinter ihren Bajonetten gegen die Nationalisten verschanzen. Erst der Deutsch-Französische Krieg und der Sieg Preußens nach der Schlacht bei Sedan 1870 änderten das internationale Kräfteverhältnis. Piemontesische Truppen schlugen ohne Gegenwehr eine Bresche in die Stadtmauer bei der Porta Pia und eroberten am 20. September 1870 Rom – das Datum hat vielen Straßen in Italien den Namen gegeben. Italien und Deutschland schufen sich so 1870/71 als letzte unter den europäischen Nationen einen Einheitsstaat. Beide auf die gleiche Art: durch einen Umsturz von «oben» unter der Führung der inneren Hegemonialmacht, hier Piemont, dort Preußen. Soweit der Blick nach Süden.

Richtung Norden sehen wir auf Prati herab, einen großen Stadtteil wie vom Reißbrett, der kurz nach der Einigung Italiens und der Proklamation Roms als Hauptstadt geplant, aber erst nach dem Ersten Weltkrieg fertiggestellt wurde. Im Hintergrund liegt der weiße Klotz des Außenministeriums, ursprünglich als Parteizentrale des Partito Fascista geplant. Prati, gebaut als Viertel für Beamte, wirkt mit seinen regelmäßigen Straßen und den Kasernen mittendrin völlig unrömisch – so stellten sich eben die Piemontesen eine Stadt vor.

Der Vatikan wurde mit Kasernen umgeben, und die Straßen im Viertel wurden zum Teil nach berühmten Antiklerikalen wie Cola di Rienzo, Crescenzio oder Mazzini benannt. Erst 1929 gab es «Frieden» zwischen dem Papst und Italien, als Pius XI. und Mussolini die Lateranverträge unterschrieben (siehe S. 52). Es kam zur Gründung des Kirchenstaates und zur Rückgabe konfiszierter Besitzungen in Stadt und Umland an den Vatikan. Auch ein Ergebnis dieser Versöhnung («conciliazione») war die breite Straße, die vor unseren Augen vom Petersplatz zum Tiber führt, die Via della Conciliazione. Dafür ließ Mussolini fast ein ganzes Viertel, den Borgo Pio, abreißen. Ein volkstümliches Viertel. Uralte Häuser, schmutzige und dunkle Gassen von Bettlern und Proletariern sollten nicht mehr den Blick auf den Petersdom verstellen. Die eingesessene Bevölkerung wurde in Borgate, vor der Stadt liegende Siedlungen, «umgesiedelt». Das gleiche Schicksal erlitten auch die Bewohner im Viertel zwischen Piazza Venezia und Kolosseum, deren Häuser der faschistischen Aufmarschstraße Fori Imperiali weichen mußten.

Bis 1870 lebten, wie in allen großen Städten, die unteren Schichten zusammen mit den Reichen und Mächtigen im gleichen Viertel. Die Symbiose von Reich und Arm war funktional, denn die Reichen brauchten eine Vielfalt von Dienstleistungen, und die Armen lebten direkt von den Reichen. In Rom waren 1870 von den 200000 Einwohnern noch rund 60000 auf die «Mildtätigkeit» der Klöster und Paläste angewiesen. In das feine Netz der sozialen und urbanen Strukturen wurden riesige Löcher gerissen, um der zuströmenden Verwaltungsbourgeoisie mit ihren Mietskasernen, Straßenzügen und Symbolbauten Platz zu schaffen. Architektonische «Höhepunkte» dieser Entwicklung können wir von hier oben aus sehen: den Justizpalast neben der Engelsburg und das Ehrenmal für Viktor Emanuel II., das weiß und wuchtig aus der Kuppellandschaft herausragt. Mit dieser Brutalität verfahren gewöhnlich nur Eroberer. Diese neue Architektur charakterisiert den gewaltsamen Anschluß von Süd- und Mittelitalien an das neue Königreich.

Die Hauptstadt als fette Diebin

Kaisertum und Papsttum, die beiden großen Interessenten am Erhalt der Stadt Rom als einem Dokument, das seine Inhaber als universale Herrscher ausweist, waren längst entmachtet – der letzte Träumer dieser Art war Napoleon gewesen. Die Rom-Idee der Piemontesen hatte damit nichts mehr zu tun, Rom als Krönung einer nationalen Geschichte ist eine Fälschung. Sosehr sich der Verwaltungsapparat auch aufblähen mag, sichtbar wird nur, daß das moderne Rom zu einem Parasiten ohne Legitimation geworden ist. Produziert werden in Rom Verwaltung und Ideologie wie eh und je, als ideeller Mittelpunkt hat die Stadt jedoch ausgespielt. Im Norden wie im Süden Italiens ist sie zu einem Schimpfwort geworden. «Roma Ladrona» (Rom, die fette Diebin) – so lautete ein Schlachtruf der Lega Nord, die in den neunziger Jahren die Loslösung Norditaliens von Mittel- und Süditalien propagierte. So reaktionär diese Pläne auch waren, zeigten sie doch gleichzeitig ein reales Unbehagen gegen die Rolle Roms als zentrale Verwaltungsstadt. In Rom arbeitet ein Teil der Bevölkerung in den Büros und Ministerien, während der andere damit beschäftigt ist, für den ersten Kleidung und Nahrung herbeizuschaffen, Paläste und Häuser zu bauen. «Industrie» ist in Rom eigentlich nur die bürgerliche Form der Pilgerreisen: der Tourismus.

Garibaldis und Mazzinis Träume, nach einem Rom der Imperatoren und Päpste eines des Volkes zu schaffen, gingen bereits in den ersten Monaten nach dem 20. September 1870 unter.

Mussolinis etwas wirre Rom-Idee, ein Mischmasch aus Klassik und Renaissance, aus Obelisken und Kuppeln, ist spätestens im Zweiten Weltkrieg steckengeblieben. Von der Peterskuppel aus sehen wir im Süden am Horizont die Hochhäuser des EUR aufragen. Dieses Viertel sollte 1942 zum zwanzigsten Jahrestag des Marsches auf Rom mit einer Weltausstellung (EUR = Esposizione Universale di Roma) den Triumph faschistischer Größe und Architektur darstellen. Die Bauarbeiten mußten aber bei Kriegsbeginn unterbrochen werden. Nach 1945 wurde das EUR nach den alten Plänen von den alten Architekten unter christdemokratischer Herrschaft weitergebaut, in den fünfziger und sechziger Jahren mit modernen Glaspalästen vervollständigt und mit kleinen Appartementhäusern und Villen umgeben. Mit seiner großzügigen Licht- und Raumkonzeption, seinen reichen Grün- und Wasserflächen hat das EUR vor den Toren Roms wenigstens teilweise den Traum einer bürgerlichen Hauptstadt erfüllt. Eine Art Klein-Brasilia im Agro Romano.

Mussolinis architektonische Träume –
Esposizione Universale di Roma

ZWERGSTAAT UND WELTMACHT

PETERSDOM UND VATIKAN

Der Vatikanstaat, mit dem Bus 64 direkt von der Stazione Termini zu erreichen, gehört zu den kleinsten Staaten der Welt und besteht neben ein paar exterritorialen Kirchen und dem Sommersitz Castel Gandolfo hauptsächlich aus Petersdom, Petersplatz, den vatikanischen Museen und Palästen. Das 44 Hektar umfassende Areal kann in einer Stunde locker umrundet werden. Doch dieser Staat ist mehr als ein kurioses Überbleibsel der weltlichen Herrschaft der Päpste, mit einem kleinen Bahnhof, einem Hubschrauberlandeplatz, 430 Staatsbürgern, 1800 Verwaltungsangestellten, den Schweizergardisten, diversen schwarzen Limousinen und schließlich mit einem gekrönten Oberhaupt. Der gegenwärtige Papst weiß geschickt die Rollen des strengen Familienvaters, des geistlichen Monarchen und des modernen Kommunikators miteinander zu verbinden. So stößt man im Vatikan weniger auf das Mysterium der christlichen Botschaft als auf die Verwinkelungen einer Weltorganisation, die sich mal als Doppelbödigkeit und mal als Labyrinth in ihren Bauwerken zeigt. Der Rundgang endet schließlich in der Sixtinischen Kapelle.

Den Kirchenstaat kann man durch mehrere Tore betreten. Die Porta Sant'Anna an der Via di Porta Angelica ist der Haupteingang für alle Bediensteten und Boten: zu den «Kongregationen», wie die Ministerien heißen, zu den Redaktionen des *Osservatore Romano*, zur Hauptpost, zu einem Supermarkt und zur Vatikanischen Bibliothek. Staatsfremde werden nur mit Ausnahmeregelung, zum Beispiel für die Bibliothek, eingelassen. Ein paar Schritte auf das Vatikangelände kann aber machen, wer vormittags den Campo Santo Teutonico mit der Friedhofskirche besuchen möchte (Zugang links neben der Peterskirche). Der Eingang zu den Vatikanischen Museen befindet sich etwas weiter entfernt an der nördlichen Mauer (Viale Vaticano), nach fünfzehn Minuten Fußweg von der Piazza San Pietro zu erreichen. Der repräsentative und vermutlich allererste Zugang für Besucher ist der Petersdom selbst. Ein nie versiegender Strom von Touristen und Pilgern erlebt das größte christliche Gotteshaus der Welt als religiöses Stadion, in dem gut 60000 Personen Platz haben sollen.

Piazza San Pietro –
Warten auf den Papst

Der Petersdom

Der Reisende Charles Dickens kam 1845 mit einer Kutsche. Englische Kirchen und anglikanische Messen im Kopf, versuchte er, der Peterskirche Sinn abzugewinnen: «Religiös ergreifend ist sie jedenfalls nicht, vielmehr ein immenser Raum mit keinerlei Ruhepunkt für das Auge, so daß es vom Umherschweifen ermüdet. Sogar der Zweck des Gebäudes offenbart sich durch nichts, was man sieht, es sei denn, man ziehe Einzelheiten in Betracht, doch wenn man sich mit Einzelheiten abgibt, kann man einen Raum als solchen nicht erfassen.»

Die Einzelheiten, das sind die Grabmäler, das ist der Baldachin über dem Papstaltar und dem Petrusgrab, das sind auch zwei Skulpturen: die Petrusstatue, vermutlich von Arnolfo di Cambio um 1300 geschaffen, und die Pietà Michelangelos, die nach dem Anschlag eines Wahnsinnigen hinter Panzerglas in einer Seitenkapelle so aufgestellt ist, daß man sich die Nase plattdrücken muß, um diesen Höhepunkt der Renaissanceskulptur wenigstens schattenhaft sehen zu können.

Das Ganze könnte nach Dickens «ein Pantheon oder ein Senat sein oder auch ein Prachtbau, der einzig dazu dient, einen architektonischen Triumph zu verkörpern». Dabei ist es aber die wichtigste Kirche der Christenheit über dem Grab des Apostels Petrus. Doch daran scheint allein die Petrusstatue, «deren große Zehe von frommen Katholiken ständig geküßt wird», zu erinnern. Zu wenig für Dickens: «Die Wirkung des Doms als Kunstwerk steigert sie keinesfalls und vermag auch nicht – zumindestens mir nicht – seinen hohen Zweck bewußtzumachen.»

Der schwer zu erfassende Zweck der Kirche erklärt sich aus ihren verschiedenen Bauphasen, dem Wechsel zwischen Basilika, Grabeskirche und schließlich wieder Langhausbau für den Massenkult. Die ursprünglich unter Konstantin hier erbaute Basilika war um 1450 baufällig geworden. Julius II. beauftragte Bramante, einen völlig neuen Bau zu entwerfen. Über fünfzig Jahre planten mehrere Architekten hin und her. Schließlich setzte sich unter Paul III. Michelangelo durch, der getreu dem Ideal der Renaissance einen Zentralbau plante, gekrönt von einer riesigen Kuppel.

Nach Abschluß des Konzils (1563), das gegen den reformistischen Individualglauben den gegenreformistischen Massenglauben setzte, wurde der inzwischen fast fertiggestellte Dom wieder umgebaut. Unter Paul V. Borghese begann Carlo Maderno 1606 ein Langhaus anzubauen, der Zentralbau wurde wieder im Grundriß zu einem lateinischen Kreuz verändert. Der abstrakten Hinwendung an die ganze Welt folgt die konkrete Ausrichtung auf die Stadt Rom.

Dieses Hin und Her entspricht den inneren Widersprüchen der Kirche. Es ist die Dialektik zwischen Reform und Reaktion, zwischen Religion und Repräsentation, zwischen Papst- und Fürstenkirche. Da sie alles zusammen sein will, kommt ein Durcheinander heraus, «ein immenser Raum mit keinerlei Ruhepunkt für das Auge».

In diesem Raum entdeckte Charles Dickens vor allem Werke von Bernini und seinen Schülern, «die abscheulichsten Machwerke auf Erden», «windige Tollhausgestalten». Es gibt nach Meinung des Engländers, die durchaus mit dem herrschenden Geschmack Mitte des vergangenen Jahrhunderts übereinstimmt, «auf der ganzen Welt keinen Ort außer Rom … wo derart unerträgliche, vom Meißel des Bildhauers gezeugte Mißgeburten in solcher Fülle zu finden sind».

Das Stichwort führt ins Zentrum der Kirche, unter die Kuppel Michelangelos, wo Bernini den übergroßen Baldachin über dem Papstaltar und dem Petrusgrab errichtet hat. Während alle Besucher automatisch den Blick nach oben an den wie gedrechselten Säulen entlang in die Kuppel richten, wollen wir uns erst die großen Wappen an den Sockeln der vier Säulen anschauen. Alle acht Wappen zeigen drei Bienen, das Familienwappen der Familie Barberini (Papst Urban VIII.), das überall in Rom von der Bau- und Repräsentationslust dieses Papstes zeugt. Schaut man sich diese Wappen genauer an, entdeckt man unterhalb der Tiara an der Stelle, wo sich die beiden Schlüssel (Petrussymbol) kreuzen, einen Frauenkopf mit wechselndem Gesichtsausdruck, im letzten Wappen schließlich einen Kinderkopf. Es handelt sich, so eine Deutung dieser Reihe, um die Darstellung einer Geburt in ihren verschiedenen Phasen.

Eine Geburt am Papstaltar über dem Petrusgrab? Dieser Ort steht im absoluten Zentrum des Machtanspruchs der römischen Kirche, die sich auf Petrus und damit direkt auf Christus beruft. Der Kuppelring trägt die Inschrift aus dem Matthäus-Evangelium: «Du bist Petrus, und auf diesem Felsen will ich meine Kirche bauen, und dir werde ich die Schlüssel des Himmelreiches geben.» Ein Streich Berninis? Mit Sicherheit nicht. Eher schon, wie Cesare d'Onofrio annimmt, ein Symbol für das archaische Konzept der «Mater Ecclesia», der Mutter Kirche, mit all seinen liturgisch-symbolischen mittelalterlichen Implikationen.

Optische Spiele des Barock

Wie sich barockes Denken mit der Ideologie der Kirche verband, zeigt der Baldachin über dem Papstaltar. In dem riesigen Kuppelraum hätte ein «normaler» Baldachin nicht genug betonen können, daß sich hier der Papstaltar über dem Petrusgrab befindet. Der Architekt Bernini folgt mit seiner Lösung dem imaginären Konzept des Barocks: Er steigerte die Baldachingröße ins «Irreale», 29 Meter, so hoch wie der Palazzo Farnese. Er verzerrte die Dimensionen so, daß der Baldachin fast komisch zu nennen wäre, stünde er nicht unter der 119 Meter hohen Kuppel. Auf seinem Dach schwebt eine Erdkugel, über der siegreich das Kreuz aufsteigt. Geschaffen im Jahr 1630, mitten in den Religionskriegen. Der römische Anspruch auf Weltherrschaft war längst so brüchig geworden, daß man ihn nur noch durch Imagination aufrechterhalten konnte. Optische Spiele setzen sich auch auf dem Petersplatz fort, der nach den Plänen Berninis die Kuppel, das große Symbol der Weltkirche, auf dem Boden «irreal», in einer elliptischen Form widerspiegelt. Der Petersplatz bietet für alle Architekturfreunde ein unerschöpfliches Lehrfeld von Perspektiven, die sich darum bemühen, die als mißlungen verstandene Fassade mit der Kuppel in richtige Beziehungen zu bringen. Man sieht die einzelnen Bauteile mal höher, mal näher, als sie in Wirklichkeit sind. Der Architekt verzerrt und entzerrt, ganz wie in einem Theaterstück.

Spaziergang mit geistigen und moralischen Autoritäten

Die bewachten Eingangstore und hohen Mauern regen auch zum Gruseln an und beschäftigen die Phantasien von Gläubigen und Nichtgläubigen. Und in der Tat: Der Vatikan war nicht nur eine der furchtbarsten Machtmaschinerien des Mittelalters, sondern ist immer noch einer der effizientesten und elitärsten Apparate, die es auf der Welt gibt. Auf diesem kleinen, mit religiöser Folklore verbrämten Gelände gehen Heilige und Bankrotteure, Gelehrte und Politiker, Revolutionäre und Schieber, scheue Nonnen und orientalische Patriarchen aus und ein. Hier funktioniert das Gehirn einer weltumspannenden, über eine Milliarde Gläubige zählenden Organisation, die fast in jedem Ort der Welt hauptamtliche, bezahlte Funktionäre hat, mit Pfarrsälen, Krankenhäusern, Schulen, Druckereien, Banken. Im Vatikan werden so seltsam unterschiedliche Dinge entschieden oder mitentschieden wie der Glaubenssatz eines Dogmas, der Bankrott einer Bank, der Sturz einer Regierung, die Indizierung eines Buches, die Annullierung einer Ehe oder die Besetzung eines erzbischöflichen Stuhles. Dieser einzigartige Zwergstaat lädt zu beidem ein: zum folkloristischen Blick durchs Schlüsselloch und zur schaurigen Mystifizierung der Macht. Der Vatikan selbst übt sich in Schweigen.

Im Jahr 1870, am 20. September, stürmten die italienischen Patrioten durch die Bresche an der Porta Pia, und Rom wurde Hauptstadt des Königreichs Italien. Die Zeit des tausendjährigen Kirchenstaats, den sich die Päpste aufgrund gefälschter Dokumente und echter Machtkämpfe in den Jahrhunderten nach dem Zusammenbruch des Römischen Reiches geschaffen hatten, war endgültig abgelaufen. Grollend zog sich der Papst in den Vatikan zurück und spielte von nun an, teils aus Überzeugung, teils um die Gläubigen zu mobilisieren, die Rolle des «Gefangenen im Vatikan». Mit dieser Fiktion, mit der Exkommunikation der «Usurpatoren am Kirchengut», mit dem Verbot für Katholiken, am politischen Leben der neuen Nation teilzunehmen, blieb er ein Dorn im Fleisch des italienischen Nationalstaats. Erst der Faschismus führte zur Versöhnung und zu einer Lösung des Konflikts im «beiderseitigen Interesse»: 1929 schloß die Regierung Mussolini mit dem Heiligen Stuhl die Lateranverträge ab (Konkordat, Staatsvertrag, Finanzvertrag). Der Finanzvertrag sah für den Verlust des Kirchenstaates eine finanzielle Entschädigung vor und legte so den Grundstein des heutigen Vatikanvermögens. Der Staatsvertrag erkannte den Vatikan als eigenes Staatswesen an und lieferte dem Papst die territoriale Grundlage für das bedeutende Netz internationaler Beziehungen. Das Konkordat schließlich regelte die kirchliche Präsenz innerhalb des italienischen Staatsgebietes: Katholizismus als Staatsreligion; Sonderstellung der Geistlichkeit; obligatorischer Religionsunterricht als «Fundament und Krönung der Schulerziehung», wobei die Kirche bestimmt, wer Unterricht erteilen darf und wer nicht; Unauflöslichkeit der Ehe, die nur durch die Sacra Ruota, das reichlich korrupte Tribunal der Kirche, annulliert werden kann, und natürlich Steuerfreiheit für das Kirchenvermögen – das sind die wichtigsten Punkte, die die Kirche

Unter der Kuppel des Petersdoms – der Papstaltar mit Berninis Bronzebaldachin durchsetzen konnte. Kardinäle haben das «Recht auf Ehrenbezeugungen wie Fürsten von Geblüt»; der «heilige Charakter der Stadt Rom» wird staatlich geschützt, das heißt, nichts darf in Rom passieren, was die Kirche kränken könnte; Beleidigungen des Papstes werden als Majestätsbeleidigungen geahndet; verhaftete Kleriker genießen eine Sonderbehandlung – das sind die kleineren Bestimmungen, die ein Licht werfen auf die Sorgen des Papstes und der Kirche in jener Zeit.

In der Verfassunggebenden Versammlung nach dem Zweiten Weltkrieg haben die Kommunisten über Nacht die Front der laizistischen Parteien gegen eine Verankerung des Konkordats in der Verfassung verlassen und den Forderungen der Christdemokraten und des Vatikans nachgegeben. Ein taktischer Meisterzug Togliattis, um die Verfassung zu retten und um den «katholischen Massen» entgegenzukommen – oder trauriger Vorläufer des späteren «historischen Kompromisses»? Auf jeden Fall nahm Pius XII. das Geschenk an und exkommunizierte kurz darauf nicht nur die Mitglieder, sondern sogar die Wähler der Kommunistischen Partei.

Seit 1967 gab es Revisionsverhandlungen zwischen dem italienischen Außenministerium und dem Vatikan, die im Februar 1984 abgeschlossen wurden. Danach ist der Katholizismus keine Staatsreligion mehr, die Schüler können (formell) frei den Religionsunterricht wählen. Und jeder Steuerzahler kann entscheiden, ob er acht Promille seiner Steuerschuld der katholischen Kirche oder einer anderen religiösen Einrichtung oder dem Staat für sozialgebundene Projekte überläßt. Seitdem wirbt die italienische Kirche mit Werbespots in allen Medien regelmäßig um Steuergelder.

Vom Kreuzzug zum Konzil

Die Vorsehung wußte es so einzurichten, daß in gleichem Maße, wie die weltliche Macht zerfiel, die moralische und geistige Autorität des Papsttums wuchs – so zumindest liest man es in kirchentreuen Büchern. Der Aufbau neuer Machtpositionen wurde systematisch betrieben. Auf die Revolution von 1848/49 antwortete Pius IX. 1854 mit dem Dogma der Unbefleckten Empfängnis, wonach Maria ohne Erbsünde empfangen ist, was zu ihrer jungfräulichen Mutterschaft, die bereits Dogma war, noch hinzukam.

Die modernen Päpste versuchten durch Askese und Sublimierung ihrer Einsamkeit die Quelle einer neuen, massenwirksamen Autorität zu machen. Pius XII. trieb es darin am weitesten. Heiligsprechungen setzten die Identifikationsprozesse der Massen in Gang, insbesondere die Heiligsprechung eines zwölfjährigen Mädchens, Maria Goretti, die 1902 als «Märtyrerin der Reinheit» ermordet worden war. Es folgte das Dogma der leiblichen Aufnahme Mariens in den Himmel. Großartige Prozessionen wurden abgehalten, und schließlich verkündete der Papst, das echte Grab des Apostels Petrus sei endlich wiedergefunden worden.

Pius XII. hat seine Kreuzzüge gegen Atheismus, Materialismus und Kommunismus unter dem besonderen Schutze Marias geführt: Gerade in der politisch entscheidenden Periode der Nachkriegsrestauration erlebte Italien zahlreiche «weinende Madonnen» und andere Erscheinungen, wie sie Fellini in *Dolce vita* beschreibt. Die intime Verschränkung von restriktiver Sexualmoral, Marienkult, Kreuzzugsfanatismus, übersteigertem Moralismus bei Taubheit für elementare menschliche Belange – soweit sie nicht die Kirche berührten, schwieg Pius XII. zu den Verbrechen der Nazis und Faschisten.

War Pius XII., der 1958 starb, der «heilige», so war sein Nachfolger, Johannes XXIII., der «gute» Papst, il papa buono. In der Art, wie Pius heilig und Johannes gut war, schließen sich die beiden Eigenschaften aus. Um so bemerkenswerter ist die Fähigkeit der Kirche, aus den beiden so entgegengesetzten Figuren Kapital zu schlagen. Wie die katholische Kirche konservative Strukturen und revolutionäre Strömungen in einer eigenartigen Dialektik verarbeitet, dafür bietet das II. Vatikanische Konzil ein glänzendes Lehrstück.

Schon drei Monate nach dem Tode Pius' XII. war «alles ganz anders». Zur Überraschung aller und zum Entsetzen vieler gab der neue Papst bekannt, er wolle ein Konzil einberufen. Niemand wußte so recht, was ein Konzil eigentlich sei. In ihrer fast zweitausendjährigen Geschichte hatte die Kirche nicht mehr als zwanzig Konzilien abgehalten, das letzte 1869/70. Die damalige Verkündigung des Dogmas von der Unfehlbarkeit des Papstes schien für die Zukunft Konzile überflüssig oder zumindest bedeutungslos gemacht zu haben. Neunzig Jahre später setzte sich nun erneut der riesige Apparat der Kirche in Bewegung – in welche Richtung und von wem kontrolliert?

In vier Sitzungsperioden versammelten sich in den Jahren 1962 bis 1965 über 2500 stimmberechtigte «Väter» mit ihrem Anhang von Experten. Diese begannen, auf eine sehr konservative Art und Weise, aber doch relativ frei miteinander zu diskutieren. Für Außenstehende war das Kirchenlateinische zunächst unverständlich. Bald aber wurde klar, daß hier, für Gläubige wie für Ungläubige, wichtige Dinge verhandelt wurden: ein neues Verständnis der Bibel (Alphabetisierungskampagne), eine Liturgiereform unter Betonung der Rolle der «Gemeinde», eine neue Kollegialität der Führung (Aufwertung der Bischofskonferenzen und Synoden) und die Aufnahme von Impulsen der ökumenischen Bewegung. Johannes XXIII. war ein Meister in der Kunst, komplexe Zusammenhänge «einfach» zu machen, die Basisströmungen hervortreten, aber nicht ausufern zu lassen. So erhielt das Konzil, ungeachtet der vielen traditionellen «Kontrolleure», eine eigene Dynamik – in der Kirchensprache «Heiliger Geist» genannt.

Noch während des Konzils starb Johannes. Zu seinem Nachfolger wählten die Kardinäle einen Mann, der die zum Teil weitreichenden Beschlüsse der Versammlung so verwalten sollte, daß Brüche innerhalb der Kirche vermieden werden konnten. Paul VI. erwies sich tatsächlich als der «Vermittler», der als Testamentsvollstrecker des Konzils «rechts» und «links» die Spitzen abbrach, ohne das Rad der Geschichte zurückzudrehen.

Mag sein, daß dieses Konzil den Übergang zu einer neuen Epoche einer weltweit verwurzelten Kirche bezeichnet. Das Gewicht der Dritten Welt in der katholischen Kirche ist nicht mehr rückgängig zu machen. Von den insgesamt über 1 Milliarde Katholiken lebt heute ungefähr die Hälfte in der Dritten Welt. Zwar ist ihr Anteil an der Führungsgruppe der Kardinäle und Bischöfe noch unterproportional, aber die Europäer sind schon deutlich in der Minderheit.

Finanzjongleure im Namen des Vatikans

Daß sich das alte Rom jedoch nicht einfach ins Abseits stellen läßt, zeigt das Beispiel der vatikanischen Hochfinanz, die von einer Etage im Vatikan aus weltweit Kapitalströme in Bewegung setzt und kontrolliert. Da gibt es zunächst die außerordentliche päpstliche Vermögensverwaltung, die seit 1870 das Vatikanvermögen im engeren Sinne verwaltet, die sogenannte Privatschatulle des Heiligen Vaters. Dann eine besondere Vermögensverwaltung, die die großen Summen und Wertpapiere verwaltet, die 1929 vom italienischen Staat dem Heiligen Stuhl gezahlt wurden. Ferner gibt es den «Staatshaushalt» des Vatikans (Post, Museen, Verwaltung) und schließlich die 1942 gegründete Vatikanbank IOR, das «Institut zur Finanzierung religiöser Werke». Unter Kirchenvermögen im weiteren Sinne kann man durchaus auch noch das riesige Vermögen der Ordenshäuser, Diözesen und kirchlichen Organisationen, beispielsweise des Opus Dei, bezeichnen, die aber mit den Finanzen des Vatikans nur indirekt etwas zu tun haben.

Die Papstschatulle dient in der Regel wohltätigen Zwecken, der Staatshaushalt finanziert die religiös verbrämte Kleinstaaterei, die besondere Vermögensverwaltung und die IOR hingegen arbeiten weltweit und steuerfrei, ohne Kontrolle und nur dem Papst verantwortlich, unter Benutzung einer gut geölten diplomatischen Maschinerie und eines außerordentlichen Informationsnetzes – vom katholischen Buchhalter bis zum katholischen Bankier, vom katholischen General bis zum katholischen Staatsmann.

Der eilige Vater

Johannes Paul II., der erste Papst aus einem osteuropäischen Land, steht seit 1978 an der Spitze des Vatikans. Nach außen sorgte er durch eine neue, den Zeitläufen angepaßte Interpretation des Amtes für Aufsehen. Der Papst fährt im weißen Mercedes-Jeep durch die am Petersplatz versammelte Menge, nutzt Massenkommunikationsmittel und besucht rastlos nahe Bistümer und ferne Länder. Seine Welt ist zugleich die Medienwelt, ob er am 8. Dezember in schwarzer Limousine zur Mutter Gottes an der Piazza di Spagna pilgert oder nach Lourdes reist. Ob er vor rund 12000 Besuchern in der Audienzhalle (gebaut 1971 von Luigi Nervi) hofhält oder vom Fenster seiner Privatbibliothek der Menge auf der Piazza den traditionellen Segen erteilt – am prächtigsten auf der Loggia am Ostersonntag («Urbi et Orbi» – der Stadt und dem Land). Mit Unbeirrbarkeit eilt Papst Johannes Paul II. von Marienheiligtum zu Marienheiligtum, von Massenmeeting zu Massenmeeting. In der Ferne ein leuchtender, weißer Bezugspunkt, in der Nähe ein inzwischen alter Mann, der durch das Attentat vom Mai 1981 und Krankheit gezeichnet ist. Aber ein Mann, der immer noch väterliche Strenge und Sicherheit ausstrahlt und keine Identitätskrise aufkommen läßt. Ihm ist es während seines Pontifikats gelungen, sich einerseits von seinen Vorgängern deutlich abzusetzen, andererseits

führt er ihre Errungenschaften weiter.
Johannes Paul II. hat im Gegensatz zu seinem dem Ausgleich verpflichteten Vorgänger Paul VI. wieder klare Fronten geschaffen. Mit Pius XII. verbinden ihn der Marienkult, die harten Aussagen zur Sexualmoral, das Unterstreichen der päpstlichen Autorität und das direkte Zugehen auf möglichst organisierte Massen. Stark in dieser Tradition, nimmt er einige wichtige Fäden des Konzils wieder auf, aber auf neue Weise. Er sucht den Kontakt und das Gespräch mit den anderen Konfessionen, doch ohne theologische Zugeständnisse. Er beruft Synoden, Bischofskonferenzen, Kardinalskollegien ein, aber aus einer Position der Stärke. Er akzeptiert den Zusammenhang von politischer Freiheit und Glauben, aber unter dem Primat des letzteren: Freiheit für die glaubensstarken Polen, aber nicht unbedingt für die «glaubensschwachen» Massen Südamerikas.
Das Zeitgemäße an diesem Papst sind der Ausbruchsversuch aus dem klassischen Rechts-links-Schema und eine gewisse Wertrevolution, die sein politisches Handeln unberechenbar macht und ihm zumindest den Schein einer identitätsstiftenden Eigendynamik verleiht. Als Gefangener der Tradition und daher schwach erscheint er hingegen gerade auf dem ureigenen Feld der Kirche, nämlich in seinen Aussagen zur Glaubens- und Sittenlehre. Auch wenn Johannes Paul II. keine Mariendogmen oder Unfehlbarkeitsdogmen verkündet, bleibt doch die Tatsache, daß die Kirche da, wo sie am unerbittlichsten glaubt, am unglaubwürdigsten geblieben ist. Für diesen Papst sind Glaube und Hierarchie untrennbar verbunden. Der «Heilige Geist» in den Versammlungen und Massenbewegungen wird durch Kontrolle, Führung und den publicitywirksamen Gebrauch der Massenmedien ersetzt.

Umstrittene Restaurierung: die Sixtinische Kapelle

Einen dritten Zugang zum Vatikan bieten die großartigen Museen. Das ist ein Massenerlebnis der besonderen Art: an Kunst und an Besuchern. Letztere werden in bestimmten Rundgängen (die mit verschiedenen Farben gekennzeichnet sind und zwischen 90 Minuten und 5 Stunden dauern können) durch dieses Paradies der Archäologie- und Kunstgeschichte geführt. Objekte aus viertausend Jahren stürmen bei einer Länge von sieben Kilometern Ausstellungsparcours auf die Besucher ein. Höhepunkte sind: die römische Statue des Apoll von Belvedere, die antike Marmorgruppe des Laokoon, die Stanzen Raphaels mit den Fresken des Renaissancemalers aus Urbino, die Pinakothek – und natürlich die Sixtinische Kapelle.
Der plumpe, architektonisch eher mißlungene Bau verrät heute nur eingeweihten Augen, daß Papst Sixtus IV. (1471–1484) ihn als Wehrbau und Kirche zugleich geplant hatte. Noch unter Sixtus haben Botticelli, Ghirlandaio, Signorelli, Perugino und Pinturicchio, alles toskanische und umbrische Meister der Frührenaissance, an den Seitenwänden Fresken geschaffen, die allein schon den künstlerischen Weltruhm der Kapelle begründen würden. Unter dem Neffen von Sixtus, Papst Julius II. (1503–1513), malte dann Michelangelo Buonarroti die Geschichte der Genesis unter die Decke der Sixtina, die

seitdem als Kultstätte aller Kunstreisenden gilt. Julius, der sich weltpolitisch als ein neuer Cäsar, theologisch aber als ein neuer Moses und Gesetzesbringer verstand, wollte sich damit ein Denkmal setzen. Der Künstler wiederum interpretierte durchaus in intellektueller Freiheit die Schöpfungsgeschichte: Es ist zum Beispiel Adam, der sich den Apfel selber pflückt (und ihn nicht, wie in der traditionellen Ikonographie, von Eva gereicht bekommt). Und statt der ursprünglich geplanten Apostel malte er u. a. heidnische Sibyllen (Prophetinnen) in die Rundungen des Deckenrandes.

Allerdings arbeitete Michelangelo, der sich als Bildhauer fühlte, nur auf Befehl des Heiligen Vaters mit Farben und Pinsel. Knapp dreißig Jahre später kehrte der Maler wider Willen in die Sixtina zurück und schuf für zwei andere Päpste (Klemens VII. und Paul III.) auf der Altarwand das 200 Quadratmeter große Fresko vom Jüngsten Gericht. «Zum Verwundern Roms, ja der ganzen Welt», wie Michelangelos Zeitgenosse und Biograph Giorgio Vasari schrieb, «und ich, der jenes Jahr in Venedig war und nach Rom ging, um es zu betrachten, geriet darüber in das größte Erstaunen.»

Mit seinem Sinn für Geschichte und Symbole feierte Papst Johannes Paul II. vor laufenden Fernsehkameras am Morgen des 8. April 1994 eine Messe in der Sixtinischen Kapelle, nachdem das Gerüst abgenommen wurde, hinter dem über zehn Jahre lang eine Equipe von Vatikanfachleuten um Fabrizio Mancinelli und Gianluigi Colalucci die Deckenfresken und das Jüngste Gericht restauriert hatten. Der japanische Fernsehkonzern Nippon TV hatte im Vorfeld des Papstbesuches in Tokio 1981 nach einem prestigeträchtigen Sponsorprojekt des Vatikans gefragt. Die Römer boten nichts Geringeres als die Fresken des Michelangelo in der Sixtinischen Kapelle (Lunetten, Decke, Altarwand). Kosten: rund drei Millionen US-Dollar. Nippon TV bekam im Gegenzug die Weltrechte aller Foto- und Videodokumente der Sixtina bis zum Jahr 2000 garantiert. Bald brach wissenschaftlicher Streit um die Restaurierung aus. Kritiker, wie der Amerikaner James Beck, Ordinarius für Kunstgeschichte an der Columbus University, wehrten sich vehement gegen den «neuen» Michelangelo, der bei der Säuberung der Fresken (und um fast nichts anderes als um Säuberung handelte es sich bei dieser Restaurierung) zutage trat. Braune und graue Schmutzschleier verschwanden. Aus dem merkwürdig «monochromen» Michelangelo, der gleichsam ohne Vorbilder und Nachfolger in der Kunstgeschichte stand und «bewußt» Zonen der Zweideutigkeit schuf, wurde ein Künstler der Klarheit und Farbenprächtigkeit: Gelb, Gelbgrün, Lila, Rotbraun, dazu rosa Fleischfarben und Felsblöcke in Bonbontönen. Da brach unter dem Wutgeheul von Teilen der Zunft eine ganze Interpretationskette zusammen, Wissenschaftler wie Beck sahen sich um eine lebenslange Arbeit betrogen. Und der New Yorker Freskenmaler Frank Mason stöhnte: «Sie reinigen die Sixtinische Kapelle wie einen Teppich.»

Dieser Streit ist bis heute nicht ganz beigelegt, doch viele Kunsthistoriker haben sich inzwischen von der wissenschaftlichen Sorgfalt der Experten aus dem Vatikan überzeugen lassen. Unter dem Einsatz aller technologischen Mittel von der Spektralanalyse der

Cappella Sistina – Fingerzeig auf Michelangelos Deckenfresken

Farben bis zur genauen Bestimmung der Zusammensetzung des Wandputzes (und der Herkunft des Granulats!) wurden die Fresken Quadratzentimeter für Quadratzentimeter untersucht. Wie schon bei der Deckenreinigung ließ Chefrestaurator Colalucci beim Jüngsten Gericht einen letzten unsichtbaren Schleier nicht abtragen, um mögliche unentdeckte Korrekturen Michelangelos nicht zu gefährden. Zur Reinigung benutzte er die eigens für die Sixtina entwickelte Waschpaste «AB-57». Eine Paste aus Speisesoda, Ammoniumhydrogenkarbonat, Desogen (ein Präparat gegen den Pilzbefall) und einem Zellulose-Bindemittel. Doch anders als bei den Deckenfresken gab es für Colalucci beim Jüngsten Gericht zum Schmutz der Jahrhunderte zusätzliche Probleme.

Und die liegen im Bild selbst. Als der zweite Medici-Papst Klemens VII. im Jahr 1533 Michelangelo mit den Arbeiten beauftragte, war der fortschrittsgläubige Geist der Renaissance bereits erschüttert. Kriege und Hungersnöte durchzogen Italien, das ökonomische und kulturelle Zentrum der westlichen Welt. Die Truppen Kaiser Karls V. hatten gar Rom erobert und geplündert (Sacco di Roma, 1527). In der Schweiz und Deutschland erhoben sich Reformatoren gegen den Vatikan. In dieser Zeit des Umbruchs und der Konfusion wünschte sich der Papst nun die Darstellung des Jüngsten Gerichts für die Altarwand seiner Palastkapelle – eine motivgeschichtlich ungewöhnliche Wahl, man findet vergleichbare Motive in der Regel auf der Wand dem Altar gegenüber oder auf Kirchenfassaden.

Michelangelo, der Klemens VII. noch den Entwurf zur Billigung vorlegte, die Arbeiten aber unter dem Farnese-Papst Paul III. ausführte, wählte eine ebenso ungewöhnliche Ikonographie. Statt der hierarchischen klaren Gliederung des Weltengerichts mit Richter (Christus), Vermittler (Madonna, Heilige), Auferstehenden und Verdammten, entwarf er ein fast heidnisch anmutendes «Weltverdammnis». Er malte in jeweils frisch aufgetragenen Putz («a fresco»). In den Lunetten tragen Engel (ohne Flügel!) die Zeichen der Passion: Kreuz, Dornenkrone, Martersäule. Im oberen Zentrum steht Christus (gewöhnlich sitzt er) wie ein Apoll, die Madonna an seiner Seite (der immerhin die Kapelle geweiht ist) bleibt teilnahmslos, Heilige und Engel umkreisen ihn dagegen wie in einem Wirbelsturm. Darunter steigen links die Auferstehenden zum Himmel, während rechts die Verdammten hinabgesogen werden. An der Basis des Bildes sieht man links die Auferstehung des Fleisches und rechts den Hades – wie aus den Erzählungen der Antike: da bringt Charon, der Seelenfährmann, die Toten mit seinem Nachen über den Styx, da regiert das Gesetz des Totenrichters Minos. Bewegung und Stillstand, Raum und Körper, Ikonographie und theologisches Programm: Michelangelo malte eine Welt aus den Fugen. Und legte zugleich die Grundlage für den nachkommenden Manierismus: Er zeigte den späteren Malern, wie die alltägliche Häßlichkeit und Konfusion durch Virtuosität der Formen und Ideenreichtum zu überwinden war – jedenfalls in der Kunst.

Verschleierung nackter Tatsachen

Während Michelangelo noch an dem 200-Quadratmeter-Fresko arbeitete, wurde bereits Kritik laut.

Wie konnte man nur an «einem heiligen Orte so viele nackte Gestalten malen, die aufs unanständigste ihre Blößen zeigten», zitiert Vasari den empörten Zeremonienmeister Biagio von Cesena. Das sei «kein Werk für die Kapelle des Papstes, sondern für eine Badestube oder Kneipe». Michelangelo rächte sich am Kritiker, indem er ihn gleich im Bild als Totenrichter Minos mit Eselsohren porträtierte. Doch die Kritik hielt an. Mehrere Päpste wollten das Jüngste Gericht am liebsten wieder abschlagen lassen, andere ließen es verhängen. Die Ausführung eines Beschlusses des Trientiner Konzils vom Januar 1564, nachdem alle «unzüchtigen Stellen» zu bedecken seien, erlebte der Maler nicht mehr. Michelangelo starb am 18. Februar 1564.

Die Arbeiten übernahm sein Schüler Daniele da Volterra. Zum Teil malte er «auf den Putz» seine Schleier (die ihm den Spottnamen «Hosenlatzmaler» eintrugen), zum Teil schlug er ganze Figuren (wie die heilige Katharina und den heiligen Blasius) ab und malte sie «a fresco» neu. Noch Jahrhunderte später wurden auf relativ dilettantische Weise Übermalungen angebracht. Dazu kam Ruß von Kerzen, Öllampen und der Weihrauch, der mit «heiliger Unverschämtheit», wie Goethe nach einem Besuch notierte, das Bild «von Jahr zu Jahr mehr trübe macht und zuletzt gar in Finsternis versenkt».

Die Restauratoren mußten nun Stück für Stück prüfen, ob trockene Übermalungen von Michelangelo stammten (zum Beispiel, um das Blau des Himmels zu verstärken), von Daniele da Volterra und Mitarbeitern oder gar von späteren Eingriffen. Man entschied sich, die Schleier von Daniele (zumal die Fresko-Korrekturen) zu belassen, weil sie gleichsam zum Geist der Zeit gehören, spätere Übermalungen aber abzuwaschen. So hat etwa der heilige Andreas neben der Madonna seine pralle Nacktheit wiedererlangt, unter der Papst Johannes Paul II. nun die Messe liest.

Denn trotz aller heidnischen Nacktheit: Michelangelo ist noch heute ein Superkünstler, der für das Papsttum Propaganda macht. Nicht nur körper-, sondern auch extrem farbenfreundlich, wie ja die Restaurierung der Kapelle ans Licht gebracht hat. Über zwei Millionen Touristen strömen jährlich in die Sixtina – und es werden zum Heiligen Jahr 2000 noch mehr werden. Lautsprecher dirigieren die Massen. Der größte Feind der Kunst ist inzwischen jener unaufhörliche Menschenstrom, der durch die Papstkapelle zieht. Nicht so sehr der Erhalt der Bilder scheint dabei in Gefahr (neueste Klima- und Lichtanlagen sorgen für ausreichend Schutz), sondern die Art der Wahrnehmung. Wie die Schriftstellerin Marie Luise Kaschnitz von einer Besucherin der Vatikanischen Museen erzählte, die am Schluß weinte. Warum? Weil man ihr die Michelangelo-Fresken vorenthalten hätte. Als man ihr klarmachte, daß sie sehr wohl in der Sixtina gewesen war, weinte sie erst recht. Das Recht der Massen erzeugt (auch) Tränen.

MÄCHTIGE FASSADEN

DIE PALAZZI DER POLITIK

Eine Tour ins Machtzentrum des gegenwärtigen Rom, wo die Parlamente tagen, der Ministerpräsident die Lage zu stabilisieren versucht und der Staatspräsident mehr als nur repräsentiert; zu den Parteizentralen, an denen die Umwälzungen der jüngsten Geschichte nicht spurlos vorbeigegangen sind. Und in der Peripherie stoßen wir auf den jüngsten Protest der Autonomen.

Fällt in einem politischen Gespräch das Wort «Palazzo», weiß jeder, was gemeint ist. Pasolini hat diesen Begriff eingeführt. Er steht für eine intrigante Machtpolitik, denn in den alten Palazzi dreht sich Politik mehr um Personen als um die Sache. In keiner anderen Hauptstadt werden mit solcher Lust Regierungen gestürzt, Ministerien verteilt, Intrigen gesponnen wie in Rom. Wie in der guten alten Zeit der Renaissance und des Barock. Die Regierungsgebäude und Parteizentralen finden sich mitten in der Stadt zwischen der Via del Corso und dem Corso del Rinascimento.

Palazzo Montecitorio

Hier ist seit 1871 das Abgeordnetenhaus untergebracht. In einem Palast mit zwei Fassaden. In die Vergangenheit, auf den ägyptischen Obelisken aus Heliopolis, schaut die von Bernini Mitte des 17. Jahrhunderts entworfene Front. Im Altertum hatte der Obelisk als Sonnenuhr gedient. Erst spät wurde er wieder ausgegraben und 1792 hier aufgestellt. Für den 2600 Jahre alten Stein ist Zeit etwas anderes als für die Abgeordneten, die hier ständig vorbeihasten. Die zweite Fassade, 1903–1925 gebaut, hat sich nie durchsetzen können und ist Hintereingang geblieben.

Römische Entscheidungsträger sind auch während der Mittagspause zu erreichen

Palazzo Madama

Das italienische Parlament besteht aus zwei Kammern. Der Senat hat seinen Sitz im Palazzo Madama gefunden. Gesetze müssen von beiden Häusern verabschiedet werden. Da sich die beiden Kammern in ihrer Zusammensetzung kaum unterscheiden, will man diese überflüssige Doppelung abschaffen. Die Reformpläne sprechen von einer Art «Länderrat» der Regionen. In Zeiten großer Debatten wimmeln die kleinen Straßen, vor allem aber die exklusiven Restaurants, zwischen den beiden Häusern von Abgeordneten. Eine Bannmeile gibt es nicht.

Palazzo Chigi

Dieser rötliche, elegante Palast neben Montecitorio ist der Sitz des Ministerrats und des Ministerpräsidenten. Die Machtbefugnisse des italienischen Regierungschefs sind geringer als etwa die des Bundeskanzlers, und seine Abhängigkeit vom Parlament und von den Parteien ist wesentlich größer.

Die Parteizentralen der ehemaligen Kommunisten und der ehemaligen Christdemokraten liegen zwischen Piazza Venezia und dem Largo Argentino kaum 100 Meter voneinander entfernt in der **Via delle Botteghe Oscure** («Straße der dunklen Geschäfte») und an der Piazza del Gesù. Auf halbem Weg, in der Via Caetani, fand man die Leiche des ermordeten Politikers Aldo Moro (Gedenktafel). Die Roten Brigaden wollten mit dieser Plazierung die Botschaft vermitteln, daß es zwischen links und rechts keinen Kompromiß geben kann. Mit der Ermordung Moros (1978) begann das Ende der Ersten Republik. Seine Idee, die reformatorische Energie der Kommunisten christdemokratisch zu mäßigen und zu kanalisieren, war gescheitert. Die Sozialisten (ehemalige Parteizentrale in der Via del Corso) unter Bettino Craxi nutzten ihre Position als Zünglein an der Waage für eine knallharte Machtpolitik. Im Kampf um Geld und Einfluß übertrafen sie an Zynismus sogar noch die Christdemokraten. Die Justiz hat Anfang der neunziger Jahre dem Schacher ein (vorläufiges) Ende bereitet. Zeitweise stand ein Drittel aller Parlamentsabgeordneten unter Anklage oder saß im Gefängnis. Die Kommunisten hatten bereits 1990 ihren Namen in PDS («Demokratische Partei der Linken») geändert. Die Christdemokraten lösten sich Ende 1993 auf und spalteten sich in mehrere Kleinparteien, die Sozialisten verschwanden 1994. Das Erbe dieser Parteien fiel im wesentlichen an Forza Italia, ein von Silvio Berlusconi rechtzeitig zu den Wahlen von 1994 gegründetes Wahlbündnis der rechten Mitte, der Struktur nach eine Bewegung und keine Partei. Das Hauptquartier Berlusconis liegt in der Via dell'Anima. Der große Gewinner dieser Auflösungserscheinungen war die äußerste Rechte unter der Führung des jungen Aufsteigers Gianfranco Fini. Er überführte das Gros der relativ belanglosen neofaschistischen Partei MSI in die rechte Sammelbewegung Alleanza Nazionale und ist zusammen mit Berlusconi Führer der Opposition, seit die linke Mitte, als Bündnis unter dem Zeichen des Olivenbaums, 1996 an die Regierung kam – und seit erstmals in Italien ehemalige Kommunisten Minister wurden.

Der Quirinal

Auf dem Quirinal, einem der schönsten Hügel, den die Römer einst dem vergöttlichten Stadtgründer Romulus geweiht hatten, bauten die Päpste ihre Sommerresidenz, einen prächtigen barocken Palast mit Park. Im Jahre 1870 zog hier das italienische Königshaus ein und 1947 der erste Präsident der Italienischen Republik. Der italienische Staatspräsident hat de facto eine wesentlich stärkere politische Stellung als sein deutscher Kollege. Vor jeder Regierungsbildung hält der Staatspräsident Konsultationen ab, die zu einem feierlichen Ritual geworden sind und vom Fernsehen übertragen werden. Bei Regierungskrisen spielt der Staatspräsident eine immer entscheidendere Rolle, wie auch in der Zeit des politischen Übergangs in den frühen neunziger Jahren. Am Quirinalsplatz mit den antiken Kolossalstatuen der Dioskuren liegt ebenfalls der Palazzo della Consulta, Sitz des Verfassungsgerichts.

Das Kapitol

Einst Zentrum eines Weltreichs, sind hier jetzt Museen und auch die schwerfällige und hochverschuldete Stadtverwaltung untergebracht. Die Selbstverwaltung und damit auch die politische Bedeutung der Gemeinden ist in Italien traditionell unterentwickelt. Der Zentralstaat mischt sich bis in die Einzelheiten der Verwaltung, der Personalpolitik und des Finanzgebarens ein. Erst die Krise der neunziger Jahre und die Wahlreform, die die Direktwahl der Bürgermeister vorsieht, hat den großen Gemeinden einen Zuwachs an Prestige und politischem Spielraum gebracht. Die «Achse» der progressiven Bürgermeister von Neapel, Rom, Bologna und Venedig versucht, eine Ebene zu finden, wo vor allem soziale und kulturelle Probleme besser als bisher artikuliert und gelöst werden können.

Centri Sociali

Gegenpositionen zum «Rom der Macht» bildeten sich jahrelang auf den großen Plätzen (Piazza del Popolo, Piazza San Giovanni, Piazza Navona), wo die zahlreichen Massendemonstrationen gewöhnlich zu Ende gingen. Reste einer «sozialen Opposition» versammeln sich in den Centri Sociali der Peripherie. Die «autonome Szene» hat hier Räume einer alternativen Kulturpolitik besetzt.

TOUREN DURCH DIE STADTVIERTEL

GLANZ DER ANTIKE

VOM FORUM ZUM PALATIN

Durch die Trümmerlandschaft der Antike: von der Phokas-Säule zur Kurie und zum Titusbogen. Dann beginnt der Aufstieg zum Palatin mit der Hütte des Romulus, dem Haus der Livia und den kaiserlichen Palästen – Mauerreste, Gräser und ein kleiner botanischer Garten sind zurückhaltende Zeugen vom Untergang eines Imperiums. Dauer der Tour: 3 Stunden.

Das **Forum Romanum** war in der Antike der Mittelpunkt des politischen, religiösen und kommerziellen Lebens der Stadt und des Weltreichs. Hier wurden Verträge geschlossen, Gesetze erlassen, weihevolle Handlungen begangen und die Götter befragt; hier wurde Handel getrieben, Recht gesprochen und Wahlkampf geführt. Die rein merkantilen Aufgaben verlagerte man später an andere Plätze (etwa zum Forum Boarium auf der heutigen Piazza Bocca della Verità, siehe S. 78) oder auch in Marktanlagen wie die des Trajan, die wir links am Hang des Quirinals hinter der Trajanssäule sehen, wenn wir, von der Piazza Venezia kommend, die Via Fori Imperiali zum Eingang des Forum (Largo Romolo e Remo) gehen. Nach dem Untergang des römischen Weltreichs verfiel das Forum, Gras wuchs über die Geschichte, so viel, daß Kühe jahrhundertelang dieses Gelände zwischen Kolosseum und Kapitol als Weide benutzen konnten, aus dem der eine oder andere antike Rest romantisch hervorlugte.

Die Ausgrabungen der einzigartigen Trümmerlandschaft des Forum Romanum begannen erst im 18. Jahrhundert unter heftigen Protesten. Wilhelm Müller, der «Griechen-Müller» und Texter zahlreicher Schubert-Lieder, bedauerte, daß statt der weißen Rinderherden und ihrer braunen Treiber «jetzt nur Reisebeschreiber mit Brillen und Meßstäben» über das aufgewühlte Feld laufen. Unter drei Meter hohem Schutt wurde das heute wieder sichtbare römische Terrain erschlossen. Zuerst das älteste Forum zu beiden Seiten der Via Sacra, zwischen dem bis zum oberen Torbogen im Erdreich steckenden Septimius-Severus-Bogen und dem Kolos-

Foro Romano – Bilderbuch der Weltgeschichte

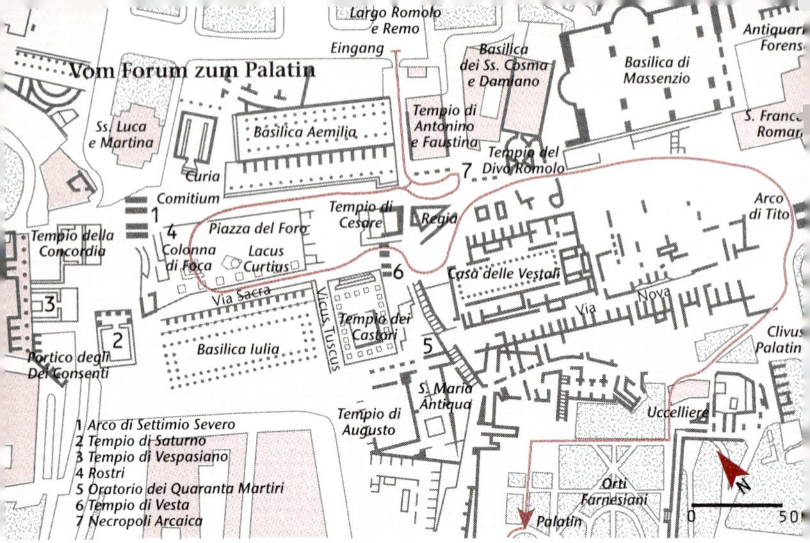

seum. Erst 1931/32 wurden jenseits der Via dei Fori Imperiali die Kaiserforen freigelegt, aber auch vom älteren Teil des Forums getrennt. Mussolini hatte diese Prachtstraße zwischen Piazza Venezia und Kolosseum anlegen lassen, um seine Idee eines faschistischen Mittelmeerimperiums mit der des römischen Imperiums in Beziehung zu setzen.

Seit den siebziger Jahren gibt es ein Programm, das alte Forum und die Kaiserforen wieder zu vereinigen und vom Kapitol zum Kolosseum und bis weit hinaus auf der Via Appia Antica einen zusammenhängenden archäologischen Park ohne Autoverkehr zu schaffen, als eine grüne Lunge des modernen Rom, was einmalig auf der Welt wäre.

Nach dem Betreten des Forums vom Eingang der Via dei Fori Imperiali aus, rechts neben dem Tempel der Faustina und des Antonius, sieht man die frühesten Siedlungsspuren dieses Tals zwischen Palatin und Kapitol. Auf einem Täfelchen steht «sepolcreto arcaico», archaische Grabanlagen aus dem 9. und 8. Jahrhundert v. Chr. Man steht vor grünen Narben und Flecken auf dem Boden, die die sechs Meter tiefer liegenden, runden und rechteckigen Gräber anzeigen. Die Geometrie deutet auf die unterschiedliche Bestattungsweise: Die Sabiner verbrannten ihre Toten (runde Gräber), die Latiner bestatteten sie in der Erde. Die beiden Kulturen bestanden nebeneinander und vermischten sich dann.

Jede historische Epoche des Altertums hat ihre eigene Schicht hinterlassen. Zur jüngsten Schicht des Forums gehört die **Phokas-Säule**, die 608 n. Chr. zu Ehren des oströmischen Kaisers Phokas errichtet worden war. Sie wurde nie umgestürzt, auch nicht als das Forum zur Viehweide heruntergekommen war. Von diesem weit sichtbaren Orientierungspunkt aus beginnt unser Rundgang. Phokas war jener Kaiser, der den Christen das Pantheon schenkte. So wurde das Pantheon im Jahre 609 die erste christliche Kirche, die ein bis dahin heidnisches Heiligtum besetzte. Ab dem 9. Jahrhundert wurde die neue Nutzung alter Tempel dann üblich, die Angst vor den bösen Geistern der Antike war verflogen. Als die Phokas-Säule errichtet wurde, befand sich Rom in vollem Niedergang. Daher ist die Säule auch keine Neuschöpfung, sondern man nahm aus einem älteren Gebäude ein schönes Exemplar des ersten oder zweiten Jahrhunderts und stellte sie mit einer schmeichlerischen Inschrift auf.

Wenige Meter entfernt von der Säule wachsen auf einem Stück Erde Nachkommen des hier einst gehegten heiligen Ölbaums, des Feigenbaums und der Rebe. Daneben ist ein fast rechteckiger, mit großen Steinen gepflasterter Platz erkenntlich. Hier versammelte sich das Volk bei feierlichen religiösen oder politischen Anlässen. Die republikanische Zeit, die wenige Jahrzehnte vor Christus mit der Herrschaft und Ermordung Cäsars endete, hatte aus dem Forum zunehmend einen öffentlichen, politischen Raum gemacht. Die Geschäfte und Märkte waren nach und nach in Richtung Forum Boarium und ins Velabrum verlegt worden. Auf dem Forum wurden Tempel für die Götter und Basiliken zur Rechtsprechung errichtet, wie zum Beispiel die **Basilica Emilia** im 2. Jahrhundert v. Chr. Dazwischen blieb dieser etwas unregelmäßige Platz frei. Zur Zeit der Republik versammelten sich die Bürger Roms in einem Kreis um den oder die Redner. Es gab also keinen Frontalangriff des Redners auf die Zuhörer, sondern so etwas wie eine Kultur des Runden Tisches. Cäsar hat dann 44 vor Christus eine große Rednerbühne parallel zum Kapitol und zur riesigen Wand des Tabulariums aufstellen lassen und hat damit den Platz der Volksversammlung hierher verlegt. Man sieht die Reste der großen Rednertribüne, **Rostra** genannt. Der Redner stand nun dem Volk frontal gegenüber. Augustus hat dieses agitatorische Element noch verstärkt, indem er auf der gegenüberliegenden Seite – an der Stelle, wo Cäsar verbrannt wurde – den Cäsar-Tempel bauen ließ: Er hat aus dem Platz ein gepflastertes und begrenztes Viereck gemacht. Außerdem ließ er vor dem Cäsar-Tempel eine zweite Rednertribüne errichten, auf der Asche Cäsars. Es gab berühmte Leichenreden, die von beiden Tribünen aus gehalten wurden. Das Volk schaute erst in die eine Richtung, drehte sich dann um und war durch diese Regie bewußt Teil eines größeren Zusammenhangs.

Bis zur Kaiserzeit bestand die eigentliche Dialektik der Macht im Verhältnis von Volk und Senat; die Tribunen teilten den Willen des Volkes dem Senat mit. Cäsar verlegte nicht nur den runden Platz der ursprünglichen Volksversammlung, sondern auch die **Kurie**, wo der Senat seinen Sitz hatte. Der erhaltene Backsteinbau stammt aus der Zeit des Diokletian (284–305) und war vom 7. Jahrhundert bis zu seiner Restaurierung (1931–1937) eine Kirche. Im Innern des Gebäudes, das 300 Senatoren Platz geboten hatte (deren Zahl aber war mit der Ausdehnung des Reiches in der Kaiserzeit auf 900 gewachsen), sind unter anderem die beiden Plutei Traiani ausgestellt, marmorne Reliefplatten aus der Zeit des Trajan. An ihnen kann man einige Bauten des Forums erkennen, einen Redner, der zu Bürgern spricht; ebenso den Kaiser, dem eine Frau ein Kind hinhält, und unter einem Feigenbaum die Statue des Marsyas, mit einem Weinschlauch auf den Schultern das auf dem Forum einst aufgestellte Symbol römischer Bürgerfreiheit. Die antiken Bronzetüren der Kurie wurden von Borromini entfernt und als Hauptportal der Lateranbasilika verwendet.

Am Fuße des **Kapitols** stehen der dreitorige Bogen des Septimius Severus (aus dem Jahr 203) mit Bildern siegreicher Kriege und der Saturn-Tempel mit seinen acht erhaltenen ionischen Säulen, eines der ältesten und wichtigsten Heiligtümer, in dem der Staatsschatz aufbewahrt wurde. Cäsar, der nach seinem Staatsstreich an die Kasse wollte und vom Tribun Metellus zunächst gehindert wurde, drohte, er werde Metellus auf der Stelle umbringen. Plutarch überliefert den wunderbaren Satz Cäsars: «Mein lieber Junge, du weißt wohl, daß es mir saurer ankommt, dies zu sagen, als dies zu tun.»

Der Spaziergang vom Saturn-Tempel über das Forum in Richtung Kolosseum führt zunächst entlang der von Cäsar gebauten riesigen **Basilica Iulia** mit ihren Säulenstümpfen; dann zu den Resten des **Castor-und-Pollux-Tempels**, der 484 v. Chr. zum Dank dafür errichtet wurde, daß die beiden Götter den Römern bei einer entscheidenden Schlacht zu Hilfe gekommen waren. Der Tempel wurde oft erneuert, und die drei korinthischen Säulen aus parischem Marmor, die man heute sieht, stammen aus der Zeit des Augustus. Dahinter liegt der **Rundtempel der Vesta** und das **Haus der Vestalischen Jungfrauen**. Ursprünglich war der Vesta-Tempel eine Rundhütte aus Schilf. Hier wurde das heilige Feuer bewahrt, das als Symbol des Fortbestands des römischen Staates galt. Besondere Priesterinnen, die bereits als Kinder ausgewählt und für dreißig Jahre zu diesem Beruf verpflichtet wurden, hüteten das Feuer. Ihre Lebensführung und ihre priesterlichen Aufgaben waren sehr genau geregelt. Die Mädchen unterlagen dem Keuschheitsgebot und wohnten gemeinsam in einem prächtigen Gebäude. Vom Tempel sieht man noch einige der ursprünglich zwanzig korinthischen Säulen, Fragmente des letzten Umbaus aus dem 2. Jahrhundert n. Chr.

Auf der Straße zum Titusbogen sieht man linker Hand die mächtigen Gewölbe der **Basilika des Maxentius** oder des **Konstantin** (erbaut 306–312), die ebenso wie die Reste der Thermen des Diokletian und des Caracalla von den Architekten der Renaissance eifrig studiert wurden. Bramante nahm diese Basilika zum Vorbild für den Entwurf des Hauptschiffes der Peterskirche, ähnlich wie Michelangelo für seine Kuppel das Pantheon studiert hatte. Der Titusbogen steht auf einer leichten Anhöhe. Man überblickt von hier aus, wie in einem lebendigen Lehrbuch, die großen Leistungen und Gestaltungsprinzipien der römischen Architektur. Der Fassadenbau von der Renaissance bis zum Barock hat bewußt an diese Vorbilder angeknüpft, in erster Linie an das durch das Kolosseum vorgegebene Schema: unten die dorische, in der Mitte die ionische, darüber die korinthische Säulenordnung und ganz oben die Komposite. Im Gegensatz zur griechischen Architektur, wo die Säulen tragende Funktion hatten, stehen sie hier vor den aus Quadern und Ziegeln aufgerichteten Mauern und entfalten einen rein dekorativen Charakter.

Eine andere römische Erfindung, die Schule machte, sind die Triumphbögen, die die Macht der römischen Kaiser und den Glanz ihrer Siege veranschaulichen. Der **Titusbogen** erinnert an die Siege Vespasians und seines Sohnes Titus in Palästina, insbesondere an die Zerstörung Jerusalems im Jahre 70. Deutlich erkennbar sind die Darstellungen des Siegeszugs mit den Beutestücken aus dem Tempel Salomons. Die Triumphzüge, die zum Kapitol führten, endeten gewöhnlich mit der Erdrosselung der vornehmsten Gefangenen im Mamertinischen Kerker, mit der Versklavung der übrigen und der Verteilung der Beute an das Volk, den Staat und die Feldherrn. Beim Bau des Kolosseums (begonnen im Jahre 72) wurden unter anderen 12000 Gefangene aus dem Feldzug gegen die Juden verwendet.

Vom Titusbogen führt ein leichter Anstieg zum **Palatin**, in eine der schönsten Garten- und Ruinenlandschaften der Welt. Auch ohne besonderen Führer kann jeder in seiner Phantasie die Prachtbauten rekonstruieren: Terrassen, säulenumstandene Innenhöfe, endlose Gänge, Privatgemächer, Brunnen, Speisesäle, die auf große Wasserbecken blicken, Thermen, Stadien, Tempel und Gärten. Zwischen dem Grün der Bäume und unter dem Blau des Himmels herrscht heute die rötliche Farbe der Ziegel, wo früher alles im weißen Licht von Marmor und Gold lag. Erst am Ende des 18. Jahrhunderts trat diese Welt der toten Paläste unter Weinbergen und Gärten ans Tageslicht. Sich immer links haltend erreicht man auf der Kuppe eine Terrasse, von der man auf das **Stadion des Domitian** herunterschaut. Um den riesigen Palast des Domitian bauen zu können, wurde abgerissen, was sich bis dahin noch an Privatwohnungen auf dem Palatin befand. Ein Rundgang führt weiter in die **Domus Flavia**, den privaten Flügel seiner Residenz. Durch die Überreste des Speisesaals und des Nymphäums erreicht man das Haus der Livia mit gut erhaltenen Wohnräumen und Fresken. Livia war die Frau des Augustus, und an diesem Abhang des Palatin hatte er sich seinen Palast gebaut. Das Gelände ist unzugänglich, aber man kommt am Tempel der Magna Mater (Kybele) im Haus des Tiberius zu einer Stelle, wo im Boden zwischen Mauern und Steinen runde Löcher erkennbar sind, in denen die Pfosten der ältesten Hütten standen. Noch in der Kaiserzeit wurde hier die «Hütte des Romulus» besichtigt, Zeugnisse aus dem 8. und 9. Jahrhundert vor Christus.

Die **Farnesischen Gärten** wurden als botanischer Garten und Park im 16. Jahrhundert angelegt. Vorher, um das Jahr 1500, war der Palatin der einsamste Ort Roms, «ein Irrgarten, worin der Philosoph und Dichter zwischen riesigen Ruinen in einem Dickicht von Schlinggewächsen und Ölbäumen umherwandern und über die Nichtigkeit aller Erdengröße nachsinnen konnte», so Gregorovius. Der Lustgarten der Farnese und später die Ausgrabungen «haben für immer die Poesie der mittelalterlichen Ruinenwelt vernichtet». Doch selbst wenn es sie noch gäbe: kein moderner Besucher könnte sich von diesen Trümmern eine Anschauung vom Zusammenbruch eines Weltreichs verschaffen. Heute stellt er sich, wenn das überhaupt noch möglich ist, den Zusammenbruch eines Imperiums ganz anders vor. Die Ruinen haben nicht ihre ästhetische, wohl aber ihre philosophische Qualität verloren.

CIRCUS MAXIMUS

VOM KAPITOL ZUM AVENTIN

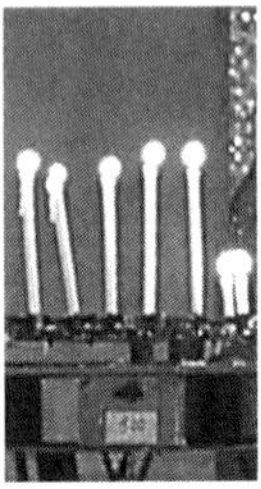

Ausgangspunkt ist die Mitte Roms, das Kapitol. Entlang einem antiken Theater, das zugleich mittelalterliche Burg und Renaissancepalast ist, geht es zum Rindermarkt und dem Bocca della Verità zu den Kirchen Santa Maria in Cosmedin und San Giorgio in Velabro bis zum Circo Massimo. Die Tour endet mit einem Spaziergang auf dem grünen Aventin zwischen Apfelsinengärten beim grübelnden Mazzini.

Prächtiger kann man sich dem Rathaus von der Piazza Venezia kaum nähern: eine breite, von Michelangelo entworfene Marmortreppe führt zwischen ägyptischen Löwen (unten) und den Götterstandbildern der Zwillinge Castor und Pollux (oben) zu einem herrlichen kleinen Platz. Drei Paläste umrahmen ihn: der **Palazzo Nuovo** links (Museum), der **Palazzo dei Conservatori** rechts (Museum und Amtsräume der Stadtverwaltung) und der **Palazzo Senatorio**, der Amtssitz des Bürgermeisters. Dahinter hat man einen herrlichen Blick über die Forenanlagen bis zum Kolosseum und die Hügel des antiken Rom: linker Hand Quirinal und Esquilin, rechts Palatin. Der Palazzo Senatorio war im Mittelalter ein Wehrbau gewesen – abweisend gegenüber dem Gesindel, das sich unten auf dem Campo Vaccino (Kuhweide) herumgetrieben hatte. Verdrehte Geschichte: selbstverständlich orientierten sich während der Antike die Bauten des Hügels zum Forum hin. Der Tempel der Juno Moneta, die Stadtburg und die Münzprägeanstalt lagen auf dem nördlichen Gipfel (Arx), der heute von der Kirche Santa Maria in Aracoeli gekrönt wird, und der Jupitertempel auf dem südlichen Gipfel (Capitolium). Vom Forum blickte ein Römer der frühen Republik also zur göttlichen, finanziellen und militärischen Macht auf (später blieb der Hügel vor allem ein religiöser Ort, Militär- und Finanzwelt stiegen ins Forum herab).

Nach dem Untergang des Weltreichs war Rom lange Zeit nur im Gebiet des Tiberknies besiedelt, der Hügel des Kapitols lag an der äußersten Peripherie. In den Burganlagen zwischen Nord- und Südgipfel hatte sich die nichtkirchliche Stadtregierung festgesetzt. Das Mittelalter ist voll von Kriegen und Auseinandersetzungen zwischen geistlicher und weltlicher Macht in Rom. Als im 14. Jahrhundert die Päpste in Avignon residierten, versuchte der Tribun Cola di Rienzo, der von einem Kandidaten des Volkes zum Diktator wurde, römische Großmachtträume wiederzuerwecken. Bei einem Aufstand wurde er ermordet – sein Denkmal steht neben der Treppe Michelangelos. In der Renaissance, als die Päpste de-

Roms ältester Lügendetektor –
Bocca della Verità

Santa Maria in Cosmedin – Kerzen für erfüllte und unerfüllte Wünsche

monstrativ die klassischen Orte zur Untermauerung des Machtanspruchs der Kirche benutzten, «drehte» sich das Kapitol endgültig Richtung Piazza di San Marco und Palazzo Venezia (siehe S. 39). Erst nach mehreren Umbauten entstand die Anlage, so wie wir sie heute kennen. Michelangelo plante für Papst Paul III. auch den sternförmig gemusterten Platz. In der Mitte ließ er 1536 anläßlich eines Besuchs von Kaiser Karl V. das **Reiterstandbild Mark Aurels** aufstellen – eine der wenigen im Frühchristentum nicht zerstörten römischen Statuen, weil man Mark Aurel irrtümlich für den ersten christlichen Kaiser Konstantin gehalten hatte. Heute geht nach einer Restaurierung des Reiterstandbildes der Streit darum, ob hier eine Kopie oder weiterhin das Original Mark Aurels aufgestellt werden soll. Die Abgase von Autos und Heizungsanlagen stellen inzwischen eine ernsthafte Bedrohung für historische Denkmäler und Bauten dar. Auf dem Kapitol kann man noch ein paar Schritte (rechts vom Konservatorenpalast) zu den Grünanlagen am Tarpejischen Felsen machen, wo im alten Rom Verräter hinabgestürzt wurden. In den Gebäuden auf diesem Südteil des Hügels waren bis zum Ersten Weltkrieg auch die preußische Botschaft und das Deutsche Archäologische Institut untergebracht.

Das **Marcellus-Theater** liegt an der gleichnamigen Straße dem Tarpejischen Felsen gegenüber. Es ist ein Halbrund, das im Aufbau

seiner Bögen dem des Kolosseums ähnelt, dabei aber älter und kleiner ist. Es wurde unter Augustus etwa im zweiten Jahrzehnt vor Christi Geburt gebaut. Hier wurde ursprünglich Theater gespielt, ohne Tierkämpfe, Schlachten und andere blutige Späße. Deshalb war es auch bereits im 4. Jahrhundert ein Steinbruch, aus dem man Material zur Reparatur der Cestius-Brücke holte, während der Circus Maximus und das Kolosseum noch in Betrieb waren. Im 12. und 13. Jahrhundert wurde es zur Festung umgebaut. In der Renaissance schuf der Architekt Baldassare Perruzzi im Inneren des Theaters den Palast der Orsini. In den Bögen waren Werkstätten untergebracht. Zu Füßen des Kapitols begann sich, relativ früh, Hoffnung auf eine Renaissance des antiken Rom zu artikulieren. Das läßt sich auf dem Weg zur Piazza Bocca della Verità auch architektonisch an der Kirche San Nicola in Carcere und an der Casa dei Crescenzi ablesen. An der Piazza schließlich steht links die Kirche Santa Maria in Cosmedin mit einem der schönsten romanischen Glockentürme Roms. In der Antike war diese Verkehrsinsel ein ungeheuer lebendiger Platz mit dem Foro Boario (Rindermarkt) – günstig an einer Furt über den Tiber gelegen und nicht weit vom Forum. Die Cloaca Maxima, die das Forum entwässert, eine Glanzleistung römischer Ingenieurskunst, mündet hier in den Fluß. An den Ufern flußabwärts beginnen die antiken Hafenanlagen, die sich bis zum Monte Testaccio erstrecken, dem Scherbenberg aus zerbrochenen antiken Amphoren, die als Transportgefäße für Nahrungsmittel gedient hatten.

Campanile und Steinmaske

Auf dem **Foro Boario** stehen zwei hervorragend erhaltene Tempel, weil sie lange als Kirchen gedient hatten: Der rechteckige ist Portunus, dem Gott der Flüsse und Häfen geweiht, der runde dem siegreichen Herkules. Herkules soll hier vorbeigekommen sein, als er die Rinder des Riesen Geryoneus vom westlichen Ozean heim nach Griechenland trieb. Es handelt sich um den ältesten Marmortempel Roms aus dem 2. Jahrhundert v. Chr., zur Hälfte aus griechischem, zur Hälfte aus carrarischem Marmor. Obwohl das Kapitol damals schon die Welt beherrschte, waren andere eroberte Städte wie Capua, Athen, Korinth und Alexandria weit prächtiger als das Rom der Holzbauten, der engen Straßen und Feuersbrünste. Die äußere Glanzlosigkeit stand jahrhundertelang in einem seltsamen Mißverhältnis zur politisch-militärischen Bedeutung der Stadt. Erst Augustus verwandelte Rom aus einer Stadt von Lehm in eine Stadt aus Marmor.

Die Kirche **Santa Maria in Cosmedin** entstand am Ende des 6. Jahrhunderts auf dem Gelände des früheren Lebensmittelmarktes und gehörte der großen griechisch-byzantinischen Gemeinde – der Name Cosmedin unterstreicht den prächtigen Schmuck oder erinnert an einen Platz in Konstantinopel. Im Porticus der Kirche ist die antike Maske eines Flußgotts eingelassen, deren Bocca della Verità, der «Mund der Wahrheit», Meineidigen die Hand abbeißt. Das Innere der Kirche stammt im wesentlichen aus dem 8. und 12. Jahrhundert. Fußboden, Chor, Bischofsthron, Ziborium sind großartige Arbeiten der Cosmaten, Handwerkern, ursprünglich aus Süditalien, die vom 12. bis zum 14. Jahrhundert in Rom und Umgebung tätig waren. Seit dem 7. oder 8. Jahrhundert wurde Rom ein riesiger Steinbruch; der nicht bewohnte Teil der Stadt war um ein Mehrfaches größer als der bewohnte. Es entstand eine eigene «Industrie», um Marmorplatten von den antiken Bauwerken abzureißen, zu zersägen und zu neuem dekorativen Schmuck zusammenzufügen.

Ebenfalls an der Piazza Bocca della Verità steht der **Janus-Bogen** aus Marmor, mit quadratischem Grundriß und Darstellungen der Gottheiten Roma, Juno, Ceres und Minerva. Dahinter die Kirche San Giorgio in Velabro mit dem Bogen der Gold- und Silberschmiede (links von der Kirche). Hier war das sumpfige Tal, das Velabrum hieß, wo die von der Wölfin gesäugten Zwillinge Romulus und Remus von einem Hirten gefunden wurden. Noch sprudelt dort die alte Quelle Juturna, aber sie trägt jetzt den christlichen Namen des Sankt Georg, dessen Reliquien hier verehrt werden, des populärsten Heiligen der frühen Christenheit. Er stammt aus Kappadozien in Syrien und war wie der heilige Sebastian ein römischer Militär. Die Legendenbildung um diesen Offizier der Kavallerie, der unter Diokletian den Märtyrertod erlitt, ist unerschöpflich.

Die Kirche stammt aus dem 7. Jahrhundert, der Glockenturm aus dem 12. Jahrhundert, im Innern finden sich viele antike Bauelemente, Apsisfresken aus dem 13. Jahrhundert und Cosmatenarbeit.

Im Juli 1993 wurde die Fassade durch ein Bombenattentat der Mafia stark beschädigt wie auch ein Flügel der Uffizien in Florenz.
Es sind nur wenige Schritte bis zum südlichen Ende des **Circus Maximus**. Hier im Tal zwischen Palatin und Aventin soll das Fest mit dem Raub der Sabinerinnen stattgefunden haben. Schon die etruskischen Könige hatten an derselben Stelle eine Arena errichtet. In der Spätzeit der Republik war der sakrale Charakter der Spiele weitgehend verlorengegangen. Im Jahre 46 v. Chr. soll Cäsar hier eine spektakuläre «Schlacht» mit 1000 Soldaten, 600 Reitern und 40 Elefanten inszeniert haben. An den Hängen des Palatin, unterhalb seines Palastes, hat Augustus später eine große kaiserliche «Loge» bauen und hier im Jahre 10 v. Chr. auch den Obelisken aufstellen lassen, den die Päpste dann 1589 auf die Piazza del Popolo bringen ließen. Nochmals dreihundert Jahre später gab Constantius (357 n. Chr.) Order für einen weiteren Obelisken, den 27 Jahre zuvor sein Vater in Karnak demontiert hatte, um ihn nach Byzanz, in die neue Hauptstadt, bringen zu lassen. Aber der Sohn brachte diesen größten aller geraubten Obelisken, der heute vor San Giovanni steht, nach Rom. Man kann sich also vorstellen, wie wichtig dieser Circus den Kaisern war und mit welcher Pracht er ausgestattet sein mußte. In der späten Kaiserzeit soll er 300000 Zuschauern Platz geboten haben. Die letzten Spiele fanden 549 unter dem Gotenkönig Totila statt. Dann verfiel der Bau. Das Gelände versumpfte, und erst 1587 wurden die beiden Obelisken, zerbrochen und unter einer sieben Meter hohen Schlammschicht, wieder ausgegraben.

Der Clivio dei Publici führt auf den **Aventin** zu seinen frühchristlichen Basiliken **Santa Sabina** und **San Alessio**. Neben Santa Sabina betritt man einen wunderschönen Apfelsinengarten (Parco Savello) mit einem herrlichen Blick auf den Tiber, Gianicolo und die Kuppel von San Pietro. Für Liebespaare und Singles besonders zur Zeit der Abenddämmerung ein Platz zum Träumen. Am Ende der Via di Santa Sabina liegt dann die Ordenskirche der Malteser (Santa Maria del Priorato, nicht zu besichtigen), aber an dem von Piranesi 1765 entworfenen Platz findet man im Gartentor ein Loch zum Hindurchspähen – der römische Voyeur kommt auf seine Kosten.
Ein Spaziergang über diesen ungewöhnlich ruhigen Hügel ohne Restaurants, Geschäfte und Bars, aber mit eleganten Wohnungen und Gartenanlagen könnte dort enden, wo ein erster Ausblick auf die Antike (siehe S. 19) begonnen hatte: auf der Piazza Ugo La Malfa oberhalb des Circo Massimo. Diese Piazza hieß bis Ende der siebziger Jahre Piazzale Romolo e Remo, wurde dann aber zu Ehren des Republikaners und Vertreters des bürgerlichen Antifaschismus Ugo La Malfa umgetauft. Eine historische Kontinuität soll demonstriert werden: vom antiken, republikanischen Rom zur römischen Republik von 1849, deren Führer Mazzini zusammen mit Garibaldi war, bis in die Gegenwart. Das Mazzini-Denkmal stammt aus dem Jahre 1929, wurde aber erst 1949, zur Hundertjahrfeier der kurzlebigen demokratischen und antipäpstlichen römischen Republik, hier aufgestellt. Mazzini schaut hinüber zum Palatin und grübelt.

RÖMISCHE ELEGIEN

VON DER PIAZZA VENEZIA ZUR VIA GIULIA

An der Piazza Venezia mit dem Ehrenmal für König Viktor Emanuel und dem Palazzo Venezia beginnt ein Spaziergang durchs Ghetto zu einem der schönsten Plätze Roms, dem Campo de' Fiori und zur Via Giulia, wo Papst Julius sein eigenes Regierungsviertel plante. Dauer des Spazierganges durch Paläste, Gassen und Plätze ca. 3 Stunden.

Die **Piazza Venezia** ist kein römischer Platz zum Verweilen, sondern eine moderne Schöpfung und als solche zu einem Verkehrsknotenpunkt heruntergekommen. Und doch befindet sich hier der geographische Mittelpunkt der Stadt und ein zentraler Ort römischer Geschichte. Nicht zufällig hat Mussolini von hier aus versucht, mit der Via dei Fori Imperiali den Bogen zurück zum römischen Kaiserreich zu schlagen.

Beherrscht wird der Platz vom Denkmal des Königs der italienischen Staatsgründung, Vittorio Emanuele II., das als **Altar des Vaterlands** in den Jahren 1885 bis 1911 erbaut wurde. Mit ihm hat das «neue» Italien vom heiligen Kapitol der Römer Besitz ergriffen. Es sollte alles in den Schatten stellen, was die Kaiser und Päpste in Rom je errichtet hatten – ein riesiger und trauriger Fremdkörper ist es geblieben. Die Dimensionen, die Formen, ja selbst die Farben der Kalksteine aus Brescia passen nicht in die römische Stimmung. Makaber waren auch die Akte nationaler Geschichte, die hier zelebriert wurden: die Bestattung des Unbekannten Soldaten aus dem Ersten Weltkrieg,

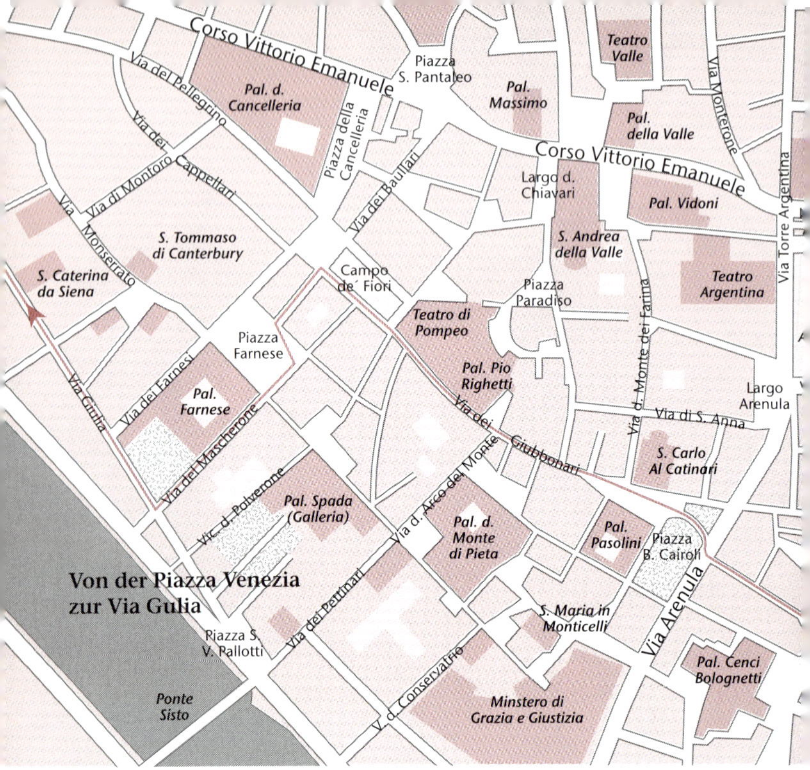

Von der Piazza Venezia zur Via Gulia

dessentwegen immer noch Ehrengarden aller Waffengattungen auf- und abziehen; der Aufmarsch der Frauen, die hier für die Finanzierung des zweiten Krieges das Gold ihrer Ringe gegen Eisen gaben; der Jubel der Massen anläßlich der Gründung des faschistischen Imperiums nach dem afrikanischen Eroberungskrieg von 1936, mit Mussolini auf dem Balkon des Palazzo Venezia; das Bombenattentat vom Dezember 1969, das von neofaschistischen Kreisen gleichzeitig mit dem Mailänder Attentat verübt und als Angriff der Linken auf das Vaterland ausgegeben wurde, ein Attentat, das von Teilen der Staatsgewalt gedeckt wurde und enorme politische Folgen hatte. Dieses Bauwerk bildet einen schlimmen Schlußstein des Risorgimento, der demokratischen italienischen Einheitsbewegung des 19. Jahrhunderts, und es zeigt den Geist, mit welchem sich das neue Italien des alten Rom bemächtigte.

Im Herzen des alten Rom: der Palazzo Venezia

Das Gegenstück dazu ist der **Palazzo Venezia**, Beginn einer neuen Epoche und eines neuen Interesses der Päpste für die Vergangenheit und die Rolle der Stadt Rom. Während des Exils der Päpste in Avignon (1305 – 1377) war die Stadt völlig heruntergekommen: Am Tiefpunkt ihrer Entwicklung zählte sie noch 30000 Einwohner. Mit der Rückkehr der Päpste nach Rom begann die Renaissance, die Wiedergeburt

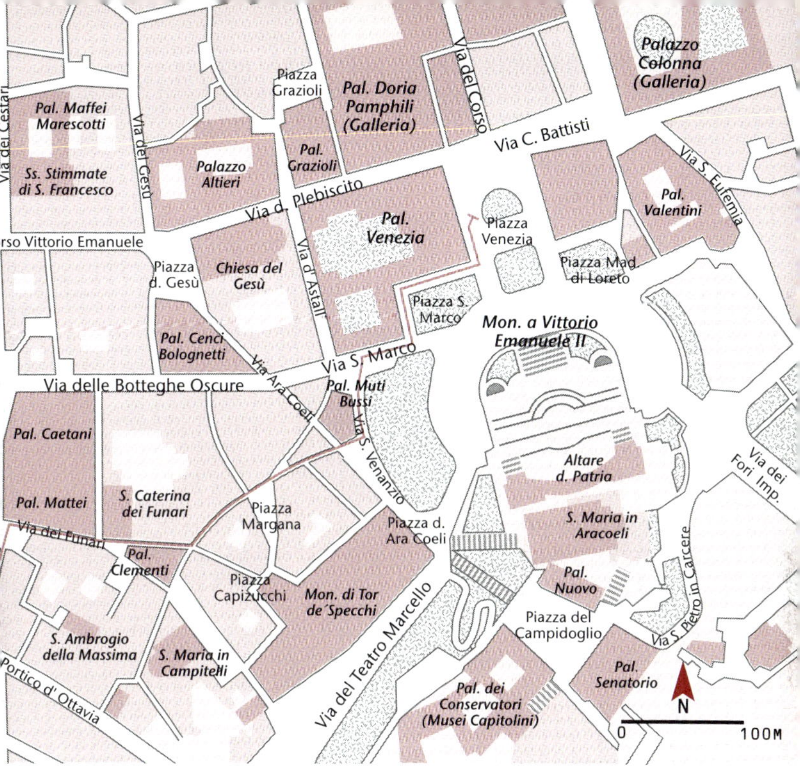

der Trümmerstadt und der Ideen, die sich in ihr materialisiert hatten. Die ersten großen Palastbauten waren zwanzig Jahre vor dem Baubeginn des Palazzo Venezia bereits in Florenz (Palazzo Medici) und in Siena entstanden. Nun holten die Päpste die Künstler nach Rom, in eine Stadt, deren kulturelles Niveau damals weit unter dem lag, das sich in Norditalien, Spanien und Burgund entwickelt hatte. Etwa 800 Jahre lang hatte man die gleichen Basiliken gebaut, die gleichen Mosaiken und Fresken gemalt, die gleichen Riten gepflogen – nun gab es einen glänzenden Neubeginn, dessen Träger nicht mehr Klöster und Adelsgeschlechter, sondern die großen päpstlichen Familien waren.

Der Ausbau der ursprünglichen Kardinalsresidenz zum Sitz und Regierungszentrum des Papstes erforderte den Ausbau der alten Markus-Basilika zur päpstlichen Hauskirche, die Anlage einer Benediktionsloggia, von der aus der Papst dem Volk, der Stadt und dem Erdkreis seinen Segen spenden konnte, den Bau prächtiger Treppen, Repräsentationsräume, Innenhöfe und privater Gemächer, für welche der zierliche Palazzetto neben dem wehrhaften Palazzo errichtet wurde. Um diese Anlage, die man sich auch von innen anschauen sollte (**Museo del Palazzo Venezia**), besser zu verstehen, ist einiges zu beachten. Die Hauptfassade und das feine Hauptportal der Frührenaissance liegen an der Via del Plebiscito, an der Nordseite. Im Süden lief auf die Kirche – die heute ziemlich versteckt kaum wahrgenommen wird – und auf die prächtige Benediktionsloge ein Platz zu, der im wesentlichen religiösen Funktionen vorbehalten war. Wir befinden uns hier genau dem Kapitol gegenüber, und die Loggia zitiert sehr frei und souverän die Antike: in erster Linie das wenige hundert Meter von hier entfernte, imperiale Kolosseum. Der Palazzetto schließlich, der heute die Piazza San Marco vor der Kirche abschließt, wurde erst 1913 hierher versetzt, weil er an seinem ursprünglichen Standort, auf der Piazza Venezia, die Sicht auf den Altar des Vaterlands versperrte. Die Piazza Venezia war also bis vor wenigen Jahrzehnten völlig anders proportioniert und schloß mit dem Palazzetto den Corso ab, der auf eine wesentlich kleinere Piazza Venezia mündete.

Paul II. ließ, um sein Regierungszentrum aufzuwerten, den Corso, der noch ein Trümmerfeld war, als große Achse zur Piazza del Popolo und Via Flaminia wiederherstellen. Er zwang Kardinäle und Adel, diese Straße durch Prachtbauten zu verschönern. Um diese Achse noch attraktiver zu gestalten, verlegte er den Karneval und seine Rennen (daher der Name Corso) hierher. Schon 1466 wird von einem prächtigen Karnevalszug mit antiken Göttern, Kaisern, Senatoren und Gefangenen berichtet und vom Bankett, das der Papst anschließend auf der Piazza gab.

1468 wurde während des Karnevals ein Mordanschlag auf den Papst versucht. Die Ruinenfelder ringsum hatten den Verschwörern, Romantikern in der Tradition der unabhängigen Kommune, als Versteck gedient. Wahrscheinlich kam der Papst auch aufgrund dieses Erlebnisses zu dem Schluß, die Residenz besser in den Vatikan, in den sicheren Schutz der Engelsburg zu verlegen. Die Verschwörung war eine Seifenblase. Die politische Macht des Papsttums ging erneut über Rom auf und verwandelte die Stadt wiederum in ein Zentrum der Welt.

Jüdische Vergangenheit und Gegenwart

Über die Via del Plebiscito, Piazza del Gesù (mit der Jesuitenkirche **«il Gesù»** Vignolas), Largo di Torre Argentina (antike Ausgrabungen von Tempeln aus republikanischer Zeit) kommt man auf den Corso Vittorio Emanuele II. Diese Schneise haben Stadtplaner Ende des 19. Jahrhunderts ins mittelalterliche Straßennetz geschlagen, um die Piazza Venezia mit dem Borgo Pio / Vatikan jenseits des Tibers zu verbinden. Die schönen Palazzi und großartigen Kirchen – **Sant'Andrea della Valle, Chiesa Nuova** –, die heute an dieser Hauptstraße liegen, waren zuvor mächtige urbanistische Ausrufezeichen im Gefüge der Gassen und Plätze. Die Szenographie ihrer Fassaden ließ jene staunen, die aus der Enge der Straßen mit den meist einfachen Häuserfluchten auf eine Piazza traten.

Südlich vom Corso Vittorio erstrecken sich die Teile des mittelalterlichen Rom, in denen Papst- und Adelsfamilien der Welt im 15. und 16. Jahrhundert vorführten, wie sie sich die Wiedergeburt der Antike vorstellten(Piazza Farnese, Campo de' Fiori, Via Giulia). Den Weg könnte man streckenweise mit einem angenehmen Geschäftebummel verbinden (am Largo Argentina liegt einer der großen Feltrinelli-Buchläden), gäbe es nicht diesen hohen Lärmpegel und die meist stickige Luft. Heutzutage kann man tagsüber dem Verkehr eigentlich gar nicht mehr entkommen, aber ein Weg durch die Gassen ist dennoch geruhsamer und öffnet immer wieder neue Blickwinkel auf kleine Plätze, Brunnen, Häuser, wie zum Beispiel von der Piazza Venezia Richtung Kapitol, dann rechts in die Via Margana (an der folgenden Piazza sind Reste eines Geschlechterturms zu sehen). Zwischen mächtigen Blockanlagen großer Familien und der einfachen Bebauung von Handwerkshäusern, die zur Zeit in teuren Wohnraum umgewandelt werden, erreicht man das frühere Ghetto – am besten über die Piazza Mattei mit dem verspielten Schildkrötenbrunnen (**Fontana delle Tartarughe**) und dann links die Via della Reginella. In der Hauptstraße des Ghettos, der Via Portico d'Ottavio, stößt man immer wieder auf Spuren jüdischen Lebens (Schule, Geschäfte, Restaurants). Hier gibt es Familien, die ihren Stammbaum bis in die Antike zurückführen. Denn seit Pompejus im Jahr 63 v. Chr. den Osten des Reiches neu organisiert hatte, lebten Juden in Rom. Tullia Zevi, die Vorsitzende der Union der jüdischen Gemeinden Italiens, formuliert das ganz selbstbewußt: «Wir waren schon vor den Christen hier.» Und Gregorovius nennt das Ghetto «die einzige lebendige Ruine des Altertums». Es stellt hier, in der Hauptstadt der christlichen Welt, die uralte Wurzel des Christentums selbst dar. Entstanden war es nach dem Vorbild Venedigs, als Papst Paul IV. 1555 die Juden zwang, auf engstem Raum unter zum Teil schlimmen sanitären Bedingungen innerhalb eines abgeschlossenen Areals zu leben. Das Ghetto wurde erst 1848 aufgelöst und ab 1870 saniert (Neubau der **Synagoge** von 1899 – 1904 am Lungotevere dei Cenci). Im Oktober 1943 begann die SS unter Leitung von Herbert Kappler bei verschiedenen Razzien im jüdischen Viertel mehrere tausend Juden festzunehmen, die meisten wurden in Konzentrationslager deportiert – nur wenige kehrten zurück. Über dieses düstere Kapitel hat Giacomo Debenedetti ein lesenswertes Buch geschrieben: *Am 16. Oktober 1943 – Eine Chronik aus dem Ghetto* (Verlag Das Arsenal).

Die jüdische Gemeinschaft Roms ist mit 15 000 Mitgliedern heute die größte Italiens – auch dank des Zustroms aus Osteuropa und Kleinasien. Allerdings zeigt sich in der Zuwanderung ein kultureller Bruch. Für die italienischen Juden zum Beispiel ist der Holocaust noch immer eine offene Wunde (vor dem Krieg lebten rund 50 000 Juden im Land, 1945 waren es nur noch 27 000), während er für viele Zugezogene ein vergangener Teil der gesamten jüdischen Leidensgeschichte ist. Wie die Erinnerung an das Bombenattentat auf die römische Synagoge 1982 durch arabische Extremisten, bei der ein kleiner Junge ums Leben kam.

Mitte der neunziger Jahre gab es eine öffentliche Diskussion darüber, ob in Rom eine Straße nach dem faschistischen Hierarchen Giuseppe Bottai benannt werden sollte. Bottai (der nach dem Krieg amnestiert wurde und in Rom 1956 starb) gilt vielen als «anormaler», gar linker Faschist. Und die Namensgebung sollte nach dem Willen ihrer Befürworter ein Akt der Versöhnung zwischen dem Italien der faschistischen Mitläufer und dem des Widerstands sein. Die jüdische Ge-

meinde der Stadt aber reagierte empört, weil dieser Bottai als Unterrichtsminister Mussolinis die Rassengesetze in den italienischen Schulen bereits eingeführt hatte, noch bevor sie offiziell im Sommer 1938 erlassen wurden. Im Protest gegen diese Namensgebung, der weit über jüdische Kreise hinausging, zeigte sich, so Tullia Zevi, noch einmal «die antifaschistische Seele» dieser Stadt. Roms Bürgermeister zog seinen Vorschlag unter dem Druck der Öffentlichkeit zurück.
Über die östliche Seite des früheren Ghettos (Via Arenula) hinaus kommt man bei der abends angestrahlten Kuppel von San Carlo ai Catinari in die Via dei Giubbonari, die «Straße der Schneider», eine schmale, lebhafte Geschäftsstraße. Die führte unterhalb des früheren Pompejus-Theaters, das im Mittelalter zu wehrhaften Palazzi umgewandelt wurde, zum Campo de' Fiori.

Der schönste Platz Roms

Der Campo de' Fiori, wenige Schritte vom Corso Vittorio Emmanuele, ist das Zentrum eines ganzen Systems von kleinen Plätzen, von denen jeder seine eigenen Madonnenbilder, Brunnen, Marmortafeln und Läden besitzt. Piazza Farnese ist der prächtigste dieser Plätze, mit dem schönsten und vollendetsten Palastbau der Renaissance. Die römische Geschäftswelt traf sich auf dem Pferde- und Viehmarkt zwischen Piazza Farnese und Campo de' Fiori, und die Machthaber bauten hier ihre neuen Paläste hin: zuerst den **Palazzo della Cancelleria**, begonnen 1485, dann den **Palazzo Farnese**, begonnen 1514. Während der Palazzo Farnese sich sehr frei erhebt, da die mächtigen Farnese rücksichtslos Häuser abreißen konnten, blieb die Cancelleria in die engen Straßen eingeklemmt. An der Piazza della Cancelleria und an der Piazza Farnese sitzt man im Sommer sehr schön zum Essen. Zu den großen Palästen zählen noch der **Palazzo Spada**, mit der reizvollen perspektivischen Täuschung im Hinterhof, und die Bauten der Via Giulia, der Prachtstraße Julius' II.
Das Überraschende ist, daß der **Campo de' Fiori** auf keinen dieser Paläste hingebaut wurde (oder umgekehrt), sondern daß die ganzen Prachtbauten den Hintergrund beherrschen, aber nicht den Platz. Das gilt auch für den kühn in das antike Theater des Pompejus, in dem Cäsar ermordet wurde, hineingebauten Palazzo Pio, dessen abgebrochene Rückseite über dem Kino den Campo de' Fiori überragt, während die Vorderseite auf die Piazza del Biscione gerichtet ist. Und noch überraschender: der Campo de' Fiori ist der einzige wichtige Platz in Rom, zu dem keine Kirche gehört. Er ist also ein wirklicher Freiraum, an dessen Zustand wir in den letzten Jahren und auch in Zukunft ablesen können, wie es dem «römischen Volk» ergeht. Die Behauptung der alten Anwohner des Campo de' Fiori, ihr Platz sei «il centro del mondo realmente», gewinnt an Wahrscheinlichkeit, wenn man bedenkt, daß sich im Umkreis von etwa 500 Metern ein Markt, gute Restaurants und einfache Hotels, ein Kino, ein Pfandhaus, ein Frauenbuchladen, die französische Botschaft, eine Drogenberatungsstelle, ein Parteilokal der PDS (Ex-Kommunisten), ein Billardsaal, ein Kulturzentrum (San Paolo alla Regola), das Justizministerium, ein schönes Antikenmuseum (**Museo Barracco**), der Tiberfluß, Geschäfte für Be-

Morgens gehört der Campo de' Fiori dem Markt

kleidung, Trödler, alte Möbel und jede Art von Behausungen befinden.

Im Zentrum von Rom wohnen und leben noch die Leute. Was für Leute? Sehr reiche Leute in den schönsten Palästen Roms, in deren Erdgeschossen Handwerker und in deren niederen Zwischengeschossen Dienerschaft untergebracht waren. Dann die Handwerker, die heute allerdings andere Tätigkeiten ausüben, als die alten Straßennamen anzeigen: Hutmacher, Seiler, Schlüsselmacher. Dann die Gelegenheitsarbeiter und Leute, die mit dem Markt zu tun haben, der bis zum Zweiten Weltkrieg der größte Roms war. Was wir heute jeden Vormittag davon noch sehen, ist ein malerischer, lebendiger, aber kleiner Rest.

Zwischen 1951 und 1996 hat sich die Bevölkerung der römischen Innenstadt von 424 000 auf 180 000 reduziert. Campo de' Fiori hat am längsten widerstanden, dann zogen auch hier ab der zweiten Hälfte der sechziger Jahre die Leute massenhaft weg. Wohnungen wurden immer teurer gehandelt, neue Leute und neue Läden kamen: viele Ausländer, Intellektuelle, Boutiquen und Pizzerien. Und dann kam die Droge. Kaum zu glauben, daß die Droge ein Stadtviertel genauso kaputtmachen kann wie die Bauspekulation.

Seit Anfang der siebziger Jahre führt der Platz ein regelrechtes Doppelleben: Morgens gehört er dem Markt, nachmittags den «Alternativen» aller Schattierungen. Der Markt blieb «un vero mercato popolare», auch wenn er teuer geworden ist, weil die Umsätze nicht mehr so sind wie früher und weil die Mieten für die Magazine unter der Konkurrenz der Boutiquen gestiegen sind. Aber es ist immer noch der schönste Markt von Rom, auch im Winter, wenn zwischen den Ständen in alten Eimern große Feuer lodern, in denen Kisten und Abfälle verbrannt werden und an denen sich die Leute wärmen. Es gibt Fisch, alle Arten von Obst und Gemüse, Schuhe und Kleidung, und an den Haken hängen die Lämmer und die großen Fleischseiten der Kälber.

In der Mitte des Marktes steht, das Gesicht dem Vatikan zugewandt, Giordano Bruno. Dieses Denkmal für den als Auftakt zum Heiligen Jahr 1600 hier lebendig verbrannten Ketzer wurde 1887 gegen den Protest des Vatikans errichtet und wird im Viertel sehr geliebt. Jedes Jahr am 17. Februar, dem Hinrichtungstag, legt die «Vereinigung Giordano Bruno für die Verbreitung des Atheismus in der Welt» einen Kranz nieder. Giordano Bruno, ein Geistesbruder des Erasmus, des Johannes Hus und Tommaso Campanella, wurde durch seinen Tod zum Symbol freier und häretischer Wissenschaft und Dichtung. Und so fand auch im Jahre 1975 die Trauerfeier für den ermordeten Pier Paolo Pasolini, den Ketzer und Freibeuter des Nachkriegsitalien, hier statt. Der Sarg war in der Casa della Cultura am Largo Arenula, unweit von hier, aufgebahrt worden.

Alltag im Schatten der Paläste

Julius II. war am Anfang des 16. Jahrhunderts einer der großartigsten Päpste der Renaissance. Er gab sich nicht mit einem Palast zufrieden, sondern wollte sein eigenes Regierungsviertel schaffen. Dafür ließ er eine neue Straße bauen, die Via Giulia. So entstand eine der elegantesten Straßen Roms – heute zum Teil Fußgängerzone mit kuriosen kleinen Kirchenbauten wie die totenkopfgeschmückte **Santa Maria dell'Orazione e Morte** der Bruderschaft «Vom Gebet und Tod», die für die Bestattung von Bedürftigen sorgte. Außerdem liegen hier die neapolitanische Nationalkirche **Spirito Santo dei Napoletani** mit den Gräbern der letzten Herrscher des Vereinigten Königreichs beider Sizilien, König Franz II. und Königin Maria Sophie, einer Schwester der Kaiserin «Sissi». Die Straße schließt mit der Nationalkirche der Florentiner **San Giovanni dei Fiorentini** ab, die der Medici-Papst Leo X. (der direkte Nachfolger von Julius II.) errichten ließ. Familien aus der Toskana bauten hier ihre repräsentativen Sitze wie den **Palazzo Sacchetti** mit seinen hohen Fensterkonsolen. Vom ursprünglichen Plan eines Regierungsviertels zeugt aber nur der ehemalige Palazzo dei Tribunali (Gerichtspalast), der später zum Gefängnis (Carceri Nuovi, heute **Museum für Kriminologie**) umgebaut wurde (Via Giulia 52).

Es ist die alte Geschichte: Der Papst X ließ zu seinem Ruhm von dem berühmten Architekten Y einen Palast, einen Brunnen, ein Tor bauen. Woher aber kamen die Arbeiter, die Namenlosen, die Handwerker, wo wohnten sie? Wurde auch für sie gebaut? Die herrschende Geschichte ist die Geschichte der Herrschenden auch deshalb, weil ihre Dokumente überdauern. Das Volk lebte in Rom in den Unter- und Dachgeschossen der Paläste oder in kleinen Häusern, die sich um sie drängten. Ein paar dieser Haustypen sind noch in der Via del Pellegrino nahe des Campo de' Fiori zu sehen. Die Dokumente über ihren Bau sind spärlich.

Luitpold Frommel, seit Jahrzehnten mit der Baugeschichte der Renaissance befaßt, hat uns von einem Projekt unter Julius II. erzählt. Von der Via Giulia wurde damals eine Nebenstraße durch einen Garten geführt, die im Besitz einer Patrizierfamilie war. Im Zusammenhang mit der Straße ließ die Familie den Garten parzellieren und zwanzig Reihenhäuser bauen. Geplant hat sie wahrscheinlich Bramante, der Architekt der Via Giulia, finanziert aber wurden sie von den Grundeigentümern und dann gewinnträchtig vermietet. So entstanden ein- oder zweigeschossige Häuser mit je zwei Räumen, einschließlich einer Kochnische und ein oder zwei Klos – damals ein ungeheurer sozialer und hygienischer Fortschritt. In jeder Wohnung lebten um die zehn Personen. Heute stehen diese Häuser nicht mehr. Sie wurden im 19. Jahrhundert abgerissen. Nach unseren Standards waren sie ziemlich primitiv, aber für die damalige Zeit ein Fortschritt. Rom hatte damals nur ganz wenige hohe Bauten, die Masse war einstöckig. So wirkten auch die wenigen großen Paläste, wie etwa die Cancelleria oder der Palazzo Farnese, um so imposanter.

AM PULS DER STADT

VON DER PIAZZA NAVONA ZUM PANTHEON

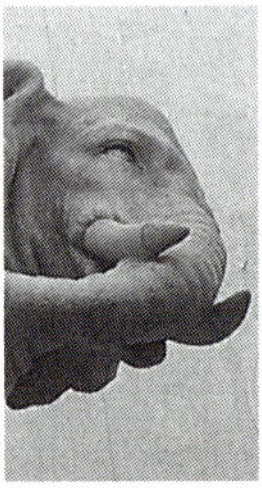

Diese Tour beginnt auf der Piazza Navona, wo Bernini und Borromini, die beiden größten Barockarchitekten, aufeinandertreffen. Sie führt durch den Kreuzgang von Santa Maria della Pace, vor den Palazzo Madama und die Kirche San Luigi dei Francesi und endet nach einem Abstecher zu Santa Maria sopra Minerva beim Pantheon, einem Höhepunkt jeder Romreise. Dauer: ca. 1 $^1/_2$ Stunden.

Die **Piazza Navona** ist der Touristenplatz «per eccellenza», mit seinen Andenkenverkäufern, Fotografen, Porträtzeichnern. In dieser Kulissenlandschaft treffen sich Menschen aus allen Ländern, und hier gehen, vor allem am Wochenende, gerne die Römer spazieren. Abends finden manchmal Konzerte statt, Afrikaner und Russen verkaufen Handgewerkeltes, um sich über Wasser zu halten – irgendwie ist dieser Platz als «Schauplatz» eine der möglichen Summen Roms.

Mitten auf dem Platz, der im Grundriß dem langgestreckten Stadion entspricht, das Kaiser Domitian hier um 80 n. Chr. errichten ließ, steht ein Brunnen Berninis, aufgestellt im Jahr des Westfälischen Friedens (1648). Diese **Fontana dei Fiumi** besteht aus vier Skulpturen, die vier Flüsse aus den damals bekannten Erdteilen symbolisieren: Ganges, Rio de la Plata, Nil und Donau. Die Statuen sind um einen Obelisken gruppiert. Inzwischen ist auch der Romneuling in der Lage, die Sprache dieses Brunnens zu verstehen: antike Stätte, die Erdteile und ein Obelisk als Herrschaftssymbol.

Dieser Platz, ursprünglich ein Gemüsemarkt in einer Trümmerlandschaft, aus der man sich Material zum Bau der Häuser im Viertel besorgte, wurde im 17. Jahrhundert vor allem unter Innozenz X. «verherrlicht». Dieser ließ den Schutt des vergangenen Jahrtausends abtragen und von Rainaldi einen Palast für seine Schwägerin bauen: den Palazzo Pamphili, heute brasilianische Botschaft. Rainaldi begann auch mit dem Bau der benachbarten Kirche **Santa Agnese in Agone**, den Borromini zu Ende führte. Bernini entwarf den Flüsse- und den Mohrenbrunnen.

Auf der Piazza Navona treffen zwei Künstler aufeinander, die Rom in der Barockzeit entscheidend geprägt haben und zugleich erbit-

Piazza Navona – auch ein Clown braucht Morgenlektüre

terte Rivalen gewesen sind: Gian Lorenzo Bernini (1598 – 1680) und Francesco Borromini (1599 – 1667). Bernini, ein Neapolitaner, war der erfolgreiche Hofarchitekt (Palazzo Barberini, San Pietro), der Mann der großen Szenarien und zugleich ein raffinierter Bildhauer. Er schuf die berühmte (und leider nur bei besonderen Anlässen zu besichtigende) Scala Regia im Vatikan, von ihm stammt die Cappella Cornaro mit der Vision der heiligen Theresa (Santa Maria della Vittoria) oder die Kirche Sant'Andrea al Quirinale. Bernini wurde schließlich an den französischen Hof berufen, um den Louvre umzubauen. Borromini, ein Mailänder, war der Denker des Barocks, der immer neue technische Raffinessen entwickelt und zugleich der Verspieltheit Berninis Strenge entgegenhält. Zum Bei-

Im Café – zwei Cappuccino und viele Blicke

spiel in der Kuppel der Kirche **Sant'Ivo** alla Sapienza (Corso Rinascimento neben der Piazza Navona), mit der Kolonnade des Palazzo Spada und in der Kirche San Carlo alle Quattro Fontane. Borromini war der unruhige, unbequeme Geist, der sich mühsam von Auftrag zu Auftrag durchschlagen mußte und schließlich verbittert und enttäuscht aus dem Leben schied. Es wird immer gern erzählt, daß ihre Rivalität hier auf der Piazza Navona offen zum Ausdruck kommt. Die Statue des Nils verhüllt in Berninis Brunnen ihr Haupt (und symbolisiert somit die damals unbekannten Quellen des Flusses), doch wird das zugleich als Kritik an der Kirchenfassade Borrominis verstanden, die sich ungewöhnlich nach innen wölbt. So streckt auch die Figur des Rio de la Plata ihre Arme entsetzt gegen

die Kirche. Eine schöne Geschichte. Schade nur, daß Borromini seine Fassade erst baute, als der Brunnen schon fertig war.
In wenigen Jahren war so aus dem Handels- und Schuttplatz ein herrschaftlicher Platz geworden. Das bedeutete aber nicht, daß das Volk jetzt ausgeschlossen wurde. Das wäre bei der Sozialstruktur Roms, die durch das Miteinanderwohnen von Adel, Klerus und Volk im Viertel gekennzeichnet war, auch gar nicht möglich gewesen. Obwohl Roms «gute Stube» geworden, blieb die Piazza Navona, die damals noch «Circo Agonale», runder Wettkampfplatz hieß, sowohl Marktplatz wie auch Sport- und Festplatz. Es gab Pferderennen und nautische Spiele – dazu wurde der Platz unter Wasser gesetzt. Man veranstaltete auch eine Art Corrida wie heute noch in Pamplona, wo es galt, mit wild gemachten Stieren um die Wette zu laufen, während sich die Patrizier auf den Balkonen ob des Volkstreibens ergötzten. Doch im Gegensatz zu den selbstorganisierten komisch-satirischenVeranstaltungen des Mittelalters und der Renaissance waren diese Spektakel Teil päpstlicher Öffentlichkeitsarbeit.
Die Lebendigkeit der Piazza erweist sich heute durch ihre Restaurants, Bars und kleinen Geschäfte, an deren Preisen man leider auch die Beliebtheit des Ortes ausmachen kann. Gleich nebenan taucht man abends über die Via del Tor Millina in das laute Nachtleben der Bar della Pace, die den Anwohnern wenig Frieden bringt. Tagsüber ist der Blick frei für die gekonnt in einen schmalen Raum eingepaßte Barockfassade von **Santa Maria della Pace** (Pietro da Cortona), links davon kommt man zum Kreuzgang, der ersten Arbeit Bramantes in Rom. In der Via dell'Anima gibt es so unterschiedliche Sitze wie die deutsche Nationalkirche Santa Maria dell'Anima und das römische Hauptquartier von Berlusconis Forza Italia.

Palazzi für die Verwandtschaft

Hinter der gegenüberliegenden Seite der Piazza Navona verläuft der **Corso Rinascimento**. Diese Straße ist erst 1938 angelegt worden. Richtung Sant'Andrea della Valle zeugen Bauten von dem Versuch Mussolinis, sich auch in der guten Stube Roms einzurichten – direkt neben der alten Universität (Palazzo della Sapienza und Kirche Sant'Ivo). Am Corso Rinascimento stoßen wir aber vor allem auf ein Projekt der Medici. Der Senat, die zweite italienische Kammer (siehe S. 64) ist im Palazzo Madama, dem Fragment einer großen Idee der Renaissance, untergebracht. Der heutige fahnengeschmückte Eingang liegt auf der ursprünglichen Hinterseite des Palastes, der sich wie viele Gebäude in Rom im Verlauf der Zeit gleichsam gedreht hat. Ein Gang um den Palazzo Madama herum vor die Kirche San Luigi dei Francesi führt direkt in die Strategie dynastischer Politik: Wenn ein nicht-römischer Papst in die Stadt mit seiner Familie übersiedelte, zog das eine fast regelmäßige Folge von Ereignissen nach sich. Die direkten männlichen Verwandten (Brüder, Neffen) werden in kürzester Zeit zu Kardinälen gemacht oder bekommen hohe Ämter im Vatikan. Mittels Heirat, Eroberung oder Abtreten von Gebieten des Kirchenstaates wird versucht, für ein Mitglied der Familie einen eigenen Staat zu schaffen oder zu vergrößern. Und in Rom schließlich muß sich die Bedeutung der Familie in einem repräsentativen Palast ausdrücken.

Als Leo X., der erste Medici-Papst, 1513 nach Rom zieht, holt er sofort seinen Bruder Giuliano nach. Sein Vetter Giulio, der spätere Papst Klemens VII., wird Kardinal. Leo läßt Giuliano zum Ehrenbürger der Stadt machen und ernennt ihn als «Confaloniere» zum Führer der päpstlichen Truppen. Aus mehreren lombardischen und emilianischen Städten zimmert er ihm einen Staat zusammen. Was noch fehlt, ist eine Frau und ein anständiger Palast. Da heiratet Giuliano die Schwester des Herzogs von Savoyen.

Die Medici, ursprünglich ein Bankiersgeschlecht, stellen jetzt also den Papst und sind mit dem König von Frankreich verschwägert. Sangallo der Jüngere plant einen riesigen Bau von der Piazza Navona bis zur heutigen Via Dogana Vecchia, der über die gerade entstehende Via Ripetta in Blickachse zur Piazza del Popolo gelegen hätte, zusammen mit einer riesigen französischen Nationalkirche **San Luigi**. Von weitem wären die Wappen der französischen Könige und der Medici nebeneinander sichtbar gewesen. Doch das Projekt scheitert und wird nur in kleiner Form ausgeführt, weil Giuliano ebenso schnell stirbt wie auch der ihm nachfolgende letzte direkte Neffe des Papstes. In den verkleinerten Palast zieht schließlich Alessandro dei Medici mit seiner Frau. Der Bau der Kirche San Luigi wird gegen Ende des Jahrhunderts wieder aufgenommen. Sie lohnt einen Besuch wegen der schönen Bilder Caravaggios.

Seit fast 2000 Jahren das Original

Es sind nur ein paar Schritte zur Piazza del Pantheon. Zuvor, in der Bar gegenüber der Kirche Sant'Eustachio, sollte man einen Espresso trinken, der so berühmt ist, daß es hier nach einem Ritus des römischen Nachtlebens regelmäßig spätabends zu einer Drängelschlacht kommt.

Dann folgt das **Pantheon**. Der englische Satiriker Tobias Smollett (*Humphry Clinkers Reise*) war im 18. Jahrhundert sehr «enttäuscht beim Anblick des Pantheons, das wie eine große Hahnenkampfarena aussieht … Es handelt sich um eine runde Mauer mit zwei Bändern und einem Gesimse, das ein gewölbtes Dach oder eine Kuppel hat und in der Mitte offen ist.» Griesgrämige Briten: Wie so oft in Rom haben wir die Möglichkeit, uns quer zu den Zeiten zu bewegen. Aufs Pantheon zu sehen, heißt zweitausend Jahre im Blick zu haben.

Die lateinische Inschrift besagt, daß ein gewisser Agrippa, Sohn des Lucius, den Bau hier in dem Jahr errichtet habe, als er zum drittenmal Konsul gewesen sei. Das war 27 vor Christus. Agrippa war Feldherr und Jugendfreund von Augustus. Für diesen räumte er innenpolitische Widersacher wie Sextus Pompejus und Marc Anton aus dem Weg. Augustus machte ihn zu seinem engsten Berater und gab ihm als Dank seine Tochter Julia zur Frau. Ein so bedeutender Mann mußte sich auch in der Öffentlichkeit beweisen. Für die Römer ließ Agrippa hier auf dem Marsfeld eine Badeanstalt errichten. Für die Götter stiftete er einen Tempel.

Über hundert Jahre später ließ Hadrian einen neuen Tempel bauen, aus Stein und Marmor. Hundert Jahre später war also der Name Agrippas noch so viel wert, daß es sich lohnte, ihn in der Inschrift als den ersten Bauherrn des Pantheons zu nennen. Die Berufung auf Agrippa, und damit auf Augustus, hatte vor allem eine Schutzfunktion: Das Pantheon des Hadrian war eine kleine Revolution und eine Provokation. Das Innere eines Tempels durften gewöhnlich nur die Priester betreten. Das Volk versammelte sich draußen vor dem Heiligtum, wo auch der Altar stand. Das Pantheon wurde aber so gebaut, daß das Volk den Innenraum betreten mußte, um den religiösen Handlungen beizuwohnen. Ein kreisrunder Raum, von einer Kuppel bedeckt. Das Gewölbe sollte den Himmel repräsentieren, der Raum den Kosmos. Wir wissen nicht genau, welchen Göttern der Tempel ursprünglich gewidmet war. Da Rom später verschiedene Religionen duldete, unter denen trotz (zeitlich begrenzter) Verfolgungen sich langsam das Christentum durchsetzte, wurden hier die kleinasiatische Göttermutter Kybele und «alle Götter» verehrt.

Die Christen bemächtigten sich dieses volkstümlichen Baus auf ihre Weise. So wie sie die heidnischen Religionen absorbierten, nisteten sie sich in den römischen Tempeln ein. Die daraus verjagten Götter wurden durch entsprechende Heilige ersetzt. Aus dem angeblichen Tempel der Zwillingsbrüder Romulus und Remus auf dem Forum wurde die Kirche der Zwillinge Cosmas und Damianus. Die heilige Sabina verdrängte die Göttin Diana vom Aventin. Das Pantheon wurde 608 unter Papst Bonifatius durch die neue «Magna mater» in Besitz genommen, es wurde Maria gewidmet und «allen Märtyrern».

Goethe oder Winckelmann schwärmten, wenn sie an das klassiche Rom dachten. Dabei muß es nach unseren heutigen ästhetischen Begriffen eine ziemlich häßliche, protzige Stadt gewesen sein. Man braucht sich nur das Modell im Rom-Museum im EUR anzugucken. Das Pantheon erleben wir dagegen als klein, wohlproportioniert, hübsch. Das liegt auch daran, daß es gleichsam unter uns liegt, wir steigen Stufen zu ihm hinab. Auch dieser Eindruck trügt. Es lag wie jeder Tempel erhöht, fünf Stufen hoch. Rom ist in den letzten Jahrtausenden um rund sechs Meter gewachsen. Die klassischen Bauten fielen zusammen oder wurden zusammengeschlagen. Am Fuße des Pantheons haben Ausgrabungen ab 1996 die ältesten Schichten der antiken Platzanlage ans Licht gebracht.

Von der Himmelssymbolik der Kuppel ließ sich Michelangelo inspirieren, als er die Kuppel der Peterskirche entwarf: ein Symbol der Weltherrschaft der katholischen Kirche. Auch die Amerikaner wußten, auf welche Symbolik sie sich beriefen, als sie eine Symbiose von Pantheon und Peterskirche in Washington bauten, die sie «Kapitol» nannten. Doch bevor es zur ideellen Ausbeutung kam, wurde der klassische Bau regelrecht ausgeschlachtet:

Der Barockpapst Urban VIII. Barberini ließ den Bronzebeschlag der Balkendecke in der Vorhalle herausnehmen, damit sein Architekt und Skulpteur Bernini aus dem klassischen Rohstoff den Altarbaldachin in der Peterskirche gießen konnte. Im Gegengeschäft fügte Bernini dem Pantheon etwas hinzu. Wie er die ganze Stadt in eine barocke Theaterlandschaft verwandeln wollte, so auch das Pantheon mit seinem Platz. Für den Brunnen aus der Renaissance plante er einen Obelisken (der allerdings erst später aufgerichtet wurde), auf die Vorhalle des antiken Tempels setzte er zwei Glockentürmchen. In der Bar di-

Das besterhaltene Bauwerk der römischen Antike – Hadrians Pantheon rekt gegenüber kann man noch Abbildungen aus dieser Zeit sehen. Das neue Italien zeigte sich nach seiner Einigung ob des schlechten Barockgeschmacks indigniert und ließ die Türmchen 1883 wieder abreißen. Die Kirche wurde zur gleichen Zeit in eine riesige Gruft umgewandelt. Hier waren schon berühmte Künstler wie etwa Raffael begraben worden, die selbst im Tod noch die Antike suchten. Jetzt kamen die Savoyer Könige dazu. Heute blitzt ab und zu in der Presse der Streit auf, ob nicht der 1947 im ägyptischen Exil gestorbene Vittorio Emanuelle III. auch einen «Ehrenplatz» im Pantheon verdient habe.

Ganz in der Nähe vom Pantheon steht weniger beachtet die gotische Dominikanerkirche **Santa Maria Sopra Minerva** mit einer Christusstatue, die von Michelangelo begonnen und von einem Schüler beendet wurde. Die Dominikaner (Spitzname «Domini canes» – Spürhunde Gottes) waren vom Papst mit der Leitung der Inquisition beauftragt worden. Vor der Kirche trägt nach dem Entwurf von Bernini ein kleiner Elefant einen ägyptischen Obelisken. Symbol der Klugheit und Frömmigkeit (Elefant), welche die Macht der Kirche (Obelisk) tragen? Oder ironischer Kommentar zum Niedergang des Predigerordens im 17. Jahrhundert?

Die Piazza vor dem Pantheon, deren Pflasterung gerade erneuert wurde, ist vor allem ein Platz zum Verweilen. Man kann auf den Stufen am Brunnen sitzen, mittags ein Brötchen essen oder ein Stück Pizza. Beides bekommt man in der Via Pastini (links, wenn man auf den Tempel schaut). Sauberes Trinkwasser liefert eine Säule hinter dem Brunnen. Zwei große Straßencafés bieten Tische und Stühle für diejenigen, die ein paar Lire mehr in der Tasche haben. Für Leute mit einem besonders schnellen Geschmack bietet sich neuerdings ein Fast-food-Restaurant an. Dezent aufgemacht, um gleichsam zu zeigen, daß auch Pappbecher Stil haben können, liegt es dem Pantheon genau gegenüber. Rom hält das aus: das Klassische und die Wegwerf-Kultur. Abends trifft sich ganz Rom am Pantheon. Die massive Ansammlung von Eisdielen und Restaurants um die Via della Maddalena hinter dem Platz tut ein übriges. Früher war die Piazza vor allem ein Ort für Möchtegernmimen und alle, die entdeckt werden wollten. Römer «entdecken» noch immer gerne mit Vorliebe blonde Frauen. Heute, nachdem die U-Bahn Vororte mit dem Zentrum verbunden hat, treffen sich hier auch viele Jugendliche in Ermangelung preiswerter Zentren in der Peripherie. Oder veranstalten per Mofa und (Papas) Auto eine Sternfahrt ins Zentrum, zum Pantheon. Obgleich das Interesse an Antike bei den Jugendlichen sicher gegen Null tendiert, übt dieser Platz mit dem klassischen Tempel auch auf sie eine besondere Faszination aus. Hier und da versucht immer jemand, Drogen zu verkaufen oder zu kaufen. Wenn die Stadt langsam in den Morgen dämmert, ist am Pantheon noch immer etwas los, sogar wenn die umliegenden Bars spätestens um ein Uhr schließen.

Neben einem Schnitt durch 2000 Jahre römische Geschichte finden wir hier also auch einen durch die heutige römische Sozialstruktur. Beamte und Angestellte aus den nahen Parlamentshäusern (Kammer und Senat), Leute aus dem Viertel, Händler, Touristen, Schickeria, Jugendliche.

«Es bedarf großer Kraft, um die Weisheit zu tragen» – der Elefanten-Obelisk vor Santa Maria sopra Minerva

DER GROSSE AUFTRITT

ZWISCHEN SPANISCHER TREPPE UND TREVI-BRUNNEN

Von der Spanischen Treppe und dem gleichnamigen Platz führt dieser Spaziergang ins Barockviertel zwischen Via della Croce und Via Frattina mit vielen Boutiquen und Jeanserien. Die Tour führt am Regierungsviertel auf dem Marsfeld vorbei zur Piazza Sant'Ignazio und zur Fontana di Trevi, wo noch einmal die «Magnificenza Romana» beschworen wird. Sie endet dann auf der Piazza S. S. Apostoli. Dauer: 2 Stunden.

Die Spanische Treppe, die sich wie ein in Stein geschlagener Bach vom Pincio unterhalb der Kirche Santa Trinità dei Monti zum Barcaccia-Brunnen Berninis herunterschlängelt, kennen fast alle – selbst die, die nie in Rom waren. Ein angenehmes touristisches Ereignis zum Betrachten und zum Benutzen. Auch für die Römer und die, die in der Nähe wohnen. Konkret kann die Spanische Treppe vieles sein: Durchgangsweg, Spazierweg, Beobachtungsplatz, Ruheplatz, Kommunikationsstätte, erotische Szenerie, Kontaktraum, Leseecke, Schreibstube, Picknickplatz, Liegewiese, Spielplatz, Werkstatt, Atelier, Galerie, Markt, Fotografier- und Videoobjekt, Gegenstand unserer Neugier und unserer Sehnsüchte.
Wie immer sie benutzt werden mag – die Spanische Treppe ist vor allem ein Stück Architektur, ein «öffentliches Bauwerk», das wie alle öffentlichen Bauwerke in Rom Zeichen setzt und Zeichen ist. Welche, erfahren wir aus ihrer Geschichte.
Ein Zeichen ist bereits die Kirche **Santa Trinità dei Monti**, eine französische Gründung, die für das französische Königtum steht. Franzosen stifteten auch die ersten Gelder, damit auf dem Abhang des Pincio ein direkter Zugang zur Kirche von dem neuen Barockviertel um den Spanischen Platz geschaffen werden konnte. Diese Treppe sollte sym-

Spanische Treppe – Rastplatz für Laufmüde und Müßiggänger

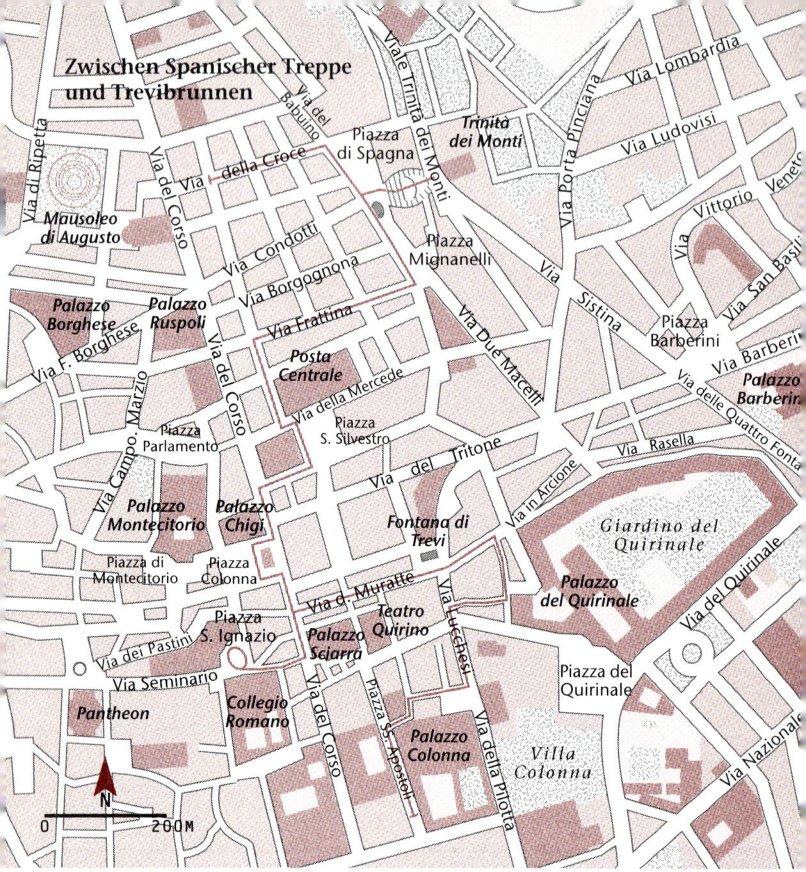

bolischen Charakter haben: Französische Architekten lieferten erste Entwürfe. Der Sonnenkönig Ludwig XIV. wollte sie mit seinem eigenen Standbild krönen. Wie sensibel die Öffentlichkeitsarbeit der Kirche auf architektonische Symbole achtete, zeigt der Streit, der sich an diese Treppenpläne anschloß. Die Päpste wollten eine Demonstration fremder Macht, auch wenn es sich um die Schutzmacht handelte, nicht zulassen. Wie so viele römische Projekte, die umstritten waren, wurde die Treppe erst einmal nicht gebaut. Erst als die französisch-römischen Beziehungen auf einem Tiefpunkt angelangt waren, setzte Benedikt XIII. einen römischen Entwurf im römischen Stil durch (1721). Die Zeichen hatten sich umgedreht: König Ludwig XV. mußte sich auf der Gedenktafel mit dem zweiten Platz hinter dem Papst begnügen, die Treppe führte jetzt nicht mehr symbolisch zur Kirche und damit zum französischen Königtum hoch, sondern schloß sie mit der schwingenden Bewegung gleichsam nach unten in die Gestaltung des Spanischen Platzes ein.

Der Nachfolger von Benedikt, Papst Klemens XII., wollte 1733 mit einem Ausrufezeichen diese Symbolik auch dem Dümmsten klarmachen. Dorthin, wo ursprünglich das Reiterstandbild eines französischen Königs stehen sollte, ließ er einen Obelisken bringen. Das war wiederum den Franzosen zuviel. Eine Protestnote folgte der anderen, der Obelisk wurde nicht aufgerichtet, blieb im Sand vor der Kirche liegen. Erst 1789, als der französische König ganz andere Sorgen hatte, als sich um Zeichensprache im fernen Rom zu kümmern, konnten es sich die Römer leisten, den Obelisken aufzustellen. Da steht er seitdem, hoch auf einem Sockel, damit man ihn überhaupt sieht, etwas unglücklich, nicht einmal in der Achse der Treppe, wie eine trotzige Geste.

Luxus in Barock und Gegenwart

Im Viertel zwischen dem Spanischen Platz und der Via del Corso befindet sich Roms teuerste Schaufensterstrecke mit Namen der Haute Couture wie Valentino, Versace, Armani, Luxusschuhgeschäften wie Mario Valentino und Pollini oder der Juwelier der Fürstenhäuser, Bulgari. Dazwischen immer wieder «Jeanserie», die von der Stange für den letzten saloppen Schrei sorgen. Im Geschlepp der kaufhungrigen Römer und Touristen kommen auch die Bettler, die Zigeuner, die Pflastermaler und Straßenmusikanten.

Das teuerste Pflaster Roms hat fast alle Handwerker vertrieben oder in Nischen abgedrängt. Stolz sind auch die Preise der Restaurants, dafür kann man angenehm bei **Otello** in der Via della Croce im Hof sitzen oder beim Sarden **Il Cantinone** in der Via Vittoria essen. Selbstverpflegern sind die Lebensmittelgeschäfte in der Via della Croce anempfohlen, vormittags gibt es einen kleinen Markt, und Wein und Mineralwasser kann man in der Enoteca an der Ecke Via Bocca di Leone kaufen.

Zurück aber zur Piazza di Spagna, vorbei am Barcaccia-Brunnen, den Pietro Bernini, der Vater von Gian Lorenzo, entworfen hat. Auf der folgenden südlichen Hälfte der Piazza bewegt man sich im Spannungsfeld von American Express, einer Filiale des Banco di Roma, einer kleinen Erinnerungstafel (neben dem Zeitungsstand) an einen während des Widerstands gefallenen Sozialisten, dem **Keats-Shelley-Museum**, dem Palazzo di Spagna, seit dem 17. Jahrhundert Sitz der spanischen Botschafter beim Heiligen Stuhl, Roms erstem McDonald's und dem Palazzo di Propaganda Fide. In diesem Gebäude hat seit 1622 das Missionszentrum der katholischen Kirche, die Glaubenskongregation, ihren Sitz, die weltweit den rechten katholischen Glauben gegen Abweichler aller Art propagierte und in der Wahl ihrer Mittel nie recht zimperlich war.

Seitdem große Teile des Spanischen Platzes zur Fußgängerzone geworden sind, werden die verbleibenden Flächen zu Parkplätzen. Zwischen parkenden Reisebussen steigt eine Mariensäule auf. Pius IX. ließ sie am 8. Dezember 1854 errichten. Der Marienkult und besonders das am 8. Dezember verkündete Dogma der Unbefleckten Empfängnis waren die Antwort der Kirche auf ihre schwindende weltliche Macht. Die Errichtung der Säule, so Gregorovius, war eine Antwort auf die Römische Republik von 1849, die Maria ist also eine «Stieftochter der Revolution». Durch die Via Frattina drängelt man sich gegen den Strom der Kauf- und Schaulustigen zum Corso und dann links zur Piazza Colonna. Hier beginnt um die an-

Treffpunkt für Nachtschwärmer – Fontana di Trevi

tike **Siegessäule Mark Aurels** herum, die von der «siegreichen» Kirche mit der aufgesetzten Paulus-Statue in die päpstliche Zeichensprache einbezogen worden war, das Regierungsviertel auf dem Marsfeld. Direkt am Platz rechts der Palazzo Chigi, der Sitz des italienischen Ministerpräsidenten, dahinter der Palazzo Montecitorio mit dem Parlament (siehe S. 64).

Wenn wir die Via del Corso weiter Richtung Piazza Venezia gehen, vorbei an den immer gleichen Boutiquen, und nach etwa hundert Metern rechts in die Via Caravita einbiegen, kommen wir auf den schönen Platz vor der Kirche **Sant'Ignazio**.

Die Piazza Sant'Ignazio ist ein Monument des Barocchetto, wie die Kunstgeschichtler den Spätbarock in Rom nennen. Filippo Ra-

guzzini hat diesen Kulissenzauber 1727/28 gebaut. Gegenüber der klassisch barocken Fassade der Kirche schwingt der Platz mit seinen konkav-konvex gebogenen Häuserfronten verspielt hin und her. Hier hat das Rom des Barocks im wahrsten Sinne des Wortes ausgespielt. Kann man in der Spanischen Treppe noch Funktion in den Formen erkennen, haben sie jetzt keine andere mehr als die des schönen Spiels vor der stolzen Jesuitenkirche (im Inneren perspektivische Deckenmalereien von Andrea Pozzo, die eine ganze Kuppel vorspiegeln).

Fontana di Trevi

Einen etwas angestrengten Gegensatz zur Piazza San Ignazio finden wir in dem **Trevi-Brunnen** (auf der anderen Seite des Corso durch die Via delle Muratte zu erreichen). Mit der großartigen Fassade des Brunnens wurde zum letzten Mal in der päpstlichen Geschichte Roms versucht, die «Magnificenza Romana» zu beschwören, die führende Stellung der Stadt in der Welt. Nicolò Salvi baute dieses Wunderwerk in der Mitte des 18. Jahrhunderts zusammen mit einem Team von Bildhauern. Wir haben noch einmal die Summe römischen Denkens vor uns: Der Brunnen ist eine Herrschergeste: Wasserspenden gehörten schon unter den Cäsaren zu den mildtätigen Symbolhandlungen der Kaiser. Am Ende jeder Wasserleitung gab es im antiken Rom eine große Wasserschau. Päpste haben es den großen Kaisern nachgemacht, etwa mit der Fontana Paola auf dem Gianicolo oder der Acqua Felice nahe der Via XX Settembre. Hier an der Fontana di Trevi kam und kommt das Wasser der Acqua Vergine, einer ursprünglich von Agrippa für seine Thermen am Pantheon gelegten Wasserleitung, zum erstenmal in Rom aus dem Boden.

Die Architektur nahm die klassische Geste auf. Die Wand wirkt wie ein antiker Triumphbogen. Davor aber sind in einer pseudonatürlichen Szenerie Skulpturen des Barock gestellt. Mit großem Pathos wird noch einmal eine Einheit geschaffen, die Summe der Architekturtradition gezogen. Bald darauf war in Rom nicht einmal mehr Kunstpolitik möglich. Mit leeren Kassen versank die Stadt in einen Dornröschenschlaf.

Heute werfen abreisende Touristen Münzen in den Brunnen, in der Hoffnung, Rom noch einmal wiederzusehen. Fellini drehte hier mit Anita Ekberg und Marcello Mastroianni in *«La dolce vita»* eine der berühmtesten Filmszenen der Nachkriegszeit. Ein paar Schritte vom Brunnen entfernt verflüchtigt sich der touristische Andrang, in der Via del Lavatore findet man kleinere Läden (auch Lebensmittel), vormittags wird zu Füßen der hochaufgerichteten Quirinalsmauern ein kleiner Markt abgehalten. Ganz in der Nähe (Vicolo Scanderbeg) ist ein Pasta-Museum eingerichtet worden, das leider nicht hält, was der hohe Eintrittspreis verspricht.

Richtung Piazza Venezia führt der Spaziergang kreuz und quer durch die Gassen an der päpstlichen Universität **Gregoriana** (Piazza della Pilotta) vorbei und endet schließlich auf der Piazza S. S. Apostoli vor der neoklassischen Fassade einer römischen Basilika aus dem 6. Jahrhundert. Die Kirche **S. S. Apostoli** ist, wie andere auch, mehrfach umgebaut worden, und jede Zeit hat etwas hinzugetan und etwas zerstört. Geblieben ist die großzügige Raumaufteilung (63 m lang) mit drei weiten Schiffen. Kenner des Klassizismus loben Antonio Canovas Grabmal für Papst Klemens XIV. mit den Statuen der trauernden Bescheidenheit und der Sanftmut. Heute trauert man vor allem dem Freskenschmuck der Tribuna nach, den Melozzo da Forlì in der Frührenaissance unter Sixtus IV. geschaffen hatte. Reste davon sind hinter dem Altar der dritten Seitenkapelle (rechts) zu sehen – man frage in der Sakristei. Einige Fragmente, wie ein Laute spielender Engel, werden in den Vatikanischen Museen (Pinakothek) ausgestellt. Das Plakat mit diesem Musikanten ist eine der meistverkauften Abbildungen Roms heute – gleichsam ein Schutzengel für Touristen.

Flaniermeile für Gutbetuchte –
Via Condotti

STAZIONE ROMA TERMINI

ÜBER DEN QUIRINAL ZUR PIAZZA SAN BERNARDO

Ausgangspunkt ist das Gelände um den Termini-Bahnhof gegenüber den Diokletiansthermen. Von der Piazza della Repubblica führt diese Tour die abschüssige Via Nazionale entlang und hinter dem Palazzo delli Esposizioni über die Via XXIV Maggio hoch zum Quirinalspalast. Von dort erreicht man wichtige Barockkirchen (Sant'Andrea al Quirinale, San Carlo alle Quattro Fontane) und Berninis Vision der heiligen Theresa in Santa Maria della Vittoria. Dauer ca. 3 Stunden.

«Tassi? Tassi!» – mit halblauter Stimme bieten «freie» Fahrer allen halbwegs ausländisch oder betucht aussehenden Ankömmlingen gleich hinter der Sperre auf dem Termini-Bahnhof ihre Dienste an, als gelte es, Drogen oder Schmuggelgut zu verkaufen. Meist werden sie fündig – Ahnungslose gibt es immer. Aber im Bahnhof werden nicht nur Taxifahrten schwarz gehandelt. Vom Schmuggelgut bis zur käuflichen Liebe ist hier fast alles zu haben. Die Stazione Termini ist Roms erster großer Markt. Und erste Informationsbörse. Für Touristen, die vor den Wechselbüros der Banken Schlange stehen, wie für die meist dunkelhäutigen Asylsuchenden, denen der Bahnhof und seine Umgebung, vor allem die Piazza Indipendenza, zum Treffpunkt geworden ist.

Während man in Deutschland gewohnt ist, nicht nur geographisch auf Italien herunterzublicken, schaut man vom Mittelmeerraum und von Afrika aus zu einer der stärksten Industrienationen des Westens auf. Roms Hauptbahnhof ist sichtbarer Ausdruck des häufig illegalen Zustroms.

Wo alle Züge halten

Vom Bahnhof Termini steigt man, gleichsam von hinten, von der Moderne aus in die Geschichte Roms ein. Der Bahnhof entstand 1863 bei der Vereinigung der beiden Eisenbahnlinien Rom–

Knotenpunkt im Schienennetz –
Roms Hauptbahnhof und die
Piazza dei Cinquecento

Frascati und Rom–Ceprano. Zum eigentlichen Hauptbahnhof wurde er erst nach 1870, als im vereinigten Königreich Italien mit Rom als Hauptstadt ein nationales Schienennetz entstand.

Heute sehen wir die Stazione Termini in ihrer faschistischen Architektur und mit einer 1950 vorgebauten, lichtdurchfluteten Vorhalle. Sie läuft gleichsam wie eine Welle auf die riesige Piazza dei Cinquecento zu. Aber auch hier sind klassische Zeichen nicht zu übersehen. Gegenüber wird die Piazza durch die großen **Diokletiansthermen** begrenzt. Die Thermen haben dem Bahnhof seinen Namen gegeben. Rechts der Vorhalle und im Untergeschoß sind Reste der sogenannten Servianischen Stadtmauer aus dem vierten vorchristlichen Jahrhundert zu sehen. Und links, an der Ecke zur Via Cavour, wird das Antikenmuseum (**Museo Nazionale Romano**) im Palazzo Massimo eingerichtet (Zugang vom Largo di Villa Peretti 1). Das Erdgeschoß (mit dem Ludovisischen Thron und Tiber-Apoll) ist bereits 1995 eröffnet worden.

In direkter Nachbarschaft versuchen die Gebäude, die hier um die Jahrhundertwende entstanden, mit ihren Pilastern und Bogen, das antike Kolosseums-Motiv aufzunehmen, wie es einst die Päpste der Renaissance an der Markus-Kirche kopiert hatten. Nur daß man heute durch die Bogen nicht mehr eine Kirche oder einen Nepotenpalast betritt, sondern die etwas schmuddelige Konsumwelt eines Bahnhofsviertels.

Die Piazza dei Cinquecento hat ihren Namen nach 500 im Abessinienkrieg 1887 gefallenen italienischen Soldaten. Unter einem kolonialistischen Vorzeichen steht also – unbewußt – für viele Rombesucher der erste Bodenkontakt mit der Stadt. Die meisten sind zunächst eher vom Verkehr als von Mauerresten oder Völkerschlachten beeindruckt. Der Platz ist einer der Knotenpunkte des Nahverkehrs. Von hier fahren Omnibusse in jeden Teil der Stadt. Unter der Piazza befinden sich die Bahnhöfe für die beiden Metro-Linien – und ein Reptilienmuseum. Abends und nachts verwandelt sich der Platz in der warmen Jahreszeit in einen riesigen Schlafsaal. Obdachlose, Arbeitsemigranten und Rucksacktouristen treffen sich hier, vereint in dem gleichen Bedürfnis, einen kostenlosen Schlafplatz zu finden.

Ein Stadtviertel in den Thermen

Ein Tageshotel zum Waschen und Ausruhen (Casa del passaggero) an der Ecke Piazza dei Cinquecento / Largo Massimo befindet sich auf der Linie der Seitenmauer der Diokletiansthermen, die sich etwa von der Via Volturno ab die ganze Piazza entlang bis in die Via Viminale, links von unserem Standpunkt, erstreckten. Von dort – ein runder Turmbau ist noch zu erkennen – bogen sie im rechten Winkel ab, bildeten eine halbkreisförmige Ausbuchtung, heute die Piazza della Repubblica, liefen weiter zu einem zweiten Turmbau, der im 16. Jahrhundert zur Kirche San Bernardo umgewandelt wurde, und schwenkten dann als nördliche Seitenmauer wieder um. Diese fast quadratische Anlage war die größte öffentliche Badeanlage des antiken Rom, in der gleichzeitig 3000 Badegäste Platz gehabt haben sollen. In der Spätrenaissance wurde in ihren Trümmern ein Kartäuserkloster eingerichtet – damals noch gut eine Meile von den bewohnten Stadtvierteln um die Piazza

Venezia entfernt. Für die Kartäuser plante Michelangelo eine Kirche, **Santa Maria degli Angeli**, die nach seinem Tod (1564) gebaut und als eines der Großprojekte des Heiligen Jahres 1700 renoviert wurde. Sehr zum Mißvergnügen römischer Adeliger, die in den Trümmern der Thermen einen ausgezeichneten Reitplatz gefunden und die erhaltenen Gebäude zu Ställen umgebaut hatten.

Um den Weg der antiken Thermenbegrenzung ein Stück lang zu verfolgen, gehen wir von der «Casa del passeggero» aus zunächst in die Via Viminale, bis wir nach wenigen Metern rechts die Reste des Eckturms sehen. Im anschließenden Hof ist ein Handwerksbetrieb untergebracht, im Rundbau selbst ein wenig vertrauenswürdiges Restaurant. Zu sehr ist dieses ganze Viertel heute von zweitklassigen Hotels und (teuren) drittklassigen Restaurants geprägt. In den Obergeschossen befinden sich Pensionen, Büros und Wohnungen. Wohnungen, die zunehmend von Zuwanderern aus dem Süden bevölkert werden. Immerhin gibt es hier im Hinterhof Roms schönstes Freiluftkino (Arena-Esedra). Und gegenüber dem Rundbau gibt es eine kleine Osteria: «VINO» steht mit großen Lettern über der Tür. Dort kann man noch preiswert ein Porchetta-Brötchen (Spanferkel) kaufen und dazu ein Glas offenen Wein trinken.

Ein paar Schritte zurück biegen wir links in die Via delle Terme di Diocleziano ein, vorbei an den Bücherständen, die Ladenhüter verramschen, und steigen zu den Kolonnaden der **Piazza della Repubblica** hoch, die genau die Exedra, einen halbrunden Hof, der alten Thermenanlage nachzeichnen. Piazza dell'Esedra hieß der Platz früher, zum Platz der Republik wurde er, nachdem sich das italienische Volk 1946 für die Republik als Staatsform entschieden hatte. Bars, Cafés, Pornokinos, Andenkenläden und Reisebüros wechseln miteinander ab. In der Mitte des Platzes sprüht spektakulär die **Fontana delle Naiadi** (Wassernymphen), die 1912 fertiggestellt wurde und den Sieg des Menschen über die bösen Kräfte der Natur symbolisieren soll. Andere Zeiten, ferne Zeiten.

Am Ende des Halbrunds biegen wir links in die Via Orlando ein, in der es eine der inzwischen vier Feltrinelli-Buchhandlungen Roms gibt. Gegenüber zweigt die Via Parigi ab, wichtig für alle Romneulinge, die sich hier in der Nummer 5 bei der EPT (Ente provinciale per il turismo), dem staatlichen Fremdenverkehrsbüro, Informationen holen oder ein Zimmer vermitteln lassen können.

Die kleine Parkanlage vor einem Rundbau der Thermen (Raum für wechselnde Ausstellungen) lädt zum Verweilen ein. Entweder auf den Steinbänken vor der antiken Säule mit einer bronzenen Karavelle, dem Symbol von Lutetia (Paris) – ein Geschenk der «Schwesterstadt» Roms. Oder in der Bar unter den immergrünen Steineichen, in denen Spatzen zu jeder Jahreszeit mit ihrem Lärm sogar den brausenden Verkehr übertönen. Von hier geht es weiter, vorbei an der geisteswissenschaftlichen Fakultät der 3. Universität Rom und dem relativ langweiligen Wachsfigurenkabinett zur bereits erwähnten Kirche **Santa Maria degli Angeli**. Sie wurde von den Savoyern für staatsoffizielle Taufen, Heiraten und Begräbnisfeiern benutzt und dient noch heute dem demokratischen Italien als «Regierungskirche».

Hochwürdens Immobiliengeschäfte

Für das hauptstädtische Rom ist bezeichnend, daß sich die neuen Herrscher nach 1870 ausgerechnet eine Kirche aussuchten, die weit ab vom Rom der Imperatoren und der Päpste auf einer Trümmerwiese lag, in Bahnhofsnähe dazu und jahrzehntelang von einer riesigen Baustelle eingeschlossen. Das Mißtrauen, das sich hier gegenüber dem päpstlichen Rom ausdrückt, war tatsächlich begründet. Als die piemontesischen Truppen am 20. September 1870 über die Via Pia (heute Via XX Settembre) in Rom einmarschierten, kamen sie in eine rückständige, provinzielle Stadt, in der seit der napoleonischen Besatzung so gut wie nichts mehr gebaut worden war. Es gab keine neuen Wohnhäuser wie in Mailand oder Turin. Die Straßen waren eng und winklig. Die Sprache vulgär. Außer dem alles beherrschenden Klerus gab es nur eine dünne Adelsschicht und vor allem Handwerker und «niederes» Volk – aber so gut wie keine «Bürger». Das zuziehende Verwaltungsbürgertum fand keinen Stand, an den es hätte anknüpfen, keine Orte, wo es sich hätte treffen können. Es gab nicht einmal eine richtige Oper. Das feuchte, vom Scirocco bestimmte Klima der Stadt, die in manchen Teilen noch malariaverseucht war, tat ein übriges.

Selbst der König kam nur notgedrungen nach Rom, um im Quirinalspalast zu residieren. Den ersten Besuch stattete Vittorio Emanuele II. Rom zum Jahresende 1870 ab. Aber weder übernachtete er in der Stadt noch hielt er eine Rede an sein Volk. Denn er sprach nur Piemontesisch und Französisch. Die Leute hätten ihn nicht verstanden. Ein König, der nur einen italienischen Dialekt konnte, eine Hauptstadt, die etwa auf dem Niveau von Parma oder Modena lag, zugereiste Arbeiter und Bürger, die am liebsten gleich wieder in ihre Heimatstädte zurückgefahren wären: das war die Situation in Rom 1870/71. Wie sollte man daraus eine «vernünftige» Hauptstadt machen?

Die neue Logik sehen wir vor uns: die **Via Nazionale**. Wenn man sie heute hinunter Richtung Piazza Venezia geht – von weitem leuchtet weiß das überdimensionale Monument für Vittorio Emanuele, das einem ersten Entwurf nach auf der Piazza dell'Esedra anstelle des Brunnens in Form einer Säule bescheidener, also angemessener geplant war –, taucht man zum erstenmal in den «Basar Rom» ein. Ein Laden nach dem anderen: Kleidung, Schuhe, Elektrogeräte, Lederwaren, ein UPIM-Kaufhaus, ab und zu Bars, die aber desto seltener werden, je weiter man sich von der Piazza entfernt. Hier findet, wie so häufig in Rom, eine Symbiose von Tourismus und Alltagsleben statt. Hier kaufen nicht nur Fremde. Aber diese breite Straße ist kein Zentrum eines Stadtviertels, hier gibt es kaum Lebensmittelgeschäfte, keine Schuster, keine Weinhandlungen. Sie ist eine künstliche Achse, die den historischen Kern der Stadt mit der Piazza della Repubblica verbindet.

Die Logik, mit der Rom umgebaut wurde, begriffen die Römer Ende des vergangenen Jahrhunderts nur langsam. Die neuen Bauherren kümmerten sich nicht mehr um Kuppeln und Terrassen, Treppen und Kirchen, sondern nur noch um den Handel mit Grundstücken und den Bau von Häusern. Häuser, in denen nicht wie

Hoch zu Pferde vor dem Palazzo del Quirinale, dem Sitz des Staatspräsidenten

früher die Bauherren selber wohnen oder residieren wollten, sondern die von den Eigentümern verkauft oder vermietet wurden.
Der belgische Kleriker de Merode, ehemaliger päpstlicher Kriegsminister, hatte die Zeichen der Zeit schon Jahre zuvor begriffen. Doch seine Modernisierungspläne fanden bei Papst Pius IX., der dumpf und von der Geschichte beleidigt im Vatikan alten Großmachtvorstellungen nachhing, kein Gehör. Monsignore de Merode versuchte es auf eigene Faust. Er kaufte von religiösen Instituten Grundstücke in Bahnhofsnähe und auf dem Gebiet der heutigen Via Nazionale auf – zu Recht hieß sie einst Via de Merode – oder ließ sie durch eine Finanzierungsgesellschaft erwerben. In dieses freigeschaufelte Bett floß nach dem «Anschluß» Roms das Geld der Banken aus Mailand, Turin, Wien, Frankfurt, Antwerpen. Und bevor noch die «neue» römische Stadtverwaltung, in der der alte Adel nach wie vor tonangebend war, einen ersten Stadtentwicklungs- und Bebauungsplan verabschiedet hatte, konnte de Merode schon vollendete Tatsachen schaffen, die von den nachfolgenden «Plänen» nur zu bestätigen waren.
Rücksichtslos gingen die neuen Herren mit historischem Material um, das zunächst nicht umdeutungsfähig schien. Eine frühchristliche Kirche wie **San Vitale** wurde von der Via Nazionale (etwa 500 Meter von der Piazza della Republica) rechts liegen gelassen, fast vergessen. Der Portikus ist erst 1958 wieder aufgebaut worden, im Inneren wartet die Kirche dringend auf Restaurierung. Direkt daneben baute man aber sofort einen Ausstellungspalast im schlechten Geschmack der Zeit. Heute ist dieser **Palazzo delle Esposizioni** ein Ort für häufig interessante Wechselausstellungen mit Bar, Museumsshop und Terrassenrestaurant.
Gegenüber, unterhalb des Hangs des Viminal-Hügels, auf dem das Innenministerium thront, taucht man in die schäbige Schattenwelt hinter der Via Nazionale ein, in ein Gemisch aus Büros, Pensionen und abgedrängten Läden, die bei den hohen Mieten der Via Nazionale nicht mithalten konnten.
An der Ecke Via dei Serpenti / Via Nazionale steht der kolossale Bau der Staatsbank, Banca d'Italia, auf dem Gelände der ehemaligen Villa Aldobrandini, die einst den südlichen Teil der Via Nazionale umfaßt hatte. Von der für ihre Schönheit gerühmten Parkanlage ist heute nur noch der kleine Garten übriggeblieben, der über eine Treppe von der Via Mazzarino aus zu erreichen ist. Hier oben, mit Blick auf Reste der Servianischen Stadtmauer, den Torso eines mittelalterlichen Geschlechterturms, des Torre delle Milizie, und die Barockkirche Santa Caterina da Siena, ist man dem Verkehr, wenn auch nicht unbedingt dem Lärm entkommen. Gegenüber, mit einem Geschäft für Kopfbedeckungen, endet das neugeschaffene Rom. Von hier an wird nicht so sehr mit Neubauten spekuliert, sondern mit dem historischen Erbe.

Die Kirchen auf dem Quirinal

Vom Largo Magnanapoli gehen wir die Via XXIV Maggio hoch. Am 24. Mai 1915 erklärte Italien Österreich den Krieg, schied aus dem Bündnis mit Berlin und Wien, um drei Jahre später – nach eigener Lesart – die Einheitsstaatsfindung mit der Rückgewinnung vom Trentino und von Triest (sowie mit der Annexion vom südlichen Tirol) endgültig abzuschließen. Die Straße führt hoch zum Quirinalspalast. Von der Piazza aus hat man einen herrlichen Blick auf die Stadt. Der **Quirinal**, ursprünglich Sommersitz der Päpste, wurde 1871 Residenz des Monarchen und ab 1946 Sitz des Staatspräsidenten. Der Bau steht auf dem Hügel, wo ursprünglich der Tempel des Quirinus stand, so der Name des vergöttlichten Romgründers Romulus und Schutzherrn der Bürger. Was von dem Anspruch auf Größe in der Stadt der Päpste und Imperatoren übriggeblieben ist, kann man jeden Sonntag um 16 Uhr bei der «feierlichen» Wachablösung vor dem Quirinalspalast erleben.

Entlang des Quirinalspalastes läuft schnurgerade die Via del Quirinale / Via XX Settembre auf die Porta Pia zu. Der Straßenzug ist sicherlich nicht Roms schönste Promenade, doch liegen am ersten Kilometer zwischen der Piazza del Quirinale und der Piazza San Bernardo einige wichtige Kirchenbauten wie **Sant'Andrea al Quirinale** (erbaut von Bernini um 1661), **San Carlo alle Quattro Fontane** (Borromini um 1641) und **Santa Susanna** (Carlo Maderno um 1589). Es sind drei Schritte weg von der Renaissance: Madernos Manierismus, Borrominis dynamischer Barock («San Carlino», wie die Kirche liebevoll im Volksmund genannt wird, ist so klein, daß sie in einen Vierungspfeiler vom Petersdom passen würde) und Berninis Hochbarock.

Die nördliche Ecke Piazza San Bernardo / Via Orlando nimmt der große Schaubrunnen **Fontana dell'Acqua Felice** ein. Nach der Wiederherstellung des Claudischen Aquädukts, welches Wasser aus den Albaner Bergen nach Rom führte, beauftragte Papst Sixtus V. seinen Hofarchitekten Domenico Fontana mit dem Bau dieses Brunnens (1586), der erstmals seit der Antike wieder frisches Trinkwasser ins Quirinalsviertel brachte, das von hier bis zum Kapitol weitergeleitet wurde.

Gegenüber liegt die Kirche **Santa Maria della Vittoria**. So genannt nach dem Sieg der katholischen Liga über die Protestanten in einer Schlacht des Dreißigjährigen Krieges, welcher der Wunderkraft eines Marienbildes zugeschrieben wurde. Aber weniger dieses Marienbildnis, das heute den Hochaltar schmückt, hat die Kirche berühmt gemacht, sondern die Cornaro-Kapelle im linken Querhaus. In ihr schuf Bernini mit der Skulpturengruppe *«Vision der Heiligen Theresa»* sein (umstrittenes) Meisterwerk. Theresa von Avila hatte kaum hundert Jahre zuvor den Karmeliterinnen-Orden im Sinne der Gegenreformation umgestaltet. Dargestellt ist der Moment, in dem die Heilige in einer Vision den goldenen Pfeil der göttlichen Liebe erwartet. In der irdischen Wonne, die sich auf ihrem Gesicht zeigt, spiegelt sich auch die Sexualmoral der Gegenreformation. Lust muß legitimiert werden. Das barocke Denken Berninis findet wie immer eine spielerische Lösung: Das mystische Erlebnis wird zum Vorwand für die theatralische Darstellung des Profanen. Theater auf höchstem künstlerischem Niveau allerdings.

LEGENDEN IM LATERAN

VOM KOLOSSEUM ZU SANTA CROCE IN GERUSALEMME

Vom Kolosseum aus führt dieser ganz durch Zeugnisse des Frühchristentums und des Mittelalters bestimmte Spaziergang zunächst nach San Clemente und dann zum Oratorium des heiligen Silvester (Quattro Coronati). Daran schließen die Lateransbasilika mit dem Baptisterium und die Scala Santa an. Die Tour endet bei der Basilika Santa Croce in Gerusalemme. Dauer ca. 2 bis 3 Stunden.

Erst seit dem 15. Jahrhundert wurde der Vatikan zur eigentlichen Residenz der Päpste. Die «Mutterkirche aller Kirchen» und die eigentliche Bischofskirche von Rom blieb jedoch San Giovanni in Laterano. Nach seiner Wahl nimmt der Papst von ihr Besitz. Diese Feierlichkeit war lange mit einer Prozession verbunden, die man bewußt am Kapitol vorbei durch die heidnischen Triumphbögen führte. Vor allem die Strecke zwischen Kolosseum und Lateran wurde durch Ritus und Pomp zu einer neuen, christlichen Via Sacra.

Das Amphitheater der Flavier

Das **Kolosseum** ist zusammen mit dem Pantheon die beeindruckendste Baumasse des Altertums. Nach dem Verbot von Zirkusspielen (Anfang des 5. Jahrhunderts) diente es als Burg, als Steinbruch, als Zuflucht von Zauberern, Magiern und lichtscheuem Gesindel, seit dem 18. Jahrhundert dann als Andachtsstätte, an der der christlichen Märtyrer gedacht wird und der Papst jeweils am Karfreitag auch heute noch den Kreuzweg begeht.

Die Einweihungsfeierlichkeiten im Jahre 80 n. Chr. dauerten 100 Tage und kosteten 5000 wilden Tieren und fast 3000 Gladiatoren das Leben. Der Bau selbst wurde mit dem Leben von Tausenden von jüdischen Kriegsgefangenen bezahlt. Die alten Pilgerführer heben den heidnischen Luxus hervor: «die runde Spiegelburg, darin man alle Hübschheit und Spiel getrieben hat und auf den Dächern zugesehen in drei köstlichen Stockwerken übereinander. Ein Spiegel lag da, darin man gesehen alle Dinge in der Welt. Vespasian hat sie gebaut und wird Kolosseum genannt, das nun zerbrochen und zu Kalk gebrennt wird.» Erst später setzt sich die Legende vom Blut der Märtyrer durch, das die Arena färbte. Das ergreifende Bild vom blinden Greis und der Jungfrau, die von einem Löwen zerrissen werden, der sein Geschäft nur widerwillig verrichtet, fand Verbreitung.

Die Päpstin Johanna

Zwischen dem Kolosseum und der Kirche San Clemente, in der

Antike Arena für Gladiatoren, Theateraufführungen und Zirkusdarbietungen – das Kolosseum

Via San Giovanni in Laterano, passierte die Geschichte mit der Päpstin Johanna, die, bis die Päpste das Bildnis entfernen ließen, durch einen Gedenkstein (heidnischen Ursprungs) dokumentiert war. Nach dem Tod Leos IV. 855 wurde Johannes Angelicus aus Mainz Papst. «Dieser Johannes war, wie versichert wird, eine Frau, die als junges Mädchen in Männerkleidern von ihrem Liebhaber nach Athen gebracht wurde, dort auf verschiedenen Wissensgebieten derart glänzte, daß sich niemand mit ihr messen konnte, so daß sie dann in Rom, nachdem sie durch ihr Wissen und ihr Leben großes Ansehen erworben hatte, einstimmig zum Papst gewählt wurde. Aber als Papst wurde sie von ihrem Vertrauten geschwängert. Den Zeitpunkt der Niederkunft nicht ahnend, gebar sie, als sie sich von St. Peter zum Lateran begab, in dem engen Gäßchen zwischen Kolosseum und der Kirche des hl. Clemens» (Klaus Völker: *Päpstin Johanna*, Wagenbach Verlag). Johanna gebar einen Knaben und verschied. Die Römer begruben sie an jener Stelle und errichteten ein Denkmal. Seitdem unterwarfen sich die neugewählten Päpste einer förmlichen Prüfung ihrer Mannheit auf der Sella stercoraria, einem durchbrochenen Marmorstuhl. Ihn behängte man am 22. Februar, dem Fest von Petri Stuhl-Feier, mit seidenen Gürteln, die bei schwangeren Frauen hochgeschätzt waren.

Die Fresken in San Clemente

Vom Kolosseum zur Kirche **San Clemente** sind es ein paar hundert Schritte. Heute betritt man die Kirche durch eine Seitenpforte, so daß man sich nicht mehr wie früher zunächst in einem Vorhof sammeln und auch waschen kann. Aber der Vorhof ist erhalten, und es lohnt, sich hier eine Weile einzustimmen.

In San Clemente gibt es viel zu bewundern: die Fresken des Masolino da Panicale, die Mosaiken der Apsis oder die Marmorarbeiten aus dem 12. Jahrhundert. Damals wurde die Kirche anstelle einer frühchristlichen, durch die Normannen 1084 zerstörten Basilika wiederaufgebaut. Zu den römischen Wundern gehört, daß die bei dem Normannenbrand zerstörte Basilika so zerstört nicht war: 1861 wurde sie als Unterkirche wieder aufgefunden und vom Schutt befreit. Durch die Sakristei steigen wir in die eigentliche Basilika des heiligen Klemens und erfahren hier anhand einiger Fresken aus dem 11. Jahrhundert zwei wunderbare Geschichten von der Blindheit der Polizei und der Rettung eines Kindes in einem Heiligtum unter dem Wasser des Schwarzen Meers.

Klemens war der dritte Nachfolger des heiligen Petrus und hatte, bevor er Papst wurde, bereits die seltsamsten Abenteuer bestanden – auf der Suche nach seinen totgeglaubten Eltern, in der Auseinandersetzung mit dem Magier Simon, als Mitstreiter des heiligen Petrus. Er selbst war von hoher Geburt und wirkte besonders unter den Jungfrauen aus besten Familien. Domitilla, die Nichte des Kaisers Domitian, und Theodora, Frau des Polizeichefs, empfingen aus seiner Hand den Schleier und gelobten Keuschheit. Da wurde Sisinnius, der Polizeichef, eifersüchtig und ging seiner Frau heimlich nach in die Kirche, um zu sehen, was sie da mache. Für diese Neugier strafte ihn Gott mit Blindheit und Taubheit, und der Unglückliche irrte mit seinen

Knechten in der Kirche umher, ohne den Ausgang zu finden. Theodora aber verwandte sich bei Klemens für ihn, und dieser gab ihm Gehör und Gesicht wieder. «Da er aber Sankt Klemens stehen sah neben seinem Weibe, kam er von Sinnen und meinte nicht anders, denn daß er von Zauberkünsten betrogen wäre.» Er ließ Sankt Klemens verhaften, aber die Knechte waren in ihrem Heidentum verblendet wie Sisinnius auch und fesselten Säulen und Steine, die da herumlagen, und Sisinnius schrie ganz außer sich, «ich werde dich töten lassen». Sankt Klemens aber ging unbehindert von dannen und bat Theodora, für ihren Gatten zu beten, auf daß ein ungläubiger Mann durch ein gläubiges Weib gerettet werde. Mit den gefesselten Säulen stand die Polizei tatsächlich lächerlich da, und Sisinnius ließ sein Weib zu sich rufen und beschwor sie, sie solle für ihn beten und Sankt Klemens rufen. Er ließ sich taufen mit 313 Personen seines Hauses. Dies alles ist auf den Fresken anschaulich dargestellt auf der linken Seite des Hauptschiffes der Unterkirche.

Unterhalb dieser Kirche aus dem 4. Jahrhundert öffnet sich ein weiteres Heiligtum, das des persischen Lichtgottes Mithras, und erst auf dieser untersten Ebene befinden wir uns, fast zwanzig Meter unter dem heutigen Pflaster, auf dem Boden des alten Rom. Neben dem Mithrasheiligtum sind Reste eines römischen Wohnhauses erhalten und ein Kanal, durch den die Niederung zwischen den Hügeln entwässert wurde. Selbst in Rom ist es selten, drei Heiligtümer und drei geschichtliche Ebenen in einem so glänzenden Zustand übereinander geschichtet zu sehen.

Zeichen kirchlicher Machtergreifung

Das frühe Christentum zur Zeit des Bischofs Klemens war noch eine Gemeinschaft der Armen und daher eine tatsächlich subversive Vereinigung. In der Legende hingegen wird Klemens als Mann von hoher Geburt dargestellt, der vorwiegend Leute von hoher Geburt bekehrt. Materielle Probleme gibt es keine, und das Volk ist glücklich, daß eine arme Mutter ihr verloren geglaubtes Kind wiederfindet.

Wie die Kirche zu einer großen Macht wurde, zeigen unverhüllt die Fresken aus dem 13. Jahrhundert, die man unweit von Sankt Klemens, im Oratorium des heiligen Silvester in der Kirche der Vier Gekrönten, dei **Quattro Coronati**, sehen kann. Man erreicht über die Via dei Querceti den Abhang des Celio (einer der sieben Hügel mit schönen Basiliken, der Parkanlage der Villa Celimontana und dem Militärhospital, aus dem im August 1977 der Ex-Gestapo-Chef Kappler entfloh). Aus der schmalen Via di Quattro Coronati steigt man hoch zum frühmittelalterlichen Kloster- und Kirchenkomplex, der sehr schön erhalten ist und uns mit seinen Vorhöfen, Kapellen und dem Kreuzgang wundersam von der Außenwelt abschließt. Vom zweiten Vorhof aus tritt man in das Oratorium des heiligen Silvester ein. Man erhält den Schlüssel zum Oratorium in einer kleinen Eingangshalle mittels einer sinnreichen Drehscheibe, die das Kloster der Augustinerinnen mit der Außenwelt verbindet, und man sollte als frommer Mensch nicht versäumen, den Nonnen das Eintrittsgeld in die Drehscheibe zu legen.

Sehr oft hat man das Glück, allein in diesem kleinen Raum zu sein

San Clemente – Danksagungen für Wunder aller Art

und sich den Fresken und ihrer märchenhaften Überzeugungskraft aussetzen zu können. Der thronende Christus und die Konstantinlegende, 1246 gemalt, also wenige Jahrzehnte vor der Erneuerung der italienischen Malerei durch Cimabue und Giotto, haben den «lebhaften Charakter unentwickelter Kunst».
Wir sehen, wie Christus in Jerusalem zieht Silvester in Rom ein, und der Kaiser kniet vor ihm nieder. Als dies die Mutter Konstantins, die heilige Helena, die damals noch jüdischen Glaubens war, erfuhr, lobte sie ihren Sohn, daß er die Abgötter gestürzt, tadelte ihn aber, daß er einen Gekreuzigten verehre, und es kam zu einem Disput zwischen jüdischen Meistern und Silvester vor dem Kaiser und seiner Mutter um die richtige Lehre. Von diesem Disput ist das Stierwunder dargestellt, denn nach langen theologischen Auseinandersetzungen, bei denen Silvester auch erklären mußte, warum Christus nur Spott, Leiden und Hinrichtung erfahren hatte, gab schließlich doch ein Wunder den Ausschlag, denn ein jüdischer Zauberer machte sich anheischig, einen Stier, den nicht hundert starke Männer halten könnten, durch die Einflüsterung des geheimen, aber wahren Namens des allmächtigen Gottes zu töten. Der Zauberer näherte sich tatsächlich dem Stier, sprach ihm ein Wort ins Ohr, daß der Stier aufbrüllte, die Augen rollte und zu Boden fiel. Silvester aber sagte: «Das war des Teufels Name, der nur töten kann. Gottes Name jedoch tötet und macht wieder lebendig.» Und der Zauberer konnte den Stier nicht wieder lebendig machen, wohl aber Silvester, beim Namen Jesu Christi. «Da stand der Stier auf und ging von dannen zahm und fromm.»
Silvester starb um das Jahr 320, und die bekehrte Kaiserin Helena rüstete eine Expedition, um in Jerusalem das wahre Kreuz Christi zu finden, das sie, wie wir auf den letzten, halb zerstörten Fresken sehen, auch fand. Mit Hilfe eines Juden namens Judas, den sie durch Hunger zwang, ihr die Lage der Golgatha-Stätte, die keiner

mehr kannte, zu verraten, fand sie drei Kreuze und erkannte das richtige daran, daß ein Toter auf ihm lebendig wurde. Da bekehrte sich auch Judas, nannte sich von nun an Quiriacus und wurde Bischof von Jerusalem. Helena aber brachte das Kreuz, die Stiege zum Haus des Pilatus und viele andere Zeugnisse, die wir im Lateran, in der Scala Santa (Sancta Sanctorum) oder in der eigens für das heilige Kreuz erbauten Basilika Santa Croce in Gerusalemme verehren und bewundern können. All diese Orte sind keine tausend Meter von der Kapelle des heiligen Silvester entfernt.

Die Blutstropfen Jesu im Lateran

Für eine Erholungspause gibt es in der Via Claudia 24, zweihundert Meter vom Kolosseum und oberhalb der Endstation der Autobusse, die auf die Via Appia fahren, die empfehlenswerte Taverna dei Quaranta. Die Via di Quattro Coronati führt direkt zum Lateran, der ersten großen christlichen Kultstätte innerhalb der Mauern. Kaiser Konstantin hatte das Gelände dem heiligen Silvester geschenkt, und die neue Basilika wurde die Bischofskirche Roms und vom 4. bis zum 15. Jahrhundert die eigentliche Papstresidenz, bis Sankt Peter und der Vatikan wegen ihrer militärisch sicheren Lage und ihres machtpolitischen Symbolgehalts (Primat des Petrus) zum Zentrum der Kirche wurden.

Auf einer Seite der Piazza San Giovanni befinden sich der Zugang zum **Baptisterium** (Modell aller späteren Bauten dieser Art) und ein Obelisk aus dem 15. Jahrhundert vor Christus, den Konstantin und sein Sohn aus dem ägyptischen Theben, dem heutigen Luxor, in einem Spezialschiff und auf Linsen gebettet 357 nach Rom gebracht hatten. Er übt heute vor allem die Funktion einer Verkehrsinsel aus. Das Baptisterium wurde über den Badeanlagen einer Villa errichtet, und das Taufbecken Konstantins und Silvesters liegt einige Meter unter dem heutigen Boden in den unteren Teilen der Anlage. Erhalten blieben Mosaiken aus dem 4. und 7. Jahrhundert, die prächtigen Porphyrsäulen, die dem achteckigen Raum Wärme und Würde geben, und die «singende Bronzetür» aus den heidnischen Caracalla-Thermen, die beim Drehen in den alten Zapfen seltsame Töne erzeugt.

Von den einst legendären Reliquien in der Lateranbasilika finden sich heute nur noch wenige Spuren. Die Mosaiken der Apsis über dem Papstthron wurden 1884 erneuert, und die alte Pilgeridee, hier das wahre Antlitz Jesu, ein von Engeln gemaltes Bild, sehen zu können, verblaßte völlig. Der gotische Papstaltar enthält den Tisch, den Petrus benutzt hatte, als er in Rom die Messe las, und im oberen Teil, hinter prachtvollen Stäben, stehen die Büsten der Apostel Petrus und Paulus, die die Häupter der beiden enthalten. Ihre Fassungen waren so wertvoll ausgestattet, daß der Papst in den Kirchenbann schlug, wer hier Hand anlegte. Wie sehr immer wieder um die Verteilung der Reliquien gerade dieser Apostel gerungen wurde, bestätigt die Legenda Aurea, die vom Papst Silvester berichtet, wie er die «kleinen und großen Gebeine der Apostel zusammen auf eine Waage tat und sie mit großer Ehrfurcht wog, und tat die eine Hälfte in die eine, die andre in die andre Kirche». Klar, daß die gebildeten Heiden des vierten Jahrhunderts über die aufgekommene Verehrung «eingesalzener Köpfe» sehr bestürzt waren. Die Franzosen schmolzen die kostbaren Behälter dieser Büsten während der französischen Revolution in Rom kurzerhand ein, so daß wir uns heute nur noch Kopien gegenüberfinden.

Im Sakramentsaltar verehrt man noch Stücke des Tisches vom letzten Abendmahl, die die Kaiserin Helena hierher gebracht hatte. Aber noch faszinierender sind die vergoldeten vier Bronzesäulen, die aus dem Tempel des Jupiter Capitolinus stammen, ihrerseits aber vom Kaiser Augustus aus den kostbaren Schnäbeln der Schiffe der Kleopatra gegossen worden waren. Bei all der irreversiblen Zerstörung, die die Menschheit in Gang setzt, zählt diese Form, Geschichte aufzuheben und weiterzugeben, zu den tröstlichen.

Im herrlichen Kreuzgang entdeckt man unter den vielen seltsamen Steinen, die namenlos zu werden drohen, die Porphyrplatte des Tisches, auf dem die Kleider Jesu von den Soldaten des Hinrichtungskommandos verlost wurden. «Et super vestem meam miserunt sortem», steht da geschrieben.

Beim Hinausgehen durch den Haupteingang lassen wir rechts die Cappella Corsini liegen, zusammen mit der in der ersten Hälfte des 18. Jahrhunderts gebauten Fassade der letzte überzeugende Sakralbau der Päpste von Rom. Es ist bezeichnend, daß damals diskutiert wurde, ob die bereitliegenden Mittel für den Bau der Fassade oder für die Bekämpfung des Fiebers durch Dammarbeiten am Tiber verwendet werden sollten. Der Papst entschied sich für die Fassade, und das weltliche Regiment der Kirche versackte von Jahr zu Jahr immer tiefer in eine kleinliche, klerikale Despotie.

Rechts hinter der Aurelianischen Mauer, in der Via Sannio, findet jeden Vormittag ein großer Kleidermarkt statt. Links steht das bescheidene Gebäude der Heiligen Stiege mit Mosaiken aus dem Speisesaal der Päpste im ehemaligen Papstpalast. Was sollen die im 18. Jahrhundert erneuerten Mosaiken Ende des 8. Jahrhunderts anderes zum Thema haben als die gemeinsame Quelle geistlicher und weltlicher Macht? Links gibt Christus dem Petrus die Schlüssel und dem Kaiser Konstantin das Reichsbanner. Rechts übergibt Petrus Papst Leo III. die Bischofsschärpe, das Symbol der geistlichen Macht, und Karl dem Großen das Reichsbanner. Leo und Karl tragen viereckige Heiligenscheine, das heißt, sie lebten noch, als das Mosaik verfertigt wurde.

Die **Scala Santa** ist ein konkreter Gradmesser der Frömmigkeit, denn die Heilige Stiege, auf der Jesus ging und sein Blut vergoß, darf nur auf Knien begangen werden. Rechts und links führen bequeme Treppen hoch zur Sancta Sanctorum, der allerheiligsten Privatkapelle der Päpste, deren reliquienreicher Altar als wertvolle Schatztruhe durch Eisenstäbe total gesichert ist. 1905 wurden die meisten Reliquien der Kritik und der Verehrung entzogen und in den Vatikan gebracht. Die schon seit langem nicht mehr öffentliche Kapelle kann man am Ende der Stiege durch ein Gitter bewundern, vor allem das nicht von Menschenhand gemalte Bild des Erlösers über dem Altar. Jeder muß selbst sehen, wie er sich, ohne die Gläubigen zu stören, hier bewegt. Dem Blick durch das Gitter zeigt sich unter einer massiven Silberverkleidung ein seidener Schleier, der das Original bedeckt und auf dem die Gesichtszüge nachgezeichnet sind. Im Laufe der Jahrhunderte wurde das eigentliche Bild immer reicher ausgeschmückt, aber durch jeden Schmuck immer weiter verborgen. Diese Verkleidungen und Verstellungen entziehen den ursprünglichen Gegenstand der Betrachtung, und was hier im kleinen passiert, geschah auch der Kirche im großen: Niemand begreift mehr, daß unter der Kuppel des Petersdoms, wenn überhaupt Petrus, dann jedenfalls ein palästinensischer Fischer liegt.

Das wahre Kreuz Christi

Eine breite Allee führt vom Lateran zur Basilika **Santa Croce in Gerusalemme**. Diese gehört zu den «sieben Hauptkirchen» und war entstanden als Palastkapelle der Kaiserin Helena, Mutter des Kaisers Konstantin, die von ihrer Expedition das wahre Kreuz Christi nach Rom mitgebracht hatte und hier aufbewahren ließ. Das Fragment, das lange Zeit als einer der wertvollsten Schätze der Christenheit betrachtet wurde, ist heute in einer 1930 gebauten Seitenkapelle zu sehen. Die Architektur aus der Zeit des Faschismus tut den hier aufbewahrten Reliquien nicht gut – neben dem Kreuzbalken auch ein Nagel, ein Bruchstück der Inschrift INRI, ein Finger des heiligen Thomas, mit dem er die Wunde Christi berührte. Die Kirche wurde nach Perioden des Verfalls immer wieder erneuert, romanisch, barock und modern.

Wer von den Absonderlichkeiten des menschlichen Geistes noch nicht genug hat, kann links von der Kirche zwei Museen mit militärischen Erinnerungsstücken besuchen: das **Museo Storico dei Granatieri di Sardegna**, mit Exponaten aus der Zeit zwischen 1659 und 1945, und das **Museo Storico della Fanteria** mit Erinnerungen aus den Kriegen nach 1870, einschließlich der Kolonialkriege. Daneben befindet sich ein sehenswertes **Museum von Musikinstrumenten** von der Antike bis zum 18. Jahrhundert, aus allen Teilen der Welt.

WUNDER, GOLD UND NEROS PARFÜM

VON SANTA MARIA MAGGIORE ZUR DOMUS AUREA

Die Tour führt von der Basilika Santa Maria Maggiore über den ausgedehnten Esquilin. Dabei sieht man in Santa Pressede wundervolle Mosaiken, erlebt auf der Piazza Vittoria einen bunten Markt, stößt bei San Pietro in Vincoli auf den Moses von Michelangelo und kann schließlich die Reste des Domus Area sehen. Dauer ca. 2 Stunden.

Von Termini zur Piazza Santa Maria Maggiore sind es nur ein paar Schritte zunächst ab-, dann leicht aufwärts. Damit «besteigt» man den Esquilin, einen weitgezogenen Hügel, der sich unterhalb der heutigen Bahnhofsanlagen bis zum Forum und Kolosseum erstreckt. Den südlichen Teil nennen die Römer Colle Oppio. Der nördliche und westliche Esquilin war in der Frühantike ein sumpfiges Randgebiet, das erst unter Augustus von reichen Bürgern saniert wurde, die sich hier Villen errichten ließen.

Ein wundersames Gebiet: Auf der nördlichen Anhöhe des Esquilin hatte es am 5. August A.D. 352 sogar geschneit. Papst Liberius ließ an dieser Stelle (der Legende nach) eine erste Kirche errichten. Und in Erinnerung daran schneit es heute noch – jeweils am 5. August weiße Dahlienblätter. Vermutlich ist aber diese Kirche **Santa Maria Maggiore** gut hundert Jahre später als erste Marienkirche des Westens gegründet worden, gleich nach dem Konzil von Ephesus (431). Das Konzil hatte die Marienverehrung, die in der Ostkirche bereits üblich war und auch in Rom beim Volk immer mehr Anhänger fand, offiziell in die Westkirche integriert. Zu diesem Zeitpunkt begann auch der Herrschaftsanspruch der Päpste gegenüber den Patriarchen in Konstantinopel und Antiochia. Wenn es um die Macht ging, beriefen sich die Päpste ungeniert auf die Antike: die Marienbasilika zur Ehren der «Gottesgebärerin», wie sie in Ephesus betitelt wurde, errichtete man keine 300 m von der Stelle entfernt, wo der Tempel der als Geburtshelferin verehrten Göttin Juno Lucina gestanden hatte.

Seitdem hat die Basilika, die manche für die schönste Roms halten, immer wieder das Interesse päpst-

Am Esquilin – Hauptportal
der Santa Maria Maggiore

licher Baupolitik geweckt. Kostbare Marienmosaiken, die Sixtinische Kapelle (für Sixtus V.), die Paolinische Kapelle (für Paul V.), der Baldachin von Ferdinand Fuga und anderes machen die Kirche zu einem Museum der Kunstgeschichte vom 5. bis zum 18. Jahrhundert. Beeindruckend die Kassettendecke, die der Borgia-Papst Alexander VI. gestiftet hat. Für die Vergoldung soll das erste Gold verwendet worden sein, das mit Kolumbus aus Amerika gekommen war. So wird der Blick nach oben zu einem Ausblick in die Neue Welt.

Der prächtige Kirchenbau liegt etwa auf halber Strecke einer geraden Linie zwischen Trinità dei Monti (oberhalb der Spanischen Treppe) und dem Lateran. Als der Straßenzug im 16. Jahrhundert angelegt wurde, führte er durch grüne Wildnis, die heute keiner mehr zu ahnen vermag, der über die Via Merulana Richtung Lateran bummelt. In dieser Wildnis lagen Ziele, die bereits bei frühen Pilgern touristisches Interesse weckten: zum Beispiel die Kirche **Santa Prassede**. Sie wurde in der Antike gegründet und unter Papst Paschalis I. Anfang des 9. Jahrhunderts als Klosterkirche umgebaut. Byzantinische Künstler schmückten sie mit großartigen Mosaiken (besonders in der San-Zeno-Kapelle). Santa Prassede liegt rechts von der Via Merulana, links stößt man etwas weiter auf das **Maecenas Auditorium** (Largo Leopardi), das heute halb unterirdisch einen kellerartigen Eindruck macht. Der Eindruck täuscht, Rom ist auch hier über seine Vergangenheit hinaufgewachsen. Der Bau lag vermutlich sogar ein paar Stufen hoch. Maecenas, Freund des Augustus und einer der reichsten Männer seiner Zeit, besaß auf dem Esquilin weite Gartenanlagen mit mehreren Sommerhäusern. Dazu gehörte wohl auch dieses Auditorium, das für Dichterlesungen benutzt wurde. Horaz und Vergil, zwei Schützlinge des Maecenas, die ebenfalls in der Nähe wohnten, haben in diesen Räumen vielleicht zum ersten Mal ihre Texte öffentlich vortragen lassen.

Michelangelos Moses

Von hier kann man einen Abstecher zum bunten Markt auf der **Piazza Vittorio Emanuele II.** machen. Das ist einer der größten Märkte in Rom, wo (meist) ehrliche Händler, Zigeunerkinder, einige Taschendiebe und viel Volk eine ganz untouristische Mischung eingehen. Seit Jahren plant die Stadt allerdings, den Markt zu verlegen. In den Gartenanlagen der Piazza sieht man Reste eines römischen Brunnens (*Trophäen des Marius*), der für die Wasserspiele des Barock als Vorbild gedient haben soll. Daneben die merkwürdige **Porta Magica** aus dem 17. Jahrhundert mit Inschriften in lateinischer und hebräischer Sprache – alchemistische Formeln zur Gewinnung von Gold. Formeln, die bisher nicht aufgegangen sind. Verrechnet haben sich aber vor allem die Bauherren dieser heruntergekommenen Wohn- und Geschäftshäuser im Umbertinischen Stil aus der Zeit um die Jahrhundertwende, als der Hauptstadtboom Rom beherrschte – das ehemalige Luxusviertel ist längst zum Sozialfall geworden.

Die Via Statuto bringt den Besucher zurück auf die Via Merulana. Gegenüber öffnet sich der Largo Brancaccio. Mit einem kleinen Schlenker zum Kirchlein **San Martino ai Monti** mit den Landschaftsfresken von Gaspare Dughet erreicht man die Via delle Sette Sale. Diese schmale Straße wirkt durch kleine, zum Teil grün bewachsene Häuser ganz romantisch. In einem der Gärten hinter den Mauern wurde Anfang des 16. Jahrhunderts die Laokoon-Gruppe gefunden, die heute im Vatikan steht (siehe S. 57). «Sette Sale» nannte man die Kammern einer riesigen Zisterne, aus der die Trajans-Thermen gespeist wurden, die etwas weiter hügelabwärts lagen; die spärlichen Ruinen werden wir später sehen. Zunächst stößt man am Ende der kurvigen Via delle Sette Sale auf **San Pietro in Vincoli**. Die Kirche (auf deutsch: «St. Peter in Ketten») ist eine frühchristliche Stiftung, um die Ketten als Reliquie aufzunehmen, mit denen Petrus auf Befehl des Herodes in Jerusalem gefesselt worden war. Wie man auf einem Fresko von Raffael in den Stanzen des Vatikans sehen kann, befreite ihn ein Engel, woraufhin der Apostel nach Rom ging. Als später diese Ketten mit denen zusammengelegt wurden, die Petrus in seinem römischen Gefängnis getragen hatte, verschmolzen sie wundersam zu einer.

Doch Petrus wird in dieser Kirche eindeutig von einem alttestamentarischen Vorfahren ausgestochen. Hinten rechts an der Seitenwand sehen wir ihn: Moses. Die Statue von Michelangelo (1515/16) sollte zu einem Grabmal von Papst Julius II. gehören, das Michelangelo aber nie zu Ende bringen konnte (außer Moses stammen nur noch die Figuren von Lea und Rahel aus seiner Hand). Im Vergleich zu den Werken zweitrangiger Künstler explodiert die Kraft dieser Skulptur. Die beiden Hörner auf dem Kopf sollen die Strahlen Gottes symbolisieren – entsprechend einer falsch interpretierenden Bibelübersetzung. Diese wuchtige Statue Michelangelos, die vom Harmoniedenken der Renaissance Abschied nimmt und ähnlich wie das Jüngste Gericht in der Sixtina nicht mehr einfach «schön» sein will, weist künstlerisch wie ideell weit in die Zukunft. Den Zeitgenossen hatte sie angst gemacht, sie regte von Vasari bis Freud immer wieder zu Interpretationen an.

Seitwärts von der Ingenieursfakultät und des Viale del Monte Oppio erreicht man die Parkanlagen oberhalb vom Kolosseum. Nero hatte einst auf diesem Gelände eine unglaublich große und prächtige Palastanlage, die **Domus Aurea**, errichten lassen, die auch Teile des Palatins und des Celio bedeckt haben soll. Innerhalb dieser Anlage des Kaisers gab es einen kleinen See, außerdem Waldbezirke mit wilden Tieren. Im Inneren hatte eine schier endlose Abfolge mit Gold und Perlmutt kostbar geschmückter Räume die Zeitgenossen tief beeindruckt. Man liest bei Sueton Berichte, wie in einigen Zimmern die Gäste von der Decke aus mit Blumen berieselt oder mit Parfüm besprüht wurden. Und Tacitus beschreibt ausschweifende Gartenfeste.

Die Nachfolger Neros versuchten, sein Andenken mit allen Mitteln vergessen zu machen. Vespasian ließ den See trockenlegen und darauf das Kolosseum bauen. Die Architekten von Trajan und Titus rissen den Palast ab und errichteten auf dem Colle Oppio die bereits erwähnten Thermen. Heute sind die Parkanlagen mit einer kleinen Bar, wo man zwischen spielenden Kindern draußen sitzen kann, eine Erholung, wo man der Hektik der Großstadt entfliehen kann.

INTERMEZZO AM TIBER

VON DER PIAZZA DEL POPOLO ZUM FORO ITALICO

An der Piazza del Popolo beginnt diese Tour, die zunächst am Tiber entlang zum Ponte Matteotti führt. Mit dem Bus 90 B erreicht man dann die Piazza Maresciallo Giardino und die Anlagen des Foro Italico. Die Tour endet am Ponte Milvio. Dauer: 1 $^1/_2$ Stunden.

«Ci vediamo da Rosati» ist eine der stehenden Redewendungen in Rom: Man verabredet sich bei Rosati an der Piazza del Popolo, auch wenn das Café und das gegenüberliegende Canova inzwischen ärgerlich teuer geworden sind. Die **Piazza del Popolo** ist ein zentraler Platz, ein großes Foyer am Haupteingang der Stadt. Beginn des Corso, Ausgangspunkt für einen Spaziergang in den Park der Villa Borghese oder auf den Pincio, Treff vor dem Kino oder dem Bummel durch die zahlreichen kleinen Kunstgalerien ringsum, ein Ort, wo man sich vor dem Mittag- oder Abendessen noch ein bißchen die Füße vertritt oder herumsteht, um jemanden zu treffen, mit dem man essen gehen kann.
Wie alles in Rom ist auch dieser Platz nicht aus einem Guß. Die heutige Rundform geht auf einen Plan Valadiers zurück, der im Auftrag Napoleons die Pincio-Auffahrt und den gegenüberliegenden Halbkreis entwarf. Napoleon war der letzte Eroberer, für den Rom noch einen «Firmenwert» hatte, wenn auch einen begrenzten, denn Paris war der neue Stern und Rom nur die «zweite Stadt des Reiches». Die meisten napoleonischen Pläne zur Neugestaltung der Stadt kamen nicht mehr zur Ausführung, und auch die Neugestaltung der früher trapezförmigen Piazza wurde erst nach dem kurzlebigen französischen Kaisertum, aber noch von Pius VII., dem Gegenspieler Napoleons, vollendet. Zwei große Tafeln an der Platzseite der Kirche Santa Maria und der gegenüberliegenden Carabinieri-Kaserne schreiben das Werk dem Papst zu, der besiegte Initiator wird natürlich nicht erwähnt. Valadier hatte auch als Pendant zur schlichten Renaissancefassade von Santa Maria die klassizistische Fassade der Wache und späternen Carabinieri-Kaserne gezeichnet, so symmetrisch, daß auch die kleine Kuppelkapelle nicht vergessen wurde. An diesem Eingang zum Platz wurden am 23. November 1825 einige Carbonari hingerichtet, Mitglieder des nationalen und demokratischen Geheimbundes, die der Papst – wie es auf dem Gedenkstein heißt – «ohne Beweise und ohne Verteidigung» verurteilen ließ. Die Gedenktafel an der Kasernenfassade trägt Symbole der Französischen Revolution: Jakobinermütze, Rutenbündel, Beile. Kurios genug:

Roms Foyer – Piazza del Popolo

Diese Symbole der antiken römischen Republik kamen auf dem Umweg über die Französische Revolution in das moderne Italien zurück.

Grandioser Eingang

An der mächtigen **Porta del Popolo**, Teile der Aurelianischen Mauer, ließen verschiedene Päpste über dem Eingang ihre Visitenkarte anbringen: die sechs Kugeln der Medici, ganz oben der Stern der Chigi. Das frühe Mittelalter baute neben dem Tor am Hang des Pincio, an dem der Kaiser Nero begraben lag und spukte, als Bann Kirche und Kloster **Santa Maria del Popolo**, wo viele Pilger Aufnahme fanden, unter ihnen auch Martin Luther. Das Kloster wurde später abgerissen, die Kirche ist ein sehenswertes Schmuckstück mit den Fresken von Pinturicchio, der Chigi-Kapelle Raffaels, den großartigen Caravaggios, den Grabdenkmälern und der byzantinischen Madonna del Popolo auf dem Hochaltar, ein der Legende nach von «der Hand des Evangelisten Lukas» gemaltes Madonnenbild.
Wer durch das Tor Rom betritt, sieht sich der von Piranesi gestochenen Perspektive mit den zwei Kuppelkirchen aus dem 17. Jahrhundert gegenüber. Den Platz beherrscht der Obelisk, den der Kaiser Augustus für den Circus Maximus aus Ägypten nach Rom schaffen, Sixtus V. 1589 hier aufstellen ließ. Im 19. Jahrhundert wurden die Hieroglyphen entziffert, die den Ruhm des Ramses II. und seines Sohnes verkünden, zu deren Ehren der Obelisk im 13. Jahrhundert vor Christus vor dem Sonnentempel in Heliopolis aufgestellt worden war.
Im Juli des Jahres 1787 notierte Goethe in seiner Korrespondenz: «Die Hitze ist gewaltig. Morgens mit Sonnenaufgang stehe ich auf und gehe nach der Acqua Acetosa, einem Sauerbrunnen, ungefähr eine halbe Stunde vor dem Tor, an dem ich wohne, trinke das Wasser, das wie ein schwacher Schwalbacher schmeckt, in diesem Klima aber schon sehr wirksam ist. Gegen acht Uhr bin ich wieder zu Hause ...», in der Via del Corso 18. Der Spaziergang, den damals täglich viele Römer machten, um sich mit Wasser zu versorgen, führt heute durch dichten Verkehr und zerstörte Landschaft. Wer trotzdem zum Brunnen will, nimmt am Piazzale Flaminio, außerhalb des Tors, links vom Eingang zur Villa Borghese, an der Stazione Roma-Nord ein Bähnchen, das in den Norden, nach Viterbo, fährt, und steigt an der Station Acqua Acetosa aus. Die schöne barocke Brunnenfassung verkommt, das Wasser, von dem heute keiner mehr weiß, wie es schmeckt, wurde Anfang der fünfziger Jahre von irgendeinem Bauspekulanten abgegraben.
Von der Porta del Popolo zum Ponte Milvio sind es auf der schnurgeraden Via Flaminia zweieinhalb Kilometer. Wir gehen zunächst aber an den Tiber, an die neue Brücke, auf der die U-Bahn den Fluß überquert. Nahebei steht die goldene Flamme zum Gedenken an den von Faschisten ermordeten Sozialisten Matteotti (siehe S. 13). Keine fünfzig Meter von ihr entfernt, direkt an der U-Bahn-Brücke, eine zweite Mordstelle: 1979 erschossen hier Rote Brigaden Antonio Varisco, einen hohen Beamten der Terrorismusbekämpfung. Mit dem Mord an Matteotti konsolidierte sich das faschistische Regime. Der Mord an Varisco, fast an der gleichen Stelle, dokumentiert den Wahn-

sinn des blinden «Antifaschismus». Hier beginnt unser Spaziergang zum Foro Italico Mussolinis.

Der Tiber als Seher

Zwischen der U-Bahn-Brücke und dem flußauf gelegenen Ponte Matteotti liegt der **Scalo de Pinedo**, benannt nach einem Flugpionier, der hier auf dem Tiber nach einem Flug über drei Kilometer mit seiner Maschine gelandet war. Die Anlage, die den Zugang zum tiefer liegenden Fluß ermöglichen sollte, kopiert in groben Zügen den Porto di Ripetta, den einst am Ponte Cavour gelegenen Flußhafen, der seinerseits wieder die Baukonzeption der Spanischen Treppe beeinflußt hatte. Wir sehen mehrere «Hausboote», darunter die **Isola del Sole**, ein nicht gerade billiges Flußrestaurant. Bis zum Ende der fünfziger Jahre haben die Römer hier und an anderen Stellen des Flusses gebadet. Heute ist das lebensgefährlich. Die Stadt ließ den Tiber, dem sie ein gut Teil ihres Lebens verdankt, zur Kloake verkommen. Römer und Nichtrömer sehen den Fluß kaum mehr, der sich in einer tiefen Schneise durch die Stadt windet.

Der Tiber hatte ab Mitte des vergangenen Jahrhunderts anscheinend keine praktische Funktion mehr und richtete durch seine Überschwemmungen nur noch Schaden an. Der wilde Flußgott wurde also gezähmt und starb dabei. Dompteur war der große Garibaldi, der nach dem Vorbild von Paris die großen Kaianlagen bauen ließ und damit die geradezu biblischen Überschwemmungen beseitigte, deren Höhe an den Hochwassertäfelchen an der Fassade von Santa Maria sopra Minerva bis heute abzulesen ist. Die Tiefe der Einbettung unterbrach das alltägliche Verhältnis der Bevölkerung zum Fluß, der sowohl oberhalb von Rom als auch in Rom selbst immer mehr verschmutzte und verkam.

Die früher für die Stadt lebenswichtigen Funktionen des Tiber sind rasch aufgezählt: Das Wasser verband die Stadt mit den Küstenhäfen und damit mit dem Seeverkehr, tiberaufwärts mit dem ganzen umbrischen Hinterland, mit Orte, Orvieto, Perugia. Die Wasserkraft trieb Mühlen und Maschinen, Badeanstalten gewährten Erfrischungen, die «geheiligte Flut» nahm die Abwässer mit und die Leichen der Ermordeten. In den Augen der Antike war der Tiber ein Seher, der mit Überschwemmungen und anderen Zeichen die großen Ereignisse ankündigte. Für Gregorovius erfüllte der Fluß auch noch die Funktion eines Archivars, der in seinem «nie gestörten Bett» Gold, Marmor, Statuen, Inschriften, Bronze und andere Schätze bewahrt.

Inzwischen gibt es schüchterne Wiederbelebungsgversuche. Dabei spielen die Erholungsfunktion und archäologische Gesichtspunkte die entscheidende Rolle. Der Uferweg vom Castel Sant' Angelo bis zur Porta Portese soll als «archäologischer Spaziergang» ausgebaut werden (vorläufig sind unter den Brücken allerdings nur traurige Zivilisationsreste zu sehen), und unter die Brückenbogen sind die Obdachlosen zurückgekehrt. Seit ein paar Jahren betreibt eine Kooperative Spazierfahrten vom Ponte Garibaldi zum Ponte Milvio oder nach Ostia.

Duce, Duce, Duce

Am **Ponte Matteotti**, an der Seitenwand des riesigen Palazzo der Kriegsmarine, dessen Hauptportal

Foro Italico – das sportliche Ideal der Faschisten

die erbeuteten Anker österreichischer Panzerkreuzer schmücken, nehmem wir den Bus 90 B bis zur Endstation, Piazza Maresciallo Giardino. Der Bus fährt jenseits des Flusses durch das «Siegesviertel», vorbei an dessen zentraler Piazza Mazzini. Dieses Viertel, eine Erweiterung Pratis über die Kasernen des Viale delle Milizie hinaus, wurde anläßlich der Internationalen Ausstellung von 1911, zum 50. Jahrestag der italienischen Staatsgründung, begonnnen und nach 1919 unter der Leitung des deutschen Architekten Stübben vollendet. Es ist eines der wenigen wirklich geplanten und nicht im Wildwuchs wuchernden Neubauviertel Roms mit hoher Wohnqualität.

An der Endstation der 90 B sehen wir dann ein Musterstück faschistischen Bauens, das historische Museum der Kriegsbaukunst und Pioniere (**Museo dell'Arma del Gemio**). Der Haupteingang ist auf der Tiberseite, auf dem für den Durchgangsverkehr gesperrten Lungotevere della Vittoria. Auf engstem Raum läßt sich hier eine typische römische Mischung sehen: verwahrlostes Tiberufer auf unserer Seite, «feines» Tiberufer mit Sportanlagen für die oberen Hunderttausend, die in den besseren Neubauten der sechziger Jahre leben, auf der anderen Seite. Zigeunerwohnwagen vor der trotzigen Fassade des Museums der Kriegskunst, eine gesperrte Schnellstraße, die auf diesem kurzen Abschnitt das Aussehen des Niemandslands der römischen Peripherie angenommen hat. Und Peripherie war hier auch, als in den dreißiger Jahren wenige hundert Meter tiberaufwärts die großen Sportanlagen des Foro Italico entstanden.

Die Piazza des Maresciallo Giardino besteht aus einer nur notdürftig gegliederten großen Asphaltfläche mit Verkehr und winzigen Grünoasen. Im Norden befindet sich tiefliegend im «Loch» (La buca) eine Häusergruppe: Sozialwohnungen von 1923, gebaut noch vor der Aufschüttung der Tiberuferstraße. Hinter dieser Häusergruppe beginnt das Foro Italico, auf dessen Zentrum wir über die Viale delle Olimpiadi zugehen. Es folgen die Sportanlagen und im Hintergrund das große Olympiastadion, Wallfahrtsort von Zehntausenden von Fußballfans.

Die Anlagen des Foro Italico sind malerisch zwischen Hügel und Fluß beziehungsweise zwischen zwei Schnellstraßen, der Via Olimpica am Fuß des Hügels und der Uferstraße, eingeklemmt. Die Anlage dieser Verkehrsadern und den Bau des olympischen Dorfes auf dem gegenüberliegenden Ufer verdanken wir der Olympiade von 1960, mit deren Hilfe protzig ausgebaut wurde, was Mussolini anscheinend in zu kleinem Maßstab und zu bescheiden begonnen hatte.

Mussolinis Ideen zu Rom sind mit seinen eigenen Worten schnell wiedergegeben: «Alles Malerische ist dazu bestimmt, zusammenzubrechen, und muß zusammenbrechen im Namen der Würde, der Hygiene und, wenn Sie wollen, auch der Schönheit der Hauptstadt.» «Die Haltung des neuen Italieners formt sich im scharfen politischen Klima der Hauptstadt.» «Nun ist es notwendig, die Forderungen des antiken mit den Forderungen des modernen Rom in Einklang zu bringen.» «Auf eine Sache bin ich besonders stolz: die Römer wieder ans Meer zurückgeführt zu haben.» «Rom wird der Kulturmittelpunkt eines lateini-

Blick über die Stadt und die klassischen Hügel

schen Staatenblocks, der die Iberische Halbinsel mit umfaßt und von dort aus herüberreicht bis nach Lateinamerika.» Und Papst Pius der XII., ein Mann der gleichen Kultur, echote: «Rom ist das neue Zion und römisch jedes Volk, das im römischen Glauben lebt.» Darauf Mussolini: «Das Kreuz folgt den Zügen des Adlers.» Aus dieser Gesinnung erwuchsen als wichtigste Projekte faschistischen Bauens: die Universitätsstadt am Viale Regina Elena, der Abriß des Borgo, der den Blick auf Sankt Peter versperrt hatte, die Freilegung des Mausoleums des Augustus am Tiber, das heißt der Abriß der «armseligen Häuser, die das Grab des Kaisers ersticken», die Schneise des Corso del Rinascimento im Regierungsviertel, die Paradestraße über die Kaiserforen von der Piazza Venezia zum Kolosseum, die Anlage des EUR im Süden als künftige Mitte von Groß-Rom, des Rom am Meer, und schließlich das Foro Italico.

Das politische Kernstück der Anlage ist der **Piazzale del Foro Italico** mit einem großen Marmorblock als Weltkugel und der Viale del Foro Italico, ausgerichtet auf die Brücke des Duca d'Aosta, die, als «Heldenbrücke» 1938/39 gebaut, völlig verschieden ist von dem zehn Jahre zuvor fertiggestellten Ponte Matteotti. Rechts und links auf diesem «Forum» stehen Gedenksteine für die Etappen der «faschistischen Revolution». Der erste Stein verzeichnet den Kriegseintritt am 23. Mai 1915, der letzte während des Faschismus beschriftete Block berichtet von der Verkündung des Imperiums am 9. Mai 1936. Seltsamerweise wurde diese Geschichtsschreibung auch nach dem Sturz des Faschismus weitergeführt: 25. Juli 1943 Sturz des Faschismus, 2. Juni 1946 Volksentscheid für die Republik, Januar 1948 Verkündung der Verfassung. Wer dies veranlaßte, wollte die Kontinuität der Geschichte betonen und ver-

schwieg den eigentlichen Bruch: den Bürgerkrieg und die Resistenza.
Die Bodenmosaiken, altrömisch nachempfunden, enthalten Parolen wie: «Siegen ist wichtig, Kämpfen wichtiger» oder «Viel Feinde, viel Ehr» oder ganz lapidar «Duce, Duce, Duce». Alles ist hier erhalten geblieben, lediglich die Mosaiken bröckeln ab. Erhalten blieb auch der Obelisk mit der Aufschrift: Mussolini Dux. Was nicht in den ersten Monaten nach Bürgerkrieg und Resistenza fiel, blieb bestehen. Das gilt für die Monumente, aber auch für die Institutionen und Personen.
Rechts und links vom Obelisken rote Gebäude, die heute das Olympische Komitee und den Konzertsaal des Rundfunks beherbergen. Richtung Nordosten ein Durchblick zum Marmorstadion (**Stadio dei Marmi**), das mit sechzig überdimensionalen Athleten ausgeschmückt wurde, gestiftet von den sechzig Provinzen des Reiches. Die öden Muskelpakete geben nicht nur Aufschluß über das Menschenbild des Faschismus, sondern zeigen auch den Einfluß der Nazi-Kunst, der sich Ende der dreißiger Jahre massiv geltend machte.
Der Blick auf den riesigen Kasten des heutigen Außenministeriums hinter dem Marmorstadion ist ebenfalls eine Lektion in Sachen Kontinuität: Begonnen als «Palast der Partei», wurde der Bau 1956 vollendet.
Von hier ist es nicht mehr weit zur Milvischen Brücke, zu einer der wichtigsten und schönsten Brücken des alten Rom. Auf der volkstümlichen Piazza del Ponte Milvio sitzt man in der warmen Jahreszeit sehr schön unter Platanen an einfachen Holztischen. Der Weinausschank ist wie früher, und zum Wein kauft man sich am Stand oder Laden nebenan eine Pizza oder Porchetta (Schweinefleisch) mit Brot.

ZUM STERBEN SCHÖN

VON TRASTEVERE ÜBER DEN GIANICOLO

Ein Spaziergang durch Trastevere rund um die Piazza Santa Maria und hoch zum Gianicolo, wo sich zu Füßen Garibaldis ein wunderschöner Ausblick auf Rom öffnet. Vorbei am Leuchtturm und der Tasso-Eiche, kommt man schließlich zum Kloster Sant' Onofrio, bei dem wieder der Abstieg beginnt. Dauer ca. 1 1/2 Stunden.

Ob über die Tiberinsel, den Ponte Garibaldi oder den Ponte Sisto – man kommt immer nach Trastevere. Die gute Anbindung des ältesten Teils Roms auf der anderen Flußseite hat Tradition. Trans Tiberim war bereits in der voraugusteischen Zeit als Stadtviertel bekannt. Es siedelten sich damals vorwiegend Fremde und Fremdgläubige wie die ersten Juden an. Reste einer Synagoge hat man unter dem Vicolo dell'Atleta gefunden. Erst im 13. Jahrhundert zogen die Juden über den Tiber in die Straßenzüge, die ihnen später zum Ghetto wurden. Trastevere entwickelte sich derweil langsam zu einem proletarischen Viertel, in dem dann unter Pius IX. eine Tabakmanufaktur errichtet wurde. Dieser volkstümliche Charakter hat Trastevere zu dem Stadtteil werden lassen, wo viele Touristen Rom am römischsten finden – in dem sie allerdings auch besonders auf Handtaschen und Geldbörsen achten sollten. Die Lebendigkeit der Kneipenszene täuscht darüber hinweg, daß viele Arbeiter und Handwerker längst ihre Wohnungen und Werkstätten verlassen haben und das Viertel zur Piste mutiert ist.

Aber keine Frage: man sitzt schön zum Frühstück, Aperitif oder Schlummertrunk in den Bars der Piazza Santa Maria. Die dazugehörige Kirche **Santa Maria in Trastevere** ist vermutlich der älteste christliche Sakralbau Roms, Ausgrabungen haben Spuren einer dreischiffigen Basilika ans Licht gebracht, die unter Papst Ju-

Gefallen für die Freiheit – Garibaldi-Denkmal auf dem Gianicolo lius I. um 350 gegründet worden war. Der heutige Bau geht weitgehend auf einen Neubau aus dem 12. Jahrhundert zurück mit herrlichen Cosmatenarbeiten auf dem Boden und großartigen Apsis-Mosaiken (um 1140). Die wurden knapp 150 Jahre später von Pietro Cavallini mit einem bewegenden Realismus ergänzt, in denen sich byzantinischer und römischer Stil durchdringen. Die Kirche ist Ausdruck des großen Aufschwungs des Marienkultes im Mittelalter.

An einer kleinen benachbarten Piazza mit dem ehemaligen Karmeliterinnenkloster Sant'Egidio hat die **Basisgemeinde von S. Egidio** (neben dem Folkloremuseum) ihren Sitz. Jugendliche Katholiken hatten sich Anfang der siebziger Jahre auf Initiative von Andrea Riccardi zu der «Comunità» zusammengeschlossen, das leerstehende Kloster besetzt und mit der Restaurierung begonnen. Inzwischen wohnen sie dort legal und bekommen für ihre Arbeit sogar Geld von der Stadt. Aus kleinen Anfängen ist heute so etwas wie eine Bewegung auch in anderen Ländern (zum Beispiel in Würzburg) entstanden. Ziel ist die soziale Hilfe im kleinen wie im großen. Im kleinen heißt: S. Egidio-Helfer kümmern sich täglich um die Armen und Obdachlosen der Stadt. Einmal im Jahr gibt es zu Weihnachten ein Festessen im Kirchenraum von Santa Maria in Trastevere. «Wo essen? Wo schlafen? Wo sich waschen?» – Für das Meer der Obdach- und Mittellosen hat S. Egidio einen Führer herausgegeben mit wichtigen Anschriften von der Krankenversorgung bis zur Arbeitsvermittlung. Im großen heißt: S. Egidio ist es gelungen, durch persönliche Kontakte ihrer Mitglieder in Afrika zwischen Kriegsparteien zu vermitteln. Man konnte so zum Friedensschluß etwa in Mosambik beitragen.

Trastevere ist ein merkwürdiges Viertel von Luxuswohnungen, Massentourismus und Nepp, von samaritischen Gemeinschaften und Alteingesessenen, von verträumten Plätzen und witzigen Bars. Hier gibt es Off-Theater, einen **Botanischen Garten** mit Mammutbäumen, Palmen und Orchideen, herrliche Museen (**Palazzo Corsini, Villa Farnesina**), ein Frauenhaus – und stinkenden Autoverkehr, der einem vor allem abends und an Wochenenden alles verleiden kann.

Dem kann man entgehen, wenn man über Gassen (Vicolo del Cedro) und Treppen den Aufstieg zum Gianicolo sucht. Hinter der spanischen Kunstakademie liegt **San Pietro in Montorio**. Neben der Kirche tritt man in einen Hof, in dem Bramante 1502 einen kleinen Tempel an der Stelle gebaut hat, wo Petrus gekreuzigt worden sein sollte. Der Rundbau mit der leicht geschwungenen Kuppel drückt die Umsetzung antiker Idealvorstellungen in der Sprache der Renaissance vorbildlich aus und machte den jungen Architekten aus Urbino mit einem Schlag berühmt. In der Kirche nebenan finden sich herrliche Bilder aus dieser Zeit (u. a. eine Geißelung Christi von Sebastiano del Piombo gleich in der ersten Kapelle rechts). Unter den Altarstufen liegt die Beatrice Cenci begraben, ohne daß darauf eine Inschrift oder Grabplatte hinweisen würde. Diese römische Grafentochter aus dem 16. Jahrhundert hatte sich gegen ihren brutalen Vater aufgelehnt und ein Komplott zu seiner Ermordung geschmiedet. Auf Weisung des Papstes wurden sie und ein Mitwisser hingerichtet und hier begraben. Diese Geschichte bot Autoren späterer Jahrhunderte von Shelley über Stendhal bis zu Alexandre Dumas Stoff für Novellen und Dramen.

Das perfekte Panorama

Vorbei am Mausoleum für die im «Kampf um Rom» 1848–1870 Gefallenen stößt man auf die **Fontana Paola**. Dieser Schaubrunnen wurde im Frühbarock im Auftrag des Borghese-Papstes Paul V. nach der Renovierung einer antiken Wasserleitung aus der Zeit des Trajan errichtet. Modell hat die Fontana Felice gestanden. Die Passeggiata di Gianicolo führt direkt auf den großen Platz, der den Hügel krönt. Wer will, kann nach links einen Umweg durch die Porta San Pancrazio machen, eines der Stadttore, die beim ersten (gescheiterten) Versuch Garibaldis, Rom zu besetzen, heiß umkämpft waren. Heute findet sich an dem Piazzale Aurelio ganz friedlich die **Bar del Gianicolo**, wo es frischgepreßte Säfte gibt – und Stühle zum Sitzen. An der Mauer entlang erreicht man dann den Piazzale Gianicolo. Giuseppe Garibaldi, der auf dem dahinterliegenden Gelände 1848 am Ende der kurzen römischen Republik von vereinten französischen und päpstlichen Truppen noch geschlagen werden konnte, reitet auf einem Denkmal hoch zu Roß. «Roma o Morte» – sein Wahlspruch steht im Sockel gemeißelt: «Rom oder Tod!» Büsten von Garibaldi-Kämpfern geben dem Ort eine heroische Stimmung, die zum Glück durch eine kleine Puppenbühne, Andenkenverkäufer und Eiskarren aufgelockert wird. Vor allem aber breitet sich Rom zu unseren Füßen aus – ein Ausblick zum Genießen.

Die Straße schlängelt sich weiter zu Frau Garibaldi: Anita sitzt auf ihrem Denkmalspferd, in der einen Hand ihr Kind, in der andern die schußbereite Pistole. Vom Leuchtturm, der rechter Hand am Hügelkamm steht, hat man den vollständigsten Blick auf Rom: von der Peterskuppel (links zwischen den Bäumen) bis rechts zum Aventin und darüber hinaus. Der **Leuchtturm** ist übrigens ein Geschenk italienischstämmiger Argentinier. Abends läßt er sein Licht in den Nationalfarben grünweiß-rot kreisen. Ein Fußweg bringt uns jetzt zu den Resten einer sonderlichen Eiche, in derem Schatten Torquato Tasso an seinem Epos *Befreites Jerusalem* (eine märchenhafte Verklärung des ersten Kreuzzuges) gearbeitet hatte. Doch von der Natur ist nicht viel geblieben: Vom Blitz getroffen und gespalten, wird der nackte Rumpfbaum von schweren Eisenschienen gestützt. Zwei Straßenkehren tiefer liegen Kirche und Kloster **San Onofrio** (im August geschlossen), die Anfang des 15. Jahrhunderts vom Orden der Eremiten des heiligen Hieronymus gegründet wurden (schöner Kreuzgang, in der Kirche Fresken von Domenichino und Pinturicchio). Hier starb Tasso am 25. April 1595, einen Tag bevor er auf dem Kapitol zum Dichterfürsten gekrönt werden sollte. Laut Stendhal gibt es keinen schöneren Ort zum Sterben. Vom Kloster San Onofrio bergab erreicht man dann über eine breite Treppe die Via della Lungara, die auf gerader Linie zurück nach Trastevere – und durch die dicke Luft der Autoabgase führt.

KUL-TOUREN UND AUSFLÜGE

DER SCHÖNE SCHEIN DER MACHT

MUSEEN-TOUR

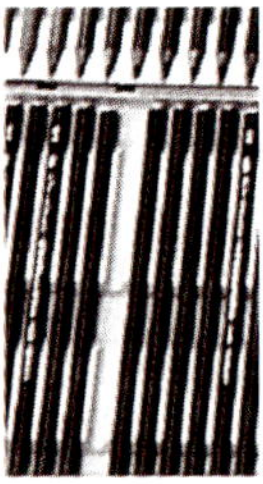

Roms wichtigstes Antikenmuseum findet sich bereits am Bahnhof. Im Umfeld der Piazza Venezia stößt man dann zwischen einem Wachsfigurenkabinett und den Musei Capitolini auf großartige Familiensammlungen in den Palazzi Colonna und Doria-Pamphili. Zu den Höhepunkten gehören das Casino der Villa Borghese und das Etruskermuseum in der Valle Giulia. Zwei Liebhabertips aus dem EUR-Viertel und Trastevere beschließen diese Museen-Tour.

Der Reisende, der am Bahnhof ankommt, kann gleich wieder aufbrechen zu einer Tour durch die römischen Museen. Gegenüber der Stazione Termini befindet sich das **Thermen-Museum** mit dem **Museo Nazionale Romano**. Es ist im sehenswerten Innenhof der Diokletiansthermen untergebracht und wird zur Zeit umgestaltet. In Zukunft sollen hier vor allem römische Inschriften und Grabsteine ausgestellt werden. Einige Höhepunkte der Antikensammlung, wie der Ludovisische Thron und der Tiber-Apoll, sind bereits im **Palazzo Massimo** (links vom Bahnhof am Largo Villa Peretti, Eintrittskarte zusammen mit dem Thermen-Museum) zu sehen, demnächst werden dort im zweiten Stock auch die berühmten Fresken aus dem Haus der Livia ausgestellt sein. Die große Ludovisi-Sammlung mit der Athena Parthenos wandert dagegen in den **Palazzo Altemps** (Via dei Soldati, unweit der Piazza Navona).

Im Umkreis von wenigen Schritten findet sich bei der Piazza Venezia eine außergewöhnliche Konzentration von Museen. Es beginnt ganz profan mit dem Wachsfigurenkabinett (**Museo delle Cere**), das zwar keinem Vergleich mit großen Vorbildern in London oder Paris standhält, doch kann man hier dem hundertjährigen Schlaf von Dornröschen ebenso beiwohnen wie der Sitzung des faschistischen Großrates im Juli 1943, auf der Benito Mussolini abgesetzt worden war.

Kitsch und Kunst für alle –
Straßenmaler auf der Via del Corso

Steingewordene Ideologie Mussolinis – Museo della Civiltà Romana

Über die Galleria Colonna (Achtung: nur sonnabends geöffnet), die gleich dahinter zu erreichen ist, reden wir später. Im **Palazzo Venezia**, der zu Unrecht von vielen Besuchern links liegengelassen wird, ist ein überaus reich bestücktes Museum dekorativer Kunst (von Gobelins bis Majolika, Terrakotta-Skulpturen bis Waffen) untergebracht. Und auf dem Kapitol folgt einer der Höhepunkte römischer Sammlungen: im **Palazzo Nuovo** antike Meisterwerke (Discobolus, Sterbender Gallier) und gegenüber im **Palazzo dei Conservatori** Statuen wie der Dornauszieher oder Bilder wie Caravaggios jugendlicher Johannes.

Päpste als Mäzene

Selbst wenn man den Vatikan ausklammert (siehe S. 48 f), hat wohl kaum eine Stadt so viele Gemälde-

galerien und Museen vorzuweisen wie Rom. Die Crème de la crème der Malerei, vor allem des 16. und 17. Jahrhunderts, ist hier versammelt: von Raffael bis Velazquez, Tizian bis Guercino, Holbein bis Reni, Dürer bis Carracci, Lotto bis Rubens. Diese geraubten, gekauften oder in Auftrag gegebenen Kunstsammlungen stehen im Zusammenhang mit der Familienpolitik der Päpste.

Eine Voraussetzung für die erstaunliche Vielseitigkeit der Sammlungen lag darin, daß die Spitzenpolitiker des Kirchenstaates nicht einer Dynastie entstammten, sondern nach oligarchischem Prinzip aus einer relativ großen Zahl von Familien ausgewählt wurden. Dabei stellte nur in Ausnahmefällen, wie den Rovere und Medici, eine Familie mehr als einen Papst. Belebend wirkte die Tatsache, daß die meisten Päpste nicht einmal aus Rom oder aus dem Kirchenstaat kamen, sondern potenten Familien Norditaliens entstammten. Von den 23 Päpsten der Zeit zwischen 1585 und 1774 kamen mehr als zwei Drittel aus Städten anderer Staaten, zum Beispiel aus Florenz (Barberini, Corsini), aus Siena (Chigi), aus Como (Odescalchi) oder aus Venedig (Ottoboni). Fast alle Päpste nutzten ihre Herrschaftsrolle aus, um die Bedeutung ihrer Familie wirtschaftlich wie sozial zu stärken und ihren politischen Einfluß für längere Zeit zu sichern (Nepotenwesen).

Zu einer Übersiedlung nach Rom gehörte der Bau eines repräsentativen Palastes ebenso wie die Schaffung einer repräsentativen Rolle. Diese Rolle konnte man nicht mehr wie früher durch militärische Heldentaten, durch kaufmännische Erfolge oder diplomatische Schachzüge erringen. An die Machtperipherie Europas gedrängt, konnte man nur noch mit Kunst glänzen: als Mäzen – solange der «Familienpapst» an der Macht war, standen dafür sogar öffentliche Gelder zur Verfügung – und als Sammler. Pracht und Bildung waren Zeichen von Macht, zum eigenen Ruhm richtete man ein «Museum» ein, was im Lateinischen soviel bedeutete wie «Ort für gelehrte Beschäftigung», «Bibliothek», «Akademie». Es entstehen im 17. und 18. Jahrhundert in den Palästen der herrschenden Familien private Sammlungen von Gemälden und Skulpturen, die heute noch zum Teil zugänglich sind (**Galleria Colonna**, **Doria Pamphili**, **Palazzo Spada**) und einen Blick in die schloßartigen Repräsentationsräume des Barock gestatten, mit denen die Familien jede für sich ihren kleinen «Hof» schufen.

Ein Teil dieser Sammlungen ist in den Staatsbesitz gekommen und zum Grundstock von Museen im heutigen Sinne geworden. Das heißt, sie haben teilweise den Charakter der privaten Sammlung verloren und geben dafür einen Überblick über eine bestimmte Periode (die **Galleria Nazionale** im Palazzo Corsini beispielsweise über das 17. Jahrhundert). Dazu gehören auch die **Galleria Nazionale di Arte Antica** im Palazzo Barberini sowie das Museum und die Gemäldesammlung **Borghese**. Der Besuch der Galerien ließe sich unter verschiedenen Aspekten organisieren. Man kann sich auf die Suche nach bestimmten Malern (zum Beispiel Caravaggio) oder Schulen machen. Man kann sich aber vor allem auch ansehen, *wie* gesammelt und repräsentiert wurde. Das «Durcheinander» in den heute noch privaten Sammlungen (Colonna, Doria Pamphili) zeigt, wie weit diese Galerien von den didaktischen Ansprüchen moderner Museen entfernt sind, hier sollte man nichts über die Maler lernen, sondern etwas über den Hausherrn.

Ein solches Beispiel ist auch der **Palazzo Corsini**. Neben der Galerie hatte der Papstneffe Neri Corsini im 18. Jahrhundert eine Bibliothek eingerichtet, die nach seinem letzten Willen nicht aus Trastevere weggebracht werden darf. Es war schon damals eine öffentliche Bibliothek, was den Aufklärungskurs der Corsinischen Familienpolitik unterstrich. Neri Corsini gehörte zu den Jansenisten, einer Reformgruppe innerhalb der katholischen Kirche, die offiziell nicht geduldet wurde. Daß ausgerechnet er als Kardinalstaatssekretär einer «verbotenen» Vereinigung angehörte, zeigt, wie stark die äußeren Bewegungen auch in die Kirche hineinwirkten. In der Bibliothek, die heute zur Accademia dei Lincei gehört, kann man einen Wandfries aus dem 18. Jahrhundert sehen, in dem Kirchenväter und Gelehrte abgebildet sind – Gelehrte, deren Bücher damals auf dem Index standen.

Wie repräsentiert wurde, zeigt sich auch heute noch im frisch renovierten **Casino der Villa Borghese**. Es wurde von einem Neffen Papst Pauls V. Borghese eigens in Auftrag gegeben, um die Skulpturensammlung der Familie aufzunehmen. Das Museo Borghese (vor allem mit den Skulpturen Berninis) ist eines der eindrucksvollsten seiner Art in Rom. Die Gemäldegalerie im ersten Stock, mit Werken Raffaels, Tizians, Caravaggios und vieler anderer großer Künstler, war ursprünglich im Stadtpalast der Familie untergebracht.

Ein letztes Beispiel dieser Art Familiensammlungen ist die **Galleria Spada**. Neben der Gemäldesammlung lohnt ein Blick in den Hof, der jenseits der Bibliothek eine mit perspektivischen Mitteln vorgetäuschte Kolonnade verbirgt, die einen zweiten großen Innenhof vortäuscht. In Wirklichkeit ist der Gang nur neun Meter lang, der Boden steigt an, das Gewölbe wird niedriger, und die scheinbar lebensgroße Figur im Fluchtpunkt ist knapp einen halben Meter groß. Borromini hat diese «Augentäuschung» für die Familie Spada entworfen – sichtbarer Ausdruck einer Zeit, die sich «heiter» von ihrer Vergangenheit verabschiedet hat.

Wandmalereien für Alpträume

Nach einem ganz anderen Geist orientiert sind staatliche Museen wie etwa das Etrusker-Museum (**Museo Nazionale di Villa Giulia**) oder die Nationalgalerie für moderne Kunst (**Galleria Nazionale d'Arte Moderna**), die nur wenige Schritte hinter der Villa Borghese liegen. Doch auch hier darf man sich keine vorbildiche Museumsdidaktik erwarten. Beide Museen bestechen allein durch die Exponate (zum Beispiel der *Sarkophag der Eheleute* in der Villa Giulia oder die Bilder der Scuola Romana in der Nationalgalerie. Dieses Museum ist trotz der Bilder von Balla, Boccioni bis De Chirico eines der meistunterschätzten Museen Roms – und das nicht nur wegen des neuen Museum-Shops.

Am Schluß zwei ganz unterschiedliche Liebhaberhinweise: das «verstaubte», aber in seiner Art einzigartige **Museo della Civiltà Romana** draußen im EUR-Viertel mit einem riesigen Modell der Stadt Rom zur Zeit Konstantins. Und die **Villa Farnesina**, die sich ursprünglich der Sieneser Bankier Agostino Chigi Anfang des 16. Jahrhunderts in der Via della Lungara (Trastevere) von Baldassare Peruzzi hat bauen lassen. Eigentlich ist die Villa kein klassisches Museum und stellt vor allem sich selbst aus – aber wie! Da gibt es wunderschöne Fresken von Raffael (Sage von Amor und Psyche, Triumph der Nymphe Galathea), Trompe-l'œil-Wandmalereien von Peruzzi, Sebastiano del Piombo entwarf Szenen aus den Metamorphosen des Ovid, und im Schlafzimmer des Bankiers schuf Sodoma seine beiden Meisterwerke: die *Begegnung Alexanders mit den Frauen des Darius* und die *Hochzeit mit Roxane.*

DIE UNSICHTBARE STADT

LITERA-TOUR

Unterwegs zu römischen Autoren von Belli bis Pasolini. Dacia Maraini zeichnet eine Landkarte des literarischen Rom.

Was kann ein Schriftsteller, eine Autorin mit Rom anfangen? Viele haben hier gelebt und sind hier gestorben. Die Stadt hat auf die meisten anziehend und erdrückend zugleich gewirkt. Rom war so etwas wie eine faszinierend-abstoßende Behausung, aber selten Gegenstand ihrer Literatur. Aus der Fremde sind sie gekommen, natürlich auch Deutsche. Vom vielzitierten Goethe – dessen Wohnstatt beim Maler Tischbein in der Via del Corso Nr. 18, als Museum hergerichtet und frisch renoviert, 1997 wiedereröffnet wurde – bis zu Ingeborg Bachmann, die in der Via Bocca del Leone lebte. In Rom wurde Friedrich Christian Delius geboren, und in ihrem Haus in den Albaner Bergen starb Marie Luise Kaschnitz. «Es ist schwer, in Rom zu leben», hatte sie geschrieben, «genauer gesagt, sein eigenes Leben zu leben.» In der Villa Massimo wurden (und werden) ausgewählte Literaten mit Rom bekannt gemacht. Nicht alle hat das beeindruckt. Für Ludwig Harig roch die Schönheit «nach Moder und Muff. Du siehst die Dinge und Gegenstände mit deinen befangenen Augen, und für dich sind vatikanische Teppiche und borghesische Tapeten Papp und Plunder aus ungelüfteter Vergangenheit.» Man kann sich dem literarischen Rom auf dem Friedhof der «Andersgläubigen» bei der Cestius-Pyramide annähern, dem **Cimitero Acattolico**. Abseits der Geschäftigkeit findet man hier Namen wie im «Club der toten Dichter». Die von Wilhelm Friedrich Waiblinger, Percy B. Shelley oder John Keats zum Beispiel. Die Internationalität des Ortes wird durch einige nichtkatholische Italiener noch verstärkt: So bewahrt man hier die Asche des marxistischen Philosophen Antonio Gramsci auf, der nach langer Haft unter dem Faschismus in einer Klinik in Rom starb. Pier Paolo Pasolini hat angesichts seines Grabes das Gedicht *Gramscis Asche* geschrieben, in dem er Abschied nimmt von den Idealen der Geschichte – und den zerstörerischen Rhythmus von Konsum und Alltag beklagt: «Ich gehe und laß dich zurück im Abend, / der, wenn auch traurig, so süß / auf uns Lebende fällt, mit dem wächsernen Licht, / das hier im Viertel zu Schatten gerinnt / und es seltsam erschüttert. Größer / wird es, / leerer umher, und entzündet von fern / ein gieriges Leben, in dem das rauhe / Rollen der Trambahn, der menschlichen Rufe / in Mundart zu einem schwachen und reinen / Konzert sich verwandelt ...»

Fundstücke auf dem Flohmarkt
Porta Portese

Majestätisch geben dreißig bis vierzig Katzen zwischen Friedhof, Pyramide und Stadtmauer ihrer Verachtung menschlicher Rastlosigkeit Ausdruck.

Das andere Bildnis der Stadt

Wie könnte man eine literarische Karte Roms zeichnen? Wir haben Dacia Maraini gefragt, die seit ihrer Jugend am Tiber lebt. Einige ihrer Bücher spielen in dieser Stadt, wie der Roman «Stimmen», ein Kriminalfall aus feministischer Sicht, der in den Gassen zwischen der alten Tabakmanufaktur in Trastevere und dem Tiberufer angesiedelt ist. Hier, am Ende des Viale Trastevere, steht das Denkmal für den römischen Dialektdichter Giuseppe Giacchino Belli (1791–1863), der mit derb-satirischen Sonetten das Rom der Kleriker und des Vatikans gegeißelt hatte. Er war der späte Gegenbeweis zu Dante Alighieri. Dante hatte ein paar hundert Jahre vorher in seiner Schrift *De vulgari eloquentia* behauptet, daß der römische Dialekt der scheußlichste aller italienischen Dialekte sei.

Ein anderer, wenngleich weniger scharfzüngiger Heimat- und Dialektdichter war Trilussa (eigentlich Carlo Alberto Salusuri, 1871–1950), der zu Lebzeiten äußerst populär gewesen war. Als Statue steht er ein paar hundert Meter weiter tiberaufwärts an der Piazza Trilussa, sein Arbeitszimmer ist im **Museo del Folclore** an der Piazza San Egidio in Trastevere ausgestellt.

Wenn man dem Tiberlauf weiter flußaufwärts folgt, kommt man – vorbei an Engelsburg und Justizpalast und nach einer weiteren Kurve – schließlich zum Ponte Regina Margherita, der die Piazza del Popolo mit Prati verbindet. Hinter der Brücke beginnt rechts das Viertel zwischen Via Flaminia und Tiber, in dem Dacia Maraini aufgewachsen ist und in dem sie heute noch lebt. Sie hatte in den sechziger und siebziger Jahren zusammen mit ihrem zeitweiligen Lebensgefährten Alberto Moravia und ihrem Freund Pier Paolo Pasolini das literarische Leben Roms der Salons geprägt. Sie unterstützte aber auch das Kulturzentrum in der Vorstadt Centocelle, wo es für 120000 Einwohner nicht einmal ein Kino gab. Im Ausland ist sie vor allem als Mitbegründerin der Frauenbühne «Teatro alla Maddalena» (Piazza Campo Marzio) bekannt geworden, das von 1973 bis 1990 als Bühne, Kultur- und Frauenzentrum existierte.

Nach dem Rom von Belli und Trilussa, so beginnt Dacia Maraini ihre ganz persönliche Romkarte, müsse man das Rom von Gabriele D'Annunzio (1863–1938) zeichnen. Das sei das Rom des Jugendstils und der Salons, das Rom der Duelle und der Ausfahrten mit den Kutschen, das kleine, ästhetisierende wollüstig provinzielle Rom. Vor allem in dem Roman *Il piacere* (*Lust*) lieferte D'Annunzio wundervolle Rombilder.

Dem folgt das Rom Gaddas. Carlo Emilio Gadda (1893–1973) beschrieb mit *Die gräßliche Bescherung in der Via Merulana* das Rom des Bürgertums, das hinter zugezogenen Vorhängen von nationaler Größe träumt, während in den dunklen, ungelüfteten Wohnungen die Dinge verschimmeln: Speisen, Bücher, Ideen ... In solch einem Klima kann alles passieren und wird doch das meiste verschwiegen und unterdrückt. Die Via Merulana führt von Santa Maria Maggiore zum Lateran. Hier stehen die großen Palazzi, die um die Jahrhundertwende gebaut wurden. In Nr. 219 (Scala A) findet man – literarisch – den Tatort.

Alberto Moravia (1907–1990) hat zwei Seiten Roms beschrieben. Das (idealisierte) volkstümliche Rom der Gassen, der Ausflüge ans Meer, der Träume von einem besseren Leben. Und das bürgerliche Rom im Faschismus, das der Gleichgültigen, das in Parioli angesiedelt ist. Elsa Morante (1918–1985) ist mit einem großen Roman (*La Storia*) die Erzählerin der Kriegsjahre, des Ghettos. Und schließlich Pier Paolo Pasolini (1922–1975), der in seinen Vorstadtromanen ein ganz anderes Rom beschreibt. Ein Rom, das nach dem Krieg außerhalb der Mauern planlos zu wachsen beginnt. Das Rom des Subproletariats, seiner archaischen Stärke und seines Untergangs.

Trastevere, das Ghetto und die Via Merulana, jugendliche Körperlichkeit und dandyhafter Ehrenkodex, das Teatro alla Maddalena und das Belli-Denkmal am Tiber: in dem literarischen Stadtplan von Dacia Maraini bilden verschiedene Zeiten und unterschiedliche Charaktere Puzzleteile eines ungewöhnlichen Rombildes.

Der Literaturbetrieb

Aber ist dies eine literarische Stadt? Von einem literarischen Leben ist zur Zeit wenig zu spüren. Das Verlagswesen bleibt nach wie vor in Norditalien (Mailand, Turin) konzentriert. Unter den römischen Verlagen (Newton Compton, Teoria, E/O, Editori Riuniti) überrascht in diesen Jahren vielleicht der kleine Donzelli Editore in der Via Mentana bei der Porta Pia. Mit einem politisch anspruchsvollen und aktuellen Programm hat sich Donzelli in den neunziger Jahren zu einer Art Feltrinelli Mittelitaliens entwickelt. Apropos: Die Buchhandlungen der Stadt sind noch immer das beste Schaufenster der Literatur, und die Feltrinelli-Läden haben die Sonntagsöffnung auch in Rom populär gemacht. Hier kann man manchmal Buchvorstellungen und Diskussionsveranstaltungen beiwohnen.

Zum Schluß ein Abstecher in ein Museum, das auf den ersten Blick wenig mit Literatur zu tun hat. Ganz in der Nähe der Wohnung Dacia Marainis liegt die **Villa Giulia** mit dem berühmten Etruskermuseum. Im Nymphäum des Gebäudes wird jedes Jahr im Sommer der mondäne Strega-Literaturpreis während einer riesigen Abendparty verliehen. Er wurde 1947 von den «Sonntagsfreunden» der Journalistin Maria Bellonci ins Leben gerufen. Die Veranstaltung ist heute wie damals ein Ereignis – heute allerdings mehr als exklusiver Rahmen für eine Direktübertragung im Fernsehen.

Auch Luigi Malerba hat sich in das Ehrenbuch der Strega-Gewinner eintragen können. Der Wahl-Römer mit Geburtsort Parma und einem Wochenendsitz in Orvieto hat viele seiner Romane in Rom angesiedelt, zuletzt den ironisch-spannenden Renaissancekrimi *Die nackten Masken*. Was bedeutet Rom für Malerba? «Man kann in Rom leben und Rom lieben, vorausgesetzt, man verläßt die Stadt immer wieder einmal, ist immer mit einem Fuß auf der Flucht und kann dann mit neuer Liebe zurückkommen und sich dieser Ideologie anpassen, die es der Stadt möglich macht, sich jede Kritik großzügig einzuverleiben und in dem ständigen Widerspruch zu leben, Giordano Bruno auf dem Scheiterhaufen zu verbrennen und ihm dann ein Denkmal zu errichten.»

ROM GEHT DURCH DEN MAGEN

KULINARISCHER SPAZIERGANG

Ein Bummel vom Frühstück mit Espresso und Cornetto über das Pranzo bis zur Cena, dem Abendessen, das inzwischen zur Hauptmahlzeit geworden ist. Dabei lernt man die Spezialitäten der römischen Küche kennen, zwei besondere Märkte und mehrere Espresso-Bars.

Ein richtiger italienischer Tag beginnt mit einem *caffè*, meist einem *espresso*, möglichst am Bett serviert mit kleinem Gebäck. Der scharfe Espressogeruch in der Küche, das Röcheln der Maschine beim Auslaufen des Kaffees, das leise Geklirr der Tassen zeigen an, daß die Welt in Ordnung ist. Meist vollzieht *la mamma*, oft aber auch der Herr des Hauses diesen lebenswichtigen Ritus. Die Güte des espresso hängt von vielen Faktoren ab: Ebenso entscheidend wie die Qualität des Kaffees und der Röstung ist die des Wassers. Wichtig sind ferner der Zustand der Maschine, Intensität und Dauer des Kochens, das Herumrühren des eingelaufenen Kaffees noch in der Maschine. Nach dem Aufstehen trinkt man einen *caffè latte* oder in der Bar einen *cappuccino* und ißt ein *cornetto* oder eine *pasta*. In den römischen Büros erscheint gegen elf ein *ragazzo* und serviert nochmals, oder man geht rasch runter in eine Bar und läßt die Bürotür offen zum Zeichen, daß man (wahrscheinlich) sofort wieder zurück ist.

Die Hotels sind auf Frühstück nicht eingerichtet, oder sie sind es nur unter dem Druck des Tourismus und nicht aus Überzeugung. Am besten geht man daher in die nächste Bar, das ist billiger und spannender.

Pranzo, das traditionelle Mittagessen, vollzieht sich in der Regel zwischen eins und drei und besteht aus einem *primo* (meist *spaghetti*, auch ein *brodo*), einem *secondo* (Fleisch oder Fisch mit Gemüse), Käse, *frutta*/dessert und einem *caffè* (diesmal ohne Milch, also kein *cappuccino*!) samt anschließendem Nickerchen. Doch hat sich an dieser Sitte in den letzten Jahren viel geändert. Werktags halten Arbeiter und Angestellte ein solches Essen in einer Trattoria oder zu Hause einfach nicht mehr durch. Das schaffen sie zeitlich, wegen Verkehr und neuer Bürozeiten, physisch und finanziell nicht mehr. Eine neue Ernährungsweise und Eßkultur setzen sich durch: Vor allem in der Nähe der großen Büros sind Weinausschänke und Bars dazu übergegangen, in Hinterzimmern oder an der Theke auch kleine Gerichte oder Salate zu servieren. Hier trifft sich meist Stammkundschaft, und das ist

Hier kaufen Köche ein – Fischstand auf dem Campo de' Fiori

Cappuccino, Caffè corretto oder ein Espresso?

eine Garantie für Qualität. Außerdem hat sich eine richtige Snackbar-Kultur entwickelt, nicht amerikanischer, sondern italienischer Prägung, mit einer aufregenden Vielfalt von *tramezzini, medaglioni, panini, pizze,* die man mit einem Glas Wein, Mineralwasser oder Saft zu sich nimmt. In der *Tavola calda* oder in einer *Rosticceria,* das heißt in den entwickelteren Formen der Garküchen, findet man eine breite Auswahl gekochter Speisen, die man auf Barhockern verzehren oder mitnehmen kann. Unter den Rosticcerien gibt es auch teure Prachtexemplare. Und schließlich sind die Pizzerien auf dem Vormarsch, die es früher in Rom in dieser Zahl nicht gab. In den Restaurants gilt es nach wie vor als unfein, nur einen Teller Spaghetti, also nur ein *primo,* zu essen. Doch eine Pizza, die es meist nur abends gibt, gilt als vollständige Mahlzeit. Die *pizze a taglio* kauft man sich zum Mitnehmen in den kleinen Geschäften, die sich zusehends verbreiten.

Diese neuen Formen haben die alte *cucina* oder die *osteria* ersetzt, in denen früher die ärmeren Leute das mitgebrachte Essen auspackten oder einen Teller Spaghetti, Bohnen beziehungsweise ein Stück *porchetta,* Schweinernes, aßen.

Das Abendessen: *cena,* ist durch die «Entwertung» des *pranzo* zum eigentlichen Essen geworden: Hauptmahlzeit und Augenblick intensiven Zusammenseins zwischen halb neun und elf Uhr in der Familie, mit Freunden, zu Hause oder auswärts. Vor allem im Sommer geht man in Rom häufig und ausgiebig abends essen, in hellen Haufen, bunt zusammengewürfelt, wer mitkommt, kommt eben mit. Bezahlt wird meist *alla romana,* das heißt,

die Rechnung *per tutti* wird pro Kopf umgelegt, unabhängig davon, was der einzelne bestellt hat. Es gilt als unschön, Rechnungen auseinanderzufieseln – lieber glaubt man langfristig an eine ausgleichende Gerechtigkeit, kurzfristig an die Großzügigkeit oder Selbstdisziplin der Tischgenossen. Im übrigen gehört das Einladen zur römischen Alltagskultur. Schon morgens in der Bar beginnt das noble Streiten, wer dem anderen den *caffè* zahlen darf, und Leute, die dabei immer den kürzeren ziehen und keine Gelegenheit finden, sich ab und zu zu revanchieren, verlieren irgendwann auch ihr Gesicht.

Römische Spezialitäten

Die großen Kochbücher vermerken lakonisch: «Eine römische Küche gibt es nicht.» Gleichzeitig ist aber allgemein bekannt, daß man in Rom fast überall gut und im Verhältnis zu anderen italienischen Städten auch billig ißt.

Die römische Campagna bestand jahrhundertelang aus desolaten Feldern, Weiden und Sümpfen und bot keinerlei materielle Grundlage für gastronomische Glanzleistungen, wie zum Beispiel die fruchtbaren Gärten von Neapel, die Ölhaine und Gemüsefelder der Toskana, die Reisfelder und der intensive Landbau der Lombardei und Piemonts. Die gastronomischen Bezugspunkte der Stadt waren die Castelli Romani und die Abruzzen. Von den Castelli kamen der Wein, fast ausschließlich Weißwein (Rotwein ist daher in der römischen Küche nicht üblich), Kastanien, Saubohnen und Schweinefleisch. Aus den Abruzzen kamen im Winter die riesigen Schafherden in das römische Umland und damit, vor allem im Frühjahr, die große Spezialität: *l'abbacchio*, gegrillt oder als Braten. Lammfleisch, Schweinefleisch und Kalbfleisch (*saltimbocca alla romana*, mit Schinken und Salbei gekocht) sind die hauptsächlichen Fleischarten, die in Rom gegessen werden. Wie alle armen Küchen hat auch die römische viel Phantasie darauf verwandt, die Innereien der Tiere zuzubereiten: *trippa alla romana*, römische Kutteln, sind eine der ganz großen Spezialitäten. Zu dieser Art Essen gehören auch die *coratella* (Innereien vom Lamm), die *coda alle vaccinara* (Kuh- oder Ochsenschwanz, zubereitet nach Art der römischen Campagnahirten), *fegatelli di maiale* (Schweinsleber mit Lorbeerblättern) und vor allem die *pagliata* oder *pajata* (*rigatoni* oder *spaghetti* mit dem kleingeschnittenen, scharfen Zwölffingerdarm eines Kalbs), die unter den römischen *primi piatti* zusammen mit den äußerst empfehlenswerten *bucatini* oder *spaghetti alla matriciana* (Spezialität aus Amatrice, in den Sabinerbergen: Sauce aus Bauchspeck, *peperoncino* und *pecorino*) den Ehrenplatz einnehmen.

Zu den römischen Beilagen zählen vor allem *carciofi* (Artischocken), auf vielerlei Art zubereitet, im Ghetto zum Beispiel seit über zwei Jahrtausenden *alla giudia*, ferner *piselli al prosciutto* (Erbsen mit Schinken), *cicoria* und *broccoli* (Zichorie und Broccoli, am besten *saltate* in *padella*, in der Pfanne zubereitet mit Knoblauch und *peperoncino*). Fast nur in Rom gibt es im Winter die *insalata di puntarelle*, eine mit Knoblauch und Sardellen angemachte, stark gekräuselte, bittere Salatpflanze. Die Krönung eines gut gemischten Salats ist die *rughetta*, die ihm einen eindringlichen, vollen Geschmack gibt. Ein typisch römisches Kraut. Ein Wirt, der dem gemischten Salat *rughetta* beimischt (ruhig darum bitten), versteht sein Handwerk. Empfehlenswert sind schließlich noch die *funghi trifolati*, geschnitzelte Champignons, gezüchtet in den Steinbrüchen und Grotten der römischen Campagna.

Da der Zugang zum Meer jahrhundertelang versumpft und uninteressant war, spielt Fisch in der römischen Küche nur eine geringe Rolle. Verbreitet war vor allem der Armeleutefisch *baccalà* (Stockfisch, Dorsch).

Knackige Zutaten vom Markt

Leichter als anderswo verfolgt man in Rom noch die Spur, die vom Mittagstisch zum ursprünglichen Produzenten der Nahrungsmittel zurückführt. Man braucht nur einen der Märkte zu besuchen, die täglich in jedem römischen Viertel stattfinden.

Niederlassungsbeschränkungen für große Warenhäuser und Supermärkte schützen die Vielfalt des römischen Einzelhandels. An jeder Ecke befindet sich noch ein Lebensmittel- oder Gemischtwarengeschäft, und die römischen Hausfrauen kaufen in der Regel bei «ihrem» Krämer ein, besuchen allerdings auch regelmäßig, um zu sparen, die Märkte. In fast jedem Viertel gibt es überdachte *mercati rionali*. Der schönste offene Markt ist der am Campo de'Fiori, die größten und billigsten Märkte liegen an der Piazza Vittorio und am Trionfale (Via Andrea Doria). Demnächst, das kann in Rom Jahre dauern, soll der Markt der Piazza Vittorio auf das Gelände der alten Milchzentrale und der ehemaligen Kasernen zwischen Via Turati und Via Principe Amedeo verlegt werden, um die bedeutenden Baumbestände des Platzes als Park nutzbar

zu machen und um der gegenwärtigen Anlage den chaotischen Zuschnitt eines Basars zu nehmen.
Die besondere Qualität dieser Märkte liegt nicht nur in der Reichhaltigkeit des Lebensmittelangebots, sondern auch in der Verschiedenheit und Fülle des Publikums, das sich hier trifft. Auf beiden Märkten wird immer noch lebendes Geflügel angeboten, an einigen Ständen gibt es den Wein von den Castelli, die Salatstände führen nicht nur gezogenen Salat und Gemüse, sondern auch auf den Wiesen gesammelte Kräuter, Zichorie, wilde Spargel. An manchen Tagen sind auch die Fischstände besonders reich bestückt mit billigem *pesce azzurro* (Sardinen, Makrelen) und *cefalo* (Meeräsche), mit Muscheln, Meerspinnen und mit der ganzen Fülle von *scampi, mazzancolle, gamberi* neben Seezungen und teuren *orate* (Goldbrassen) und *spigole*. Hier einzukaufen ist eine Kunst für sich, die dem Betrachter weitgehend verborgen bleibt, von der man jedoch beim Zuschauen und Herumschlendern eine Ahnung erhält.

Kleine Genüsse zum Probieren

Wer nach den großen Genüssen Beschwerden verspürt, besorge sich in einer *farmacia* ein Alka-Seltzer oder nehme in einer Bar einen warmen China zu sich (*china calda*), und schon kann es weitergehen. Doch bedenke man immer, daß der kulinarische Spaß an Rom sich nicht im «großen Fressen» erschöpft. Roms Straßen sind auch mit zahlreichen kleinen Genüssen gepflastert. Die Lebenskünste, die sich in einem Zweifrontenkrieg befinden gegen die Verbilligung des Essens durch Chemie und gegen seine Verteuerung durch internationale Feinschmeckerei, finden praktisch an jeder Ecke einen Kitzel für den Gaumen. Zur Anregung in wilder Reihenfolge: unbedingt einmal *porchetta* essen am Ponte Milvio oder am Bahnhof, Via Viminale 2, einmal alle *tramezzini* (über 50 Sorten) durchprobieren in der **Casa del tramezzino**, Viale Trastevere, einmal bei **Cecere** in der Via San Francesco a Ripa zwischen Mitternacht und Morgengrauen die backofenfrischen *cornetti* kosten oder tagsüber die *pasta* mit *zabaione*, einmal den unterschiedlichen Geschmäckern des *espresso* auf die Schliche kommen durch systematischen Vergleich zwischen der **Tazza d'Oro** und **Bar S. Eustachio**, beide in Pantheonnähe, einmal den Geschmackshorizont erweitern durch sizilianische *dolci* in der **Bar Europeo** an der Piazza S. Lorenzo in Lucina, einmal einen *baccalà* versuchen am **Largo dei Librari**, gleich beim Campo de'Fiori, oder hin und her bummeln am Campo de' Fiori zwischen der *latteria* im Vicolo del Gallo und der *latteria* zu Beginn der Via dei Giubbonari, einmal statt Coca-Cola den Chinotto probieren, eine italienische Version und darum weniger berühmt. Und einmal sollte man sich fragen, warum uns an der Bar nur immer Campari und Martini als Getränke einfallen, während auf den Regalen noch dutzendweise andere Flaschen stehen, zum Beispiel der unsägliche Caffè Sport (Kaffeelikör), der Marsala secco, der Aperol, Cynar, Ramazzotti … Gesünder sind sicher die Fruchtsäfte, *succo di frutta*, besser noch die Säfte ausgepreßter Früchte, *spremuta di … chi vivrà, vedrà*, wer überlebt, sieht weiter.

KAPITALE DER LÜSTE

NACHT-TOUR

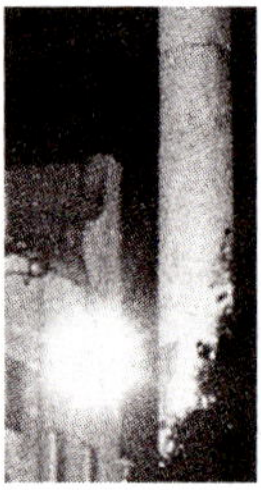

Durch die Musikclubs, Cocktailbars und Diskotheken des pulsierenden Testaccio-Viertels, dann wechselt man über den Tiber nach Trastevere, um ins «afrikanische» Leben abzutauchen, oder zieht weiter zum Campo de' Fiori und zur Piazza Navona. Wem das Leben auf den Plätzen zu langweilig erscheint, der begibt sich zu den Edel-Discos bei der Via Veneto oder im Parioli-Viertel. Wenn der Morgen graut, treffen sich alle zum ersten (oder letzten) Hörnchen des Tages an der Piazza Venezia.

Richtig schwarz wird er nie, der Himmel über Rom. Die inzwischen über die gesamte Welt verteilten schwarzen Postkarten mit gelber Aufschrift «Rome by night» sind auch in der Heiligen Stadt zu kaufen, doch mit den falschen Farben. Der römische Nachthimmel ist nicht schwarz, sondern veilchenblau. Aber spielen sich nächtliches Kneipenleben und Discorummel nicht in verräucherten Innenräumen ab? Wen also interessiert die Farbe des Himmels? Doch in Rom ist auch das Nachtleben ein wenig anders. Vielleicht zu Beginn einige grundsätzliche Dinge. Wer vor 24 Uhr in einer Disco auftaucht, wird meist gähnende Leere vorfinden und eine Weile warten müssen, bis sich die Hallen füllen. Wer einen Musikclub wählt, um dort vielleicht die Stunden vor Mitternacht zu verbringen, wird öfters auf das Phänomen der «Tessera», des Mitgliedsausweises, stoßen: ein Kärtchen, das man zusätzlich zur Eintrittskarte erwerben muß, um eingelassen zu werden. Das hat seine Gründe: Viele Clubs haben sich als Associazione Culturale (Kulturvereine) organisiert und können deshalb in ihre Lokale nur Mitglieder einlassen, was mit dem Mitgliedsausweis gelöst wird. Damit umgehen sie langwierige Prozeduren für Genehmigungen, stehen aber trotzdem auf

Die große Freiluft-Arena der Nacht –
Via dei Fori Imperiali

legalem Boden. Manchmal erreicht man nach einigem Bitten den Einlaß auch ohne Tessera, aber es kommt immer auf den Türsteher an.

Gepriesen wird das römische Nachtleben nirgends, trotzdem hält die Stadt einige Überraschungen bereit, und das für jeden Geschmack. Vor allem das Testaccio-Viertel hat sich in den letzten Jahren als Treffpunkt der Nachtschwärmer entwickelt. Hier muß man nicht aufgestylt und uniformiert auf die Piste gehen. Rund um den «Scherbenhügel» sind die unterschiedlichsten Lokale zu finden. Musikclubs, Cocktailbars und Diskotheken, wie zum Beispiel das **Aldebaran**, das **Akab** und das **Alibi**. Musikrichtungen und Stile sind dabei so gut wie alle vertreten. Im Sommer gesellen sich dazu noch die Veranstaltungen im Freien im ehemaligen Schlachthof, dem **Mattatoio**. Zum Teil sind die Lokale regelrecht in den «Scherbenhügel» gegraben, und wer dort zwischen lateinamerikanischen Rhythmen, Jazz und Underground, zwischen dezenten oder auch eher ungewöhnlichen Klamotten noch nicht seinen Frieden finden kann, der begebe sich ins **Alpheus**, ein Musiklokal mit drei verschiedenen Sälen mit Live-Musik und Disco nach den Konzerten.

Wer es dagegen mit einem ganz anderen Stadtteil probieren will, ziehe nach Trastevere: Auch dort ist die Auswahl groß: Weinstuben, Birrerie, Musikclubs. Für ein paar Stunden kann man im Lokal **Stazione Quagadougou** ins afrikanische Leben abtauchen. Nachmittags funktioniert es als Teestube, und manch einer sitzt dann bis tief in die Nacht, um den afrikanischen Rhythmen der Live-Musik zu lauschen. Im Sommer hat eines der wichtigsten «Lokale» immer geöffnet: die Piazza Santa Maria in Trastevere. Hier wird bis ins Morgengrauen gequatscht, gespielt, gedealt, getrunken und geliebt. Auch vor der **Bar San Calisto**, gleich um die Ecke, oder vor der **Birreria La Scala** sieht es nach Straßenfesten aus. Die Menschen bevölkern dichtgedrängt den Bürgersteig und auch die gegenüberliegenden Kirchentreppen.

Weitere kleine Zentren, in denen sich das Nachtleben abspielt, sind die Gegend um den Campo de' Fiori und die Gassen hinter der Piazza Navona um die Via della Pace gelegen. Da sind die **Bar della Pace** und die **Bar del Fico.** Auch hier sitzt man in der warmen Jahreszeit bis spät (oder eher früh) draußen. Wenn die zur Verfügung stehenden Tische und Stühle nicht ausreichen, stellt man die Getränke auf Autos, an Schaufenstern und auf Mofas ab. Einige Läden bieten Pizza al taglio und Dosenbier an. Und wer mit dabeisein möchte, ohne die teuren Drinks der Bars zu bezahlen, findet so eine preiswerte Lösung.

Von diesem recht schicken nächtlichen Tummelplatz, der in seinen Hochzeiten das Bermudadreieck genannt wurde, kann man sich zu Fuß in noch edlere Lokale begeben: in die hinter dem Pantheon gelegene **Bar Hemingway** oder die in der Nähe der Piazza San Silvestro gelegene Edel-Disco **Gilda.** Ist der Einlaß hier in Jeans nur schwer zu erreichen, so wird er unmöglich in Lokalen wie **Jackie O'** in der Nähe der Via Veneto oder in den Discos des Parioli-Viertels, in denen sich Politiker und Filmsternchen amüsieren. Natürlich trifft man sich hier im Sommer nicht etwa wie in anderen Lokalen einfach auf der Straße, sondern die edlen Discos

ziehen in ihr Sommerquartier nach Fregene im Norden Roms, und Gilda wird zu «Gilda on the Beach».
Nicht zum feinen Dolce vita gehört einer der wichtigsten Bestandteile des römischen Nachtlebens: das «Cornetto», das ofenwarme Hörnchen. Ob mit Creme oder Marmelade gefüllt, es hat alle Moden der Nacht überlebt, und es wird traditionell direkt in der Backstube erworben, in Trastevere im **Vicolo de' Cinque** und im Testaccio in **Via Volta**. Wem der warme Süßkram auf den Magen schlägt, hat immer noch genügend Zeit, einen Grappa zu trinken, den gibt's in jeder normalen Bar, auch in denen, die schon morgens sehr früh öffnen, oder in denen, die gar nicht erst zumachen, wie die **Bar Castellino** an der Piazza Venezia. Sie ist nicht nur für den *caffè* zum Wachbleiben oder Aufwachen wichtig, sondern vor allem für Raucher, denn Zigaretten werden immer knapp in der römischen *vita notturna*, und Nachschub ist ohne Zigarettenautomaten schwer zu beschaffen.
Schlecht sieht es auch für den aus, der nach Mitternacht noch einmal einen Hungeranfall bekommt. Gegessen wird nur bis 24 Uhr. Danach bleibt wenig geöffnet. Vielleicht die Pizzeria auf dem Viale Trastevere, im Volksmund wegen ihrer Marmortische «Obitorio» (Leichenschauhaus) benannt, oder **Pizzalandia** an der Piazza del Risorgimento.
Aber das wichtigste Lokal, auf alle Fälle aber das beständigste, ist die Piazza. Der Platz gilt als Bühne, die Nachtschwärmer werden zu Schauspielern, und die umliegenden Paläste verwandeln sich zur Kulisse. Dazwischen enge Gassen, stille, verwunschene Ecken, rötliche oder ins ocker gehende Fassaden und manchmal nur das Plätschern eines Brunnens als einziges Geräusch. Nächtliches Rom, das sind auch Straßen und Plätze, wenn der Rummel des Tages verebbt oder die Abende in den Lokalen ausklingen. Wie auch immer, das Nachtleben unter freiem Himmel hat eine sehr viel größere Bedeutung als in nördlicheren Gefilden, nicht nur wegen der Temperaturen. Keine Stadt bietet diese herrliche Kulisse, egal ob man sie zu Fuß erobert oder wie viele *ragazzi* mit knatternden Mofas zwischen den einzelnen Kneipen herumkurvt.

ARRIVEDERCI ROMA

ENTLANG DER VIA APPIA ANTICA

Von den Caracalla-Thermen aus gelangt man durch die Porta San Sebastiano zu den Kalixtus-Katakomben und den Fosse Ardeatine, wozu mindestens ein halber Tag eingeplant werden muß. Von der Kirche Domine Quo Vadis geht es dann ins Tal der Caffarella und zwischen Schrebergärten in den Rest offener Campagna mit der Quelle der Nymphe Egeria. Der Spaziergang ins Tal der Caffarella dauert mindestens drei Stunden, der Mondscheintrip zwischen der Cecilia Metella und Casal Rotondo ist zeitlos. Das Problem ist immer der Weg zurück.

Wer weniger Zeit hat, fahre mit der Metrolinie A bis Colli Albani, nehme dort die Via Menghini und gehe geradeaus weiter ins Gelände. So läßt sich das Tal der Caffarella sehr bequem in einer Stunde bis zur Via Appia Antica durchqueren.

Was bis in die fünfziger Jahre ein erholsamer und bildender Spaziergang war, der Gang vor die Tore der Stadt, zwischen den Mauern hoher Gärten hindurch und an den kleinen Kirchen der Märtyrer vorbei, ist heute ein anstrengendes Unternehmen geworden. Der erste Teil der Via Appia Antica ist eine Falle für den Fußgänger: Durch den Schlauch zwischen den hohen Mauern rasen Autos und Busse, wer sich nicht rechtzeitig an eine Wand drückt, muß fürchten, zerquetscht zu werden. Zu beiden Seiten sind die Restaurants die einzigen Ausbruchsmöglichkeiten und nicht immer so teuer, wie sie ausschauen. Spazierwege auf diesem archäologischen Gelände der Gräber, Kirchen, Katakomben, Straßen, Tempel, Quellen, Aquädukte und Villen gibt es keine.

Stadtauswärts rechts von der Via Appia Antica verläuft die autobahnähnliche Achse der Via Cristoforo Colombo, die die Stadt mit dem EUR verbindet und die das Rückgrat der damals vorgesehenen Stadterweiterung werden sollte. Der Bau des EUR, kurz vor dem Zweiten Weltkrieg noch weit draußen vor der Stadt, und die Entwicklung der Infrastrukturen katapultierten die Grundstückspreise des damals noch landwirtschaftlich genutzten Geländes zwischen EUR und Stadt nach oben. «Kluge» Leute hatten dieses Gelände rechtzeitig aufgekauft und verwirklichten nach dem Krieg ihre Zementalpträume, die sich als drohende Wand immer näher an die Via Appia Antica heranschoben.

Stadtauswärts links rückt, ebenfalls seit Beginn der fünfziger Jahre, eine zweite Häuserwand auf die Appia Antica zu. Ihr Rückgrat bildet die Via Appia Nuova, von der aus sich nach beiden Seiten billige Wohnkasernen, die als ge-

Jogger auf einer 2000 Jahre
alten Ausfallstraße

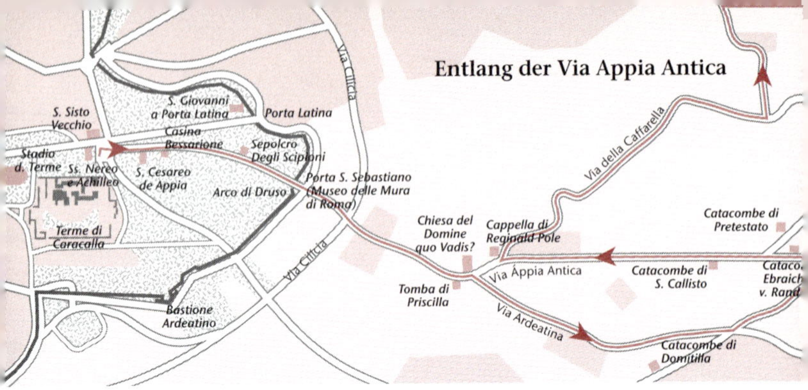

diegene «Appartamenti» verkauft wurden, in die Landschaft schieben. Der aufgesetzte Dekor des «signorile» ist inzwischen abgeblättert, und das Kleinbürgertum, das hier wohnt, radikalisiert sich zusehends und bildet ein Wählerreservoir der Rechtsparteien. Die Zementflut hat die altehrwürdige Via Latina überschritten und beginnt nun in das Tal der Caffarella hinabzusteigen. Den neuen Straßen gab man Namen, die die kulturelle Verbundenheit mit der Antike beweisen sollten: Via Segesta, Via Mesopotamia, Via Gregorovius. Schon waren die Trassen der neuen Straßenzüge und einer Schnellstraße im Tal der Caffarella abgesteckt, als durch eine Kampagne des Vereins Italia Nostra und durch Artikel des Journalisten und kritischen Stadtplaners Antonio Cederna das Projekt zu Fall gebracht werden konnte. Einst kehrte Hannibal im Tal der Caffarella mit seinem Heer wieder um («Hannibal ante portas»), jetzt wurden die Vandalen im eigenen Hause (*I vandali in casa* lautet der Titel eines der Bücher von Cederna) zum Stehen gebracht. So blieben das Tal der Cafferella und ein schmaler Korridor rechts und links von der Via Appia erhalten und wurden unter Schutz gestellt.

Königin unter den Straßen

Die Weltherrschaft einer einzigen Stadt war technisch nur möglich durch ein Verkehrsnetz, das den Mittelpunkt des Reiches schnell und sicher mit der ganzen Welt verband. Die Via Appia, die bis Brindisi führte, galt als Königin unter den Straßen. Über sie lief der Verkehr mit Griechenland und Nordafrika, aber auch die Schiffe aus dem Osten liefen Brindisi und vor allem Pozzuoli an und erst später den Hafen von Ostia, so daß der Transport von Menschen und Waren eine große Strecke über die Appia erfolgte. Ähnliche Straßen verbanden Rom mit dem Norden; die Via Aurelia führte nach Genua und Südfrankreich, die Via Flaminia durch Umbrien an die Adria, nach Fano-Rimini, die Via Cassia durch Etrurien nach Siena und Florenz, die Salaria, die Salzstraße, von Rom nach Pescara. Aber die Appia mit ihrer Breite von 4,30 Metern war die Krönung, sie war für den Gegenverkehr eingerichtet und mit besonders dauerhafter und scharf behauener Pflasterung versehen.

Die Straßen in Italien, Nordafrika, im Vorderen Orient, in Frankreich und Spanien zählen zu den größten technischen und politischen Leistungen der Römer. Die Leichtigkeit, Sicherheit und Schnellig-

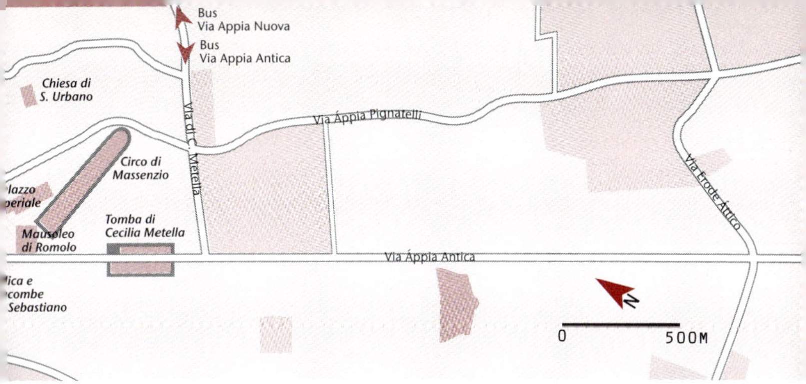

keit des Reisens der römischen Kaiserzeit wurde in Europa erst wieder im 19. Jahrhundert erreicht. Cäsar konnte in einem vierrädrigen, speziell für ihn angefertigten, gut gefederten Wagen 150 Kilometer pro Tag zurücklegen und während der Reise seine Korrespondenz erledigen. Der kaiserliche Depeschendienst hatte eine normale Geschwindigkeit von 180 Kilometern pro Tag. Die Nachricht von einer Meuterei in Mainz erreichte Rom in neun Tagen. Das Straßennetz des Imperiums umfaßte rund 85 000 Kilometer, und mit Hilfe dieses Netzes hielt Rom 3,5 Millionen Quadratkilometer mit 80 Millionen Einwohnern unter Kontrolle.

Wer reiste auf der Via Appia? Benutzer waren in erster Linie das Militär und Staatsbeamte, die Händler und ihre Wagenkarawanen. Und natürlich wurde in der Nähe der Stadt die Appia auch von den Bauern benutzt, die auf den Markt gingen. Hinzu kamen fahrendes Volk, religiöse Propheten, Handwerker, Studenten und auch entlaufene Soldaten. Die antiken Schriftsteller und Hofjournalisten berichten auch von Luxusreisen. Die reichen Leute wetteiferten um die prächtigsten Reisezüge bei ihren Fahrten in die Villen am Golf von Neapel. Kaiser Nero sei mit Hunderten von Karossen gefahren, denen Läufer und Vorreiter vorauszogen, alle aufs reichste geschmückt.

Ohne Sklavenarbeit und Frondienste waren Bau und Unterhaltung dieser Infrastrukturen unmöglich. Insofern hat es seinen blutigen Sinn, wenn Crassus, der Sieger über den Sklavenaufstand des Spartakus, nach der Entscheidungsschlacht die gefangenen Sklaven entlang der Via Appia kreuzigen ließ: von Capua bis Rom alle 200 Meter ein Gekreuzigter.

Heiden und Heilige

Ein Spaziergang zu den Gräbern der Heiden und der Heiligen und ins Tal der Caffarella beginnt bei den **Caracalla-Thermen**. Ein Blick auf den Straßenplan zeigt, daß der erste Teil der Straße, die hier noch Via di Porta San Sebastiano heißt, durch parkähnliches Gelände läuft und daß die Aurelianische Mauer sich tief ausbuchtet, um das höher gelegene Gelände zu umschließen. Zur Zeit der Republik lag es bereits außerhalb der Mauern, daher findet man schon hier die Gräber einiger bedeutender Familien, insbesondere der Scipionen (genau an einer Haltestelle der Buslinie 118, so daß man den Weg zu Fuß vermeiden kann). Die ganz reichen und mächtigen

An der Via Appia Antica – der Circo di Massenzio

Familien besaßen eine Familiengruft, und die Beerdigungen und Totengedenkfeiern waren politische Demonstrationen der Macht eines Familienclans. Schon die Lage des Grabmals war wichtig, und es versteht sich, daß die Via Appia eine hervorragende Adresse war. Weniger bedeutende Leute wurden in den Kolumbarien beigesetzt, die Armen in Massengräbern verscharrt. Wer ein ordentliches Begräbnis wollte, sparte daher zu Lebzeiten und trat, um sich einen Platz zu sichern, einer der zahlreichen Sterbekassen bei, die schon sehr früh als religiöse Vereine und Kapitalsammelstellen eine politische Bedeutung erhielten. In diesem Vereinsleben und den bescheidenen Bestattungsmöglichkeiten auf Grundstücken, die man von Privatleuten pachtete, kaufte oder geschenkt erhielt, liegt auch der Ursprung der christlichen Katakomben, keineswegs in einer durch Verfolgung erzwungenen Untergrundarbeit. Subversiv war an den Katakomben aber die polemische Bescheidenheit der Beerdigungen und der Gräber, mit der die ersten Gemeinden ihre Armut zeigten und Armut forderten, und subversiv war sicher auch die demokratische Verwaltung der Sterbekassen. Doch änderte sich das sehr bald, als das Christentum Staatsreligion wurde, als die Gebeine der Märtyrer aus den Katakomben in prächtige Kirchen gebracht wurden und als die Reliquien selbst samt ihren Fälschungen schließlich zum lukrativen Handelsobjekt wurden. Besonders aufschlußreich ist die Geschichte des heiligen Kalixtus.

Die Kalixtus-Katakomben erreicht man direkt mit dem Bus von Haus zu Haus (Haltestelle Tomba degli Scipioni – Catacombe San Callisto). Wer Zeit hat, sollte durch den Park der Scipionen bis zur prächti-

gen Porta San Sebastiano gehen, die sehr spät, im 6. Jahrhundert, von dem byzantinischen Feldherrn Belisar gegen die Goten in der heute noch sichtbaren Weise ausgebaut wurde.

Nach etwa 800 Metern erreicht man auf der Appia Antica das Kirchlein **Domine Quo Vadis** an der Gabelung der Appia Antica und der Via Ardeatina. An dieser Stelle soll Petrus auf der Flucht vor der Verfolgung Christus begegnet sein und auf seine Frage «Herr, wohin gehst du?» die lakonische Antwort erhalten haben: «Mich ein zweites Mal kreuzigen lassen.» Petrus kehrte um und erlitt den Märtyrertod. An dieser Gabelung führt zwischen den beiden antiken Straßen ein Fahrweg auf den Hügel, auf dem die **Kalixtus-Katakomben** liegen.

Hier muß man Eintritt zahlen und wird in Gruppen eingeteilt, die den Fremdenführern an die heiligen Stätten folgen. Papst Kalixtus machte im 3. Jahrhundert aus dieser Begräbnisstätte die Grabkapellen der Bischöfe von Rom, deren Gebeine später in Kirchen überführt wurden, während die verlassenen Gräber nach und nach vergessen und erst Mitte des 19. Jahrhunderts wiederentdeckt wurden.

Der Fall Kalixtus

Der heilige Kalixtus war ein sehr umstrittener Mann, und von seinem Leben sind uns zwei Versionen überliefert, die seines Widersachers Hippolytus und die der offiziellen Heiligenleben. Es schreibt der Gegner des Kalixtus: K. war der christliche Sklave eines christlichen Freigelassenen im Haus des Kaisers Commodus. Sein Herr gab ihm Kapital zum Betrieb eines Bankgeschäftes, nämlich die Einlagen von Witwen und Brüdern. K. verlor das Geld, machte

Bankrott und floh zum Hafen. Er wurde von seinem Herrn eingeholt und zur Strafe in die Stampfmühle geschickt, aber wieder entlassen, in der Annahme, er habe das Geld versteckt und könne es wieder herbeischaffen. K. lief nun schnurstracks in einen jüdischen Gottesdienst und provozierte dort die Gläubigen, offensichtlich um bei der eigenen Partei wieder zu Ansehen zu kommen, das heißt, «um seinen heiligen Eifer, die Krone des Märtyrertums zu erwerben, unter Beweis zu stellen». Die beleidigten Juden schleppten den Störer vor Gericht, und K. wurde zusammen mit anderen Christen in die Bergwerke nach Sardinien geschickt. Marcia, die Geliebte des Kaisers und heimliche Christin, erreichte jedoch die Freilassung der Verurteilten. Der Bischof Victor von Rom schickte eine Liste mit den Namen der in den Bergwerken festgehaltenen Christen nach Sardinien, ohne den Namen des Kalixtus zu nennen. Doch K. gelang es, mit den übrigen Verurteilten nach Rom zurückzukommen. Nach dem Tode von Victor wurde K. Verwalter des Friedhofs und der Gemeindekasse – offensichtlich eine Schlüsselstellung, von der aus K. seine Kandidatur bei der nächsten Bischofswahl durchsetzte. Im Jahre 222 erlitt K. bei einer neuen Verfolgungswelle den Märtyrertod.

Diese Geschichte, ob wahr oder nicht, zeigt auf jeden Fall, daß in der römischen Kirche sehr harte Machtkämpfe stattfanden und daß am Ende des 2. Jahrhunderts die Verwaltung der Gemeindegelder große Probleme aufwarf: Sie wurde zunehmend der direkten Kontrolle durch die Gemeinde entzogen und Funktionären anvertraut. Aus dem Bischof, der ursprünglich nur Aufseher des christlichen Volkshauses und seiner Finanzen war, wurde der Chef eines arbeitsteiligen Apparats von Klerikern. Bereits 100 Jahre später war dieser Apparat so entdemokratisiert, daß er unter Konstantin ohne weiteres für die kaiserliche Despotie verwendet werden konnte.

Ganz in der Nähe der Kalixtus-Katakomben, ein paar hundert Meter weiter auf der Via Appia, befinden sich die Sebastians-Katakomben unter der Kirche **San Sebastiano.**

Hier sollen bis ins dritte Jahrhundert die Gräber der Apostel Peter und Paul gewesen sein, die zunächst gemeinsam verehrt wurden, bis die römischen Bischöfe den Kult des heiligen Petrus forcierten, der im Bau des Petersdomes gipfelte und der die Vorrangstellung des Bischofs von Rom legitimieren sollte.

Eine deutsche Geschichte

Die ebenfalls sehenswerten **Domitilla-Katakomben** befinden sich an der Via Ardeatina, auf die wir zugehen, um eine ganz andere Gedenkstätte zu besuchen: die Fosse Ardeatine. Wenn man von den Kalixtus-Katakomben in Richtung Rom blickt, verläuft zur Rechten die Via Appia, zur Linken die Via Ardeatina, zu der ein Fußweg führt. Auf der Ardeatina wieder nach links erreicht man nach hundert Metern die **Fosse Ardeatine**. Hier wurden am 24. März 1944 auf barbarische Weise 335 Geiseln umgebracht, als «Vergeltung» eines Bombenattentats, das eine kleine Gruppe kommunistischer Partisanen in der Via Rasella, bei der Piazza Barberini, am Tag zuvor auf einen Lastwagen der SS verübt hatten. Die Vergeltungsaktion wurde von Kappler geleitet, der schon am 16. Oktober

1943 die Razzia gegen die Juden des Ghettos kommandiert hatte. In seinem Übereifer ließ er mehr Leute erschießen, als nach den Nazi-Befehlen der «Vergeltung» eigentlich gefordert war. Kappler wurde von einem italienischen Gericht zu einer lebenslänglichen Freiheitsstrafe verurteilt und floh im August 1977 aus dem Militärkrankenhaus des Celio, um in «Deutschland in Freiheit zu sterben». Ein umstrittenes Nachspiel zum Verbrechen der Fosse Ardeatine gab es noch 1996. In Argentinien wurde einer der deutschen Offiziere verhaftet, Erich Priebke, der die Erschießungsaktion geleitet und selbst mitgetötet hatte. Ein Militärgericht hielt Priebke zwar der Teilnahme am Morden für schuldig, erkannte jedoch einen «Befehlsnotstand» und Verjährung der Tat und verfügte die Freilassung. Kurz darauf wurde Priebke erneut verhaftet. Unter anderem wird ihm vorgeworfen, in der Via Tasso gefoltert zu haben.

Römische Campagna

Zum Spaziergang ins Tal der Caffarella geht man die Zypressenallee auf dem Gelände der Salesianer, die die Kalixtus-Katakomben verwalten, hinunter zum Kirchlein Domine Quo Vadis, von wo die Via della Caffarella abgeht. Nach nicht ganz einem Kilometer steht links neben einem Bauernhaus der sogenannte **Tempel des Dio Redicolo**, der Sage nach eine Weihestätte für die Gottheit, die hier Hannibal zur Umkehr gezwungen habe, in Wirklichkeit aber ein prächtiges Grabmal aus dem zweiten nachchristlichen Jahrhundert – ein eleganter rötlicher Ziegelbau. Bauherr war ein Bankier, Herodes Atticus, der einen langwierigen Prozeß zu bestehen hatte wegen des Verdachts, seine Gattin Annia Regilla vergiftet zu haben. Auch die von einem Villenbesitzer privatisierte Kirche San Urbano, die wir nachher aus der Ferne sehen werden, ein guterhaltener römischer Tempel, wurde von Herodes Atticus ebenfalls zu Ehren seiner Frau errichtet. Bei so vielen Ehrenbezeugungen war Mißtrauen gegenüber diesem Ehemann vielleicht angebracht.

Man geht auf dem Weg weiter, bis er rechtwinklig links abbiegt und den Bach, die Marrana della Caffarella, überquert. Vor uns erhebt sich nach wenigen hundert Metern ein mächtiges, verwahrlostes mittelalterliches Gehöft, das früher der Bewirtschaftung des Torloniaschen Grundbesitzes diente und heute von ein paar Schäfern und Tagelöhnern bewohnt wird. Von nun an halten wir uns möglichst immer rechts, folgen dem Weg um das Gehöft auf dem steinigen, steileren Weg und nehmen nach 200 Metern wieder eine Abzweigung nach rechts zwischen Schrebergärten hindurch ins Gelände. Wer will, kann auch dem alten Weg folgen zur Via Latina, zu alten Gräbern und dichtgedrängten Neubauten, von wo ein Autobus ins Zentrum bis zum Pantheon fährt. Andernfalls führt uns ein Trampelpfad durch ein paar hundert Meter eindrucksvolle römische Campagna, wo Pasolini für seinen Film *La Ricotta* die Kreuzigungsszene gedreht hat, ein Golgatha an der römischen Peripherie.

Die Orientierung ist nicht allzu schwer: Durch die Schrebergärten folgen wir dem Weg. Nach ein paar hundert Metern sieht man rechts unten wieder das Tal der Caffarella und einen breiten Weg, zu dem man gemütlich hinabstei-

gen kann. Wer einen sehr schönen Blick über das alte Gehöft, über das Gelände der Via Appia Antica mit ihren Denkmälern, das Grab der Cecilia Metella, bis zum Tempel von San Urbano (unter Bäumen), in die Ferne zu Sankt Peter und zur Aurelianischen Mauer mit der Porta San Sebastiano haben will, steige rechts auf eine der Kuppen. Man spürt hier auf Schritt und Tritt, was die römische Campagna einmal war, mit ihren Tuffelsen und Grotten unter den verblichenen Grasnarben, mit ihren Türmen und Gehöften, Schafherden und Rinnsalen und mit den großen Monumenten am Horizont. Und noch etwas sieht man: mit welcher Brutalität sich die römische Peripherie in diese Landschaft geschoben hat. Die Berührungsstellen von Zement und Natur werden von Zivilisationsabfällen aller Art gezeichnet – ein Landstrich, der von motorisierten jugendlichen Banden befahren und von Liebespärchen aufgesucht wird, die sich in Autos zurückgezogen haben.

Manchmal steht am Eingang der Felsgrotten ein leeres Fahrzeug, ein Zeichen, daß ein Champignonzüchter unten im feuchten *funghaio* arbeitet, in den Höhlen und Galerien, die oft bis in eine Tiefe von zwanzig Metern gehen.

Auf dem breiten Weg, der parallel zum Bach der Caffarella verläuft, orientieren wir uns von neuem. Gegenüber liegt Sankt Urban, im Tal selbst sehen wir, mit Blick auf Sankt Urban, links die Reste eines mittelalterlichen Turms, der für unsere Orientierung entscheidend ist. Bei ihm finden wir einen Steg, auf dem wir den Bach überqueren und die sonst im dichten Gestrüpp schwierig zu findende «heilige Quelle», die **Grotte der Nymphe Egeria** erreichen (rechter Hand, Richtung Stadt). In diesem Hain fand der Sage nach die Begegnung zwischen der Sibylle

Fosse Ardeatine – Gedenkstätte für die ermordeten Geiseln

und dem altrömischen König Numa Pompilius statt. Der Ort wurde noch lange verehrt, und Herodes Atticus baute hier ein Nymphäum seiner Villa. Heute ist hier verwahrloste Wildnis, und wer bis hierher durchgestiegen ist, erreicht leicht über die Gärtnerei den Ausgang zu San Urbano und kommt auf der Teerstraße (zuerst rechts; dann an der Kreuzung links) zur Appia Antica und zur Bushaltestelle vor der Kirche San Sebastiano.

Eine andere Haltestelle erreicht auch, wer den Abstecher nicht macht und im Tal der Caffarella auf dem breiten Weg weiterläuft bis zur Fahrstraße, die die Appia Antica und Appia Nuova miteinander verbindet. Vor uns ein Autofriedhof, daneben, unter Bäumen, mit Parkplätzen, Kiosk und einem Quellenhaus, die heutige Quelle der Egeria. Hierher fahren die Römer und füllen gegen eine geringe Gebühr für den Familienbedarf riesige Korbflaschen mit Mineralwasser.

Auf der Fahrstraße Richtung Appia Antica muß man etwa dreihundert Meter laufen, bis man nach der Kreuzung mit der Via Appia Pignatelli einen Omnibus erreicht, der bis vor das **Grab der Cecilia Metella** fährt. Dieses prächtige Mausoleum aus den letzten Jahren der Republik wurde im Mittelalter in eine Festung verwandelt, während auf das größte Grab der Via Appia, fünf Kilometer weiter außerhalb im Süden, auf den Zylinder des Casal Rotondo, ein Bauernhaus aufgesetzt wurde. Die Strecke zwischen diesen beiden Grabmälern ist mit und ohne Mondschein der klassische Via-Appia-Spaziergang. Da der Verkehr etwa dreihundert Meter südlich des Grabmals der Cecilia Metella dünner wird und man auch neben der Straße laufen kann, sollte man diesen Spaziergang unbedingt und in aller Ruhe unternehmen.

HINTER DEN SIEBEN HÜGELN

AUSFLUG NACH OSTIA

Mit der Vorortbahn nach Ostia Antica zu dem großen Ausgrabungsgelände mit dem Forum und dem guterhaltenen Theater. Anschließend ermöglichen Bus- und Bahnverbindungen die Weiterfahrt nach Fiumicino oder zum Strand des neuen Ostia, wo Pasolini im November 1975 ermordet worden war. Für diesen Ausflug sollte man einen ganzen Tag einplanen.

Es ist nicht gleichgültig für das Verständnis einer Stadt, von welcher Seite und auf welchem Weg man sie betritt oder verläßt. Der Seeweg über den Hafen Ostia ist heute im wahrsten Sinn des Wortes verschüttet, während er von der Zeit der späten Republik bis zum Verfall des Kaiserreichs der gängigste war. Mit dem Verlust der alten Weltstellung wurde Rom vom Meer abgeschnitten, und dieser Entfernung von der See entsprach eine Verschiebung in der Geographie der internationalen Beziehung. Nordafrika und das westliche Mittelmeer verloren an Bedeutung. Die Stadt orientierte sich zunächst in Richtung Osten und dann nach Norden.

Nach dem römischen Sieg über die Etrusker, 325 vor Christus, als «castrum» an der Tibermündung gegründet, verfiel dieses Tor zur Welt ab dem 6. Jahrhundert: Die Tibermündung versandete, die riesigen Hafenanlagen versumpften und gerieten zum Teil völlig in Vergessenheit. (Beim Bau des Flughafens Leonardo da Vinci stellte man plötzlich fest, daß die Pisten auf dem Hafengelände des Kaisers Claudius angelegt wurden.) Dem politischen und wirtschaftlichen Ruin folgte die Malaria und damit die Verödung. Der Tiber mit seinem Schwemmland entfernte die alte Stadt immer weiter vom Meer – rund fünf Kilometer sind es heute. Im Jahre 830 gründete Papst Gregor IV. neben der verfallenen Stadt den neuen Ort Gregoriopolis, und wenige Jahre später wurden hier die Sarazenen in einer blutigen Schlacht zurückgeschlagen. Hier hält auch die Metropolitana, mit der man in einer halben Stunde von der Stazione Termini oder vom Piazzale Ostiense / Porta San Paolo bequem Ostia Antica erreicht.

Die Bahn hält sozusagen auf freiem Feld, und nach Überqueren einer Schnellstraße sieht man rechter Hand den **Borgo** von Ostia Antica: um eine «Burg» liegt eine kleine, mittelalterliche Siedlung mit einer Kirche zu Ehren der Märtyrer von Ostia. Der Ort Gregoriopolis hatte trotz des tönenden Namens und des Sieges gegen die Sarazenen keine Zukunft gehabt. Erst in der Renaissance bauten die Päpste zur Kontrolle der Tibermündungen ein Kastell, das als eine der ersten modernen Befestigungsbauten gilt und Blick und

Flanieren auf uraltem Pflaster –
Ostia Antica

Eintritt lohnt. Aber schon hundert Jahre später änderte der Tiber bei der großen Überschwemmung von 1575 seinen Flußlauf und stellte das Kastell ins Abseits. Ostia blieb eine verlassene militärische Kontrollstation, und Ostia Antica blieb ein Trümmerfeld, das als Marmorsteinbruch Material für den Bau der Dome von Pisa, Florenz und Orvieto lieferte. Ab dem 16. Jahrhundert gab es vereinzelte Ausgrabungen, und in der zweiten Hälfte des 19. Jahrhunderts kam es zur systematischen Freilegung der Stadt, von der aber bis heute einige Bezirke, Lagerhallen und Hafenanlagen unter dem Rasen liegen. Man kommt zu den Ausgrabungen, indem man sich nach Überqueren der Schnellstraße leicht links hält.

Rom im Park

Ostia Antica gehört zu den bequemsten und lohnendsten Ausflügen, die man von Rom aus machen kann (Achtung, montags geschlossen). Man betritt eine parkähnlich angelegte Ruinenstadt, die ebenso beeindruckend sein kann wie Pompeji und durch die erhaltenen Anlagen Einblicke gibt in das Alltagsleben und den römischen Geschäftsverkehr. Man kann sich also auch treiben lassen und bei Bedarf etwas Informatives oder Nahrhaftes kaufen: Unter den Arkaden des Theaters findet man Erfrischungen, Führer, Pläne, Postkarten. Auch Museumsgegner sollten auf keinen Fall den Besuch des in einem Salzhaus aus dem 16. Jahrhundert untergebrachten **Museo Ostiense** versäumen. Gleich neben dem Eingang links sind in einem kleinen Raum Arbeitsinstrumente und Abbildungen aus dem Handwerk gesammelt. Alle Gegenstände, die in diesem Museum gesammelt sind, lassen die Außenwelt mit neuen Augen sehen.

Es ist leicht, sich zurechtzufinden. Vom Eingang läuft in Richtung Westen, Richtung Meer, der Decumanus, am Theater vorbei, zum Forum und dann in einem Knick zur Porta Marina. Rechts und links dieser Hauptstraße liegen Thermen und «horrea», große Waren- und Lagerhäuser. Die Stadt ist in «regiones» (Viertel) und «insulae» (Häuserblöcke) eingeteilt. Die Häuserblöcke bestanden meist aus großen Mietskasernen, während das «domus», das altrömische Haus als Sitz einer begüterten Familie mit ihrem Gesinde, keineswegs so vorherrscht wie in Pompeji. Die Sozialstruktur der Stadt Ostia war vielschichtiger als die Pompejis. Die Mittelklasse hatte eine bedeutende Stellung und mit ihr die Kleinfamilie, deren Wohnbedürfnisse in den Wohnblocks gedeckt wurden: zwei Zimmer, Küche, Latrine, Aufenthaltsraum, ergänzt durch den Service der öffentlichen Bäder und Thermen.

In Ostia finden wir also beides: das altrömische Atriumhaus, Räumlichkeiten, die um einen Innenhof gruppiert sind, und die Mietskasernen, die in der späten Republik in Rom und Ostia zunehmend das Stadtbild bestimmen. Techniken wurden entwickelt, um in die Höhe zu bauen, meistens ungeachtet der Einsturz- und Feuergefahr. Unter Augustus wurde die maximale Höhe dieser Bauten auf 21 Meter festgesetzt. In den siebenstöckigen Massenquartieren verkam das altehrwürdige Atrium, einst Zentrum des Familienlebens, zu einem Lichtschacht. Die Bauspekulanten erzielten ihre größten Gewinne durch Verwendung billigen Baumaterials und die anschließend notwendigen

Sanierungen. Der Bankier Crassus perfektionierte dieses System: Er stellte eine private Feuerwehr auf und organisierte ein Heer von über 500 Bauhandwerkssklaven. Bei Bränden übernahm er ganze Viertel für einen Spottpreis: Die Feuerwehr rückte aus, begann aber erst zu löschen, wenn die Besitzer so vernünftig waren, ihre Anwesen zu verkaufen. Dann wurde gelöscht, und die Bauhandwerker begannen mit der Sanierung.

Auf halbem Weg zwischen Porta Romana (Eingang) und Forum liegt das **Theater**, dessen Bühnenseite heute nicht mehr von einer hohen Mauer abgeschlossen, sondern offen ist. So schauen die Ränge auf einen schönen viereckigen, von Säulengängen eingefaßten Platz, in dessen Mitte die Reste eines Tempels stehen: der **Piazzale delle Corporazioni**, der Platz der Zünfte und Gewerbe. Der Tempel war der Ceres geweiht, der Göttin der Fruchtbarkeit und des Getreides, und das war kein Zufall. Denn das Getreide aus Ägypten, Nordafrika und Sizilien, das die Ernährung Roms sicherte, kam in Ostia an und wurde hier zunächst gelagert. Der Staat hatte seit den Gracchen die öffentliche Versorgung mit Lebensmitteln übernommen, und das politische Klima in Rom hing eng zusammen mit dem Zustand der Lagerhäuser in Ostia.

Unter den ehemaligen Säulengängen, die den Platz umgaben, lagen die Kontore und Handelsagenturen. Ein kleiner Raum genügte zur mündlichen Abwicklung der Geschäfte, und vor jeder Tür waren als Mosaik die «Firmenschilder» angebracht. Man sieht heute noch die Leuchttürme einzelner Städte, die Namen der Häfen Karthago, Narbonne, Cagliari, Alexandria, wilde Tiere, Schiffe, Symbole für die Tätigkeit von Seilern, Fellhändlern und Kornvermessern.

Zwar waren den Senatoren Handelsgeschäfte verboten, aber das ließ sich über die Gründung gemeinsamer Firmen oder stille Teilhaberschaften leicht umgehen. Denn im Fernhandel lagen die großen Verdienstspannen, vor allem wenn die Geschäfte auch durch politische Beziehungen abgesichert waren. Neben Getreide und Sklaven wurden feine Stoffe (Purpur aus Tyros), Kleidung (Leder aus Gallien), Marmor, Weine aus Syrien, Papyrus, Möbel, Glas, Gewürze, wilde Tiere und andere Luxusgüter eingeführt. Die antiken Schriftsteller zitieren genüßlich «Quittenmarmelade aus Spanien», «Thunfischsauce aus Byzanz», «Fischpasteten aus Cartagena», und vom ägyptischen Alexandria, der luxuriösesten Stadt der damaligen Welt, hieß es, es sei dort alles zu haben, außer Schnee.

Auf dem Weg zum Forum betreten wir den ältesten Teil der Stadt, das **Castrum**, das durch eine Mauer aus klobigen Quadern geschützt war. Gewaltig sind noch die Reste des Kapitols, des zentralen Tempelgebäudes, das die römischen Koloniestädte immer in ihrem Mittelpunkt errichteten. Dem Bau gegenüber stehen ein Tempel der Roma und des Augustus aus dem ersten Jahrhundert der Kaiserzeit und die Kultstatue dieses Heiligtums, eine Art Amazone, die das herrschende Rom versinnbildlicht und ihren Fuß auf die Welt stellt.

Zwischen Forum und Museum, gegenüber dem Haus der Diana, einem Appartementhaus mit Balkonen, ist eine Schenke mit Marmorschanktisch, Vorratskrügen und einem Wandbild fast vollständig erhalten. Man kann durch die Gassen, Warenhäuser, Wohnhäuser, Villen, Thermen, Heiligtümer streifen – als Hafenstadt hatte Ostia eine besonders große Zahl auch fremder Kulte – und anhand der erhaltenen Details und fragmentarischen Spuren das römische Leben rekonstruieren, die Sonne genießen und die Aussicht, die man immer wieder hat, wenn man in die zweiten Stockwerke der erhaltenen Bauten hinaufsteigt. Schaut man dabei in Richtung Meer, sieht man einen Turm, den Torre Boacciana, der im Mittelalter auf den Trümmern des antiken Leuchtturms errichtet worden war. Dieser Turm an einer Tiberbrücke und an einer Schnellstraße setzt für uns zwei wichtige Signale: Früher reichte das Meer bis hierher, und heute steht unterhalb des Turms ein Ausflugslokal.

Küstenland mit Bad: Ostia Lido

Schön wäre es, wenn man durch das Ausgrabungsgelände direkt zum Turm laufen könnte, aber man muß wieder zum Eingang zurück. Dann rechts, und nach ein paar hundert Metern erreicht man die Schnellstraße und dort die Haltestelle des Autobusses 02 (alle 20 Minuten), der nach Fiumicino, einem ehemaligen Fischerdorf an der heutigen Tibermündung, fährt. Der Bus fährt über die Tiberbrücke auf die Isola Sacra, eine Insel, die dadurch entstand, daß die Kaiser Trajan und Claudius für ihre Hafenbecken einen schiffbaren Kanal, einen zweiten Tiberarm, graben ließen, an dem Fiumicino liegt. Heilig heißt dieses Areal fruchtbarer Felder und Gärten entweder weil es vom Kaiser Konstantin der Kirche geschenkt wurde oder weil hier der heilige Hippolytus den Märtyrertod erlitt und in einer kleinen Kirche seine Ruhestätte fand oder weil hier der alte heidnische Friedhof der Hafenstadt liegt.

Der Autobus biegt links ab nach Fiumicino, während die Schnellstraße weiter zum Flughafen führt, auf dessen Gelände die Hafenanlagen des Claudius liegen. Ein Schiffsmuseum am Flughafen gibt einen interessanten Überblick über antike Hafenanlagen und den damaligen Seeverkehr. Das große, von Trajan angelegte, sechseckige Hafenbecken liegt hingegen in einem bis heute der Öffentlichkeit nicht zugänglichen Pinienwald zwischen dem Flughafen und dem künstlichen Tiberkanal. In einem Teil des Parks fristen traurige Giraffen und Löwen in einem Safari-Zoo ihr einsames Dasein und beäugen die Automobile, die sich in Geländefahrt üben. Die Stadt Rom bemüht sich vorläufig noch erfolglos, dieses alte Hafengelände als archäologischen Park herzurichten und zugänglich zu machen.

Von Fiumicino aus geht es direkt mit dem Bus oder Zug nach Rom zurück. Wer sich den Rest des Tages Zeit nehmen will, kann aber auch den Bus nach Lido Centro nehmen, um die anderen Ostias kennenzulernen: den Badeort Ostia Lido und Nuova Ostia. Um die Jahrhundertwende entdeckte die wachsende Hauptstadt den Freizeitwert des kilometerlangen Pinienstreifens an der Küste. Der Ort Ostia Lido aber wurde praktisch erst unter Mussolini geschaffen: eine Sommerfrische für die Spitzen der Hierarchie, mit Villen und Parkanlagen. Ein Sohn Mussolinis war Präsident der größten Strandkooperative, die mit ihren Badehäusern und Restaurants dem Ausflug ans Meer den nötigen luxuriösen Hintergrund verschaffte.

Tivoli – der Park der Villa d'Este

Ostia Lido – hier starb Pier Paolo Pasolini

Nach dem Zweiten Weltkrieg wurden der Sandstrand, die Dünen, die Pinien und die Flußlandschaft das Opfer der christdemokratischen Bau- und Landschaftsspekulation. Auf der großangelegten Promenade zwischen dem faschistischen Ortskern und den Wohnsilos kann man rauf und runter flanieren. Heute bieten die «stabilimenti balneari» oft nur die elementarsten Dienstleistungen, dafür um so mehr teure und schlechte Bars und Restaurants. Die verkappte Kurtaxe, die für den Zugang zum Meer erhoben wird, fließt in private Hände. Die Strandbäder entsprechen auf ihre Art dem Zwang des Faktischen: Im Sommer fallen die Heerscharen der Römer in Ostia ein, um sich sonnenhungrig dem Bräunungskult hinzugeben. In das schmutzige Wasser steigen hier nahe der Tibermündung nur Verwegene. Wer schwimmen will, sollte ein paar Kilometer südlich an den freien Strand von Castel Porziano oder in die Badeorte Richtung Anzio fahren.

Am Rande Roms

Mit dem feinen, im Winter verschlafenen, im Sommer bedingt mondänen Ostia der Nachkriegszeit ist es schon länger vorbei. Fährt man von Ostia Lido Centro mit dem Bus 01 Richtung Idroscalo, sieht man nach etwa zehn Minuten rechts einen großen Wehrturm in der freien Landschaft. Hier ist sozusagen das Ende von Rom erreicht.

Dieser Platz ist das Letzte. Eine mit

Abfällen übersäte Wiese. Plastiktüten, eine verrostete Badewanne, ein Schutthaufen qualmt. Hinter der Wiese beginnt der Strand, und die Wellen des Mittelmeers brechen sich an großen schwarzen Steinbuhnen. Seitlich wird dieser «Platz» von einem Fußballfeld begrenzt, das mit einem Maschendrahtzaun notdürftig umschlossen ist. Dahinter schießen die Betonblocks in den Himmel. Längs des Meeres gebaut, blickt man von hier aus in sie hinein wie in ein Gerüst: Neu-Ostia. Auf der anderen Seite, Richtung Rom, eine Asphaltstraße, die Via dell'Idroscalo, dahinter eine Werkstatt und eine verlassene Fabrik. Hier starb im November 1975 der Schriftsteller Pier Paolo Pasolini. «Sein Kopf war zerschmettert. Die Haare blutverschmiert. Er lag mit dem Gesicht nach unten, mit den Händen unter sich. Er war schlecht angezogen. Er hatte ein grünes Unterhemd mit kurzen Ärmeln an, Bluejeans mit Flecken von Motorschmiere drauf, braune Stiefeletten bis zum Knöchel und einen braunen Gürtel.» So berichtet die Frau, die ihn fand, einem Reporter der Lokalpresse, Pasolini, noch im Tod geschmacklos. Von einem Strichjungen brutal ermordet. Oder von dessen Zuhältern. Oder von wem? Eine Skulptur, etwas verkommen bereits, bezeichnet den Ort, an dem Pasolini ermordet wurde. Ab und zu kommt jemand vorbei und legt ein paar Blumen nieder.

INFOTEIL

INFOTEIL
ROM VON A–Z

Anreise

Mit der Bahn

Bahnreisende kommen in der Regel an der **Stazione Termini**, Roms Hauptbahnhof, an. Die **Metrolinien** (U-Bahn) A und B, die sich unter Termini kreuzen, führen weiter. Vor dem Bahnhof fahren von der Piazza dei Cinquecento außerdem **Busse** ins historische Zentrum und nach Trastevere (zum Beispiel Linie Nr. 170) oder zum Vatikan (Nr. 64) und in andere Teile der Stadt. Fahrkarten für Metro und Bus erhält man bei einigen Zeitungsständen auf dem Bahnhof (siehe Verkehrsmittel), Informationen außerdem am ATAC-Kiosk auf der Piazza. Auf dem Vorplatz befindet sich auch der Taxenstand. Man sollte nur die offiziellen gelben oder weißen **Taxis** an diesem Stand benutzen, auch wenn die Schlange der Wartenden lang ist (sie löst sich in der Regel schnell auf). Vorsicht: Meist gleich hinter der Sperre werden Reisenden von unseriösen Vermittlern Hotels wie Taxis angeboten, die sich als teure Überraschungen entpuppen. Seriös dagegen wird man auch in der **Zimmervermittlung** beim **EPT Fremdenverkehrsbüro** (Ente Provinciale per il turismo) im Bahnhof zwischen Wandelhalle und Gleisbereich oder zehn Minuten entfernt in der Via Parigi 5 (Hauptsitz) bedient. Zwei Gepäckaufbewahrungen (Deposito bagagli) befinden sich je an den Seiten des Bahnhofs bei den Gleisen 1 bzw. 22 (nachts zwischen ein und fünf Uhr geschlossen), Schließfächer gibt es (noch) nicht. Am Heimatort aufgegebenes **Gepäck** ist außen an der Ostseite in der Via Marsala abzuholen. **Geld** wechseln kann man in der Vorhalle bei Bankfilialen. Ebenso bei Wechselstuben, die auch am Wochenende geöffnet haben, aber saftige Gebühren nehmen. Der nächste EC-Geldautomat befindet sich in der Via Marsala 4 (siehe Geld).

Mit dem Flugzeug

Linienflüge landen am **Flughafen Leonardo da Vinci** (siehe Flughäfen S. 203) in Rom-Fiumicino (30 Kilometer bis zum Zentrum), manche Charterflüge in Ciampino (15 Kilometer). Schneller und preisgünstiger als mit einem Taxi (Fahrzeit 45 Min., 80 000 Lit) kommt man stündlich mit dem Flughafenexpress direkt zur Stazione Termini (Fahrzeit 35 Min.). Außerdem gibt es alle 20 Minuten einen Zug zu den Bahnhöfen Trastevere, Ostiense und Tiburtina (Fahrzeit 45 Min.). Von Ciampino aus nimmt man den Direktbus zur Metrostation Anagnina (Linie A).

Mit dem Auto

Die meisten Autoreisenden werden über die Autostrada A 1 eintreffen, die in den Autobahnring um Rom, den «Grande Raccordo Anulare» mündet. Von dort den Schildern «Roma Centro» folgen. Von der Küste, von Civitavecchia im Nordwesten führt die A 12 auf den Autobahnring. Wer die alten Römerstrassen, Via Cassia, Via Flaminia, Via Aurelia und Via Salaria nutzt, wird direkt in die Stadt geleitet. Von den Abruzzen kommt man über die A 24 oder über die Via Tiburtina, vom Süden führen die A 2 oder die Via Appia in die Stadt.

Alle Straßen führen nach Rom, doch in der Stadt wird das Fahren schwieriger. Verstopfte Straßen und Parkplatzprobleme sind an der Tagesordnung. Parkhäuser und Tiefgaragen gibt es wenige, und auch hoteleigene Parkplätze sind rar. Deshalb bei der Reservierung anfragen. Die Innenstadt ist von morgens 6.30 Uhr bis 18 Uhr gesperrt.

Antike

Ara Pacis Augustae und Augustus-Mausoleum, Via di Ripetta / Lungotevere in Augustae. Öffnungszeiten: Di – Sa 9 – 19 Uhr, So 9 –13.30 Uhr, letzter Einlaß 30 Minuten vor Schließung (Eintritt).

Als Grundstein der kaiserlich-römischen Reichsidee ein religiöses und politisches Denkmal zugleich. Den Friedensaltar hatte der Senat nach dem Sieg von Augustus in Spanien und Gallien im Jahr 13 v. Chr. in Auftrag gegeben. An den Außenflächen sind der Kaiser Augustus und Regierungsmitglieder mit ihren Familien in einem Prozessionszug reliefartig abgebildet. Am Altar treten mythologische Figuren, Götter und reale Figuren zusammen auf, um der imperialen Reichsidee ihren Segen zu geben. Die meisten Teile des Altars wurden zwischen dem 16. und dem 20. Jahrhundert an der Via del Corso gefunden, zum Teil durch Nachbildungen ergänzt und 1938 hier neben den Resten des Augustus-Mausoleums in einem großen Glaspavillon aufgestellt.

Caracalla-Thermen (Terme di Caracalla), Via delle Terme di Caracalla 52. Öffnungszeiten: Di – Sa 9 – 17.30 Uhr (Okt – März bis 15 Uhr), So und Mo 9 – 13 Uhr (Eintritt).
Ruinen der riesigen Badeanlage, 217 n. Chr. von Kaiser Caracalla eröffnet, 300 Jahre später von den Goten zerstört. Teile der Inneneinrichtung wurden während der Renaissance im Palazzo Farnese verbaut. Bis 1993 für Opernaufführungen genutzt.

Engelsburg (Castel S. Angelo), Lungotevere Castello. Öffnungszeiten: tgl. 9 – 18 Uhr, Okt – März 9 – 14 Uhr, letzter Einlaß eine Stunde vor Schließung (Eintritt), geschlossen den zweiten und vierten Di jeden Monats sowie an Feiertagen.
Mausoleum, 139 n. Chr. für Kaiser Hadrian errichtet, im Mittelalter als Burganlage an strategisch günstiger Stelle (Tiberbrücke) genutzt, Zuflucht für den Papst und seinen Hofstaat, zugleich Gefängnis. Zum Teil mit Fresken geschmückte Repräsentationsräume (Sala Pellegrino, 1547). Über eine Mauer Zufluchtsweg zum Vatikan. Schöner Ausblick.

Domus Aurea, Via Labicana 136. Für Besichtigungen vormittags bei der Sopraintendenza Archeologica, Tel. 6 99 01 10 anrufen.
Der goldene Palast, den sich Kaiser Nero nach dem Rombrand 64 n. Chr. errichten ließ, bedeckte große Teile der Hügel um das Forum Romanum. Von der großartigen Anlage haben magere Reste eines Palastflügels mit freskierten Räumen unter den Trajansthermen überdauert. Zur Zeit wegen Restaurierung nur mit Sondergenehmigung zu besichtigen.

Forum Romanum und Palatin (Foro Romano e Palatino), Eingänge: Largo Romolo e Remo (Via Fori Imperiali), Via S. Gregorio. Öffnungszeiten: Mo – Sa 9 – 18 Uhr (Okt – März 9 – 15 Uhr), So 9 – 13 Uhr (Eintritt).
Zentrum des römischen Staates mit den wichtigsten Regierungsgebäuden, Versammlungs-, Markt- und Gerichtshallen, Tempeln und Triumphbögen. Auf dem Palatin Spuren frühester Besiedlung Roms, Häuser aus der Zeit des Augustus, Reste des Kaiserpalastes. Außerdem schöne, ruhige Gartenanlagen. Im hinteren Teil liegt die Kirche S. Francesca Romana; Francesca ist die Schutzheilige der Autofahrer, an ihrem Namenstag (9. März) kann man hier sich und sein Auto segnen lassen.

Hadriansvilla (Villa Adriana), Via Tiburtina. Rund sechs Kilometer außerhalb von Tivoli (Bus von der Metrostation Rebibbia). Öffnungszeiten: tgl. 9 bis 90 Minuten vor Sonnenuntergang (Eintritt), letzter Einlaß eine Stunde vor Schließung, an Feiertagen geschlossen.
Sommersitz des Kaisers Hadrian, ab 118 n. Chr. errichtet. Als eine Art riesige Architekturmesse angelegt, in dem Hadrian Delegationen aus seinem Reich Modelle für zeitgemäßes Bauen vorführte.

Kaiserforen (Fori imperiali), Via dei Fori Imperiali, in der Regel nur von außen zu besichtigen.
Am Rande des Forum Romanum entstandene Forenanlagen verschiedener Herrscher, die heute rechts (Cäsarforum) und links (Trajans-, Augustus-, Nervaforum) der Via Fori Imperiali teilweise zu sehen sind. Das größte hat sich Trajan ab 107 n. Chr. errichten lassen mit einem großen Versammlungsplatz, einer Basilika und mit zwei Bibliotheksgebäuden, zwischen denen die 40 Meter hohe Ehrensäule des Kaisers errichtet wurde.

Kolosseum, Piazza del Colosseo. Öffnungszeiten: Mo – Di, Do – Sa 9 – 18 Uhr, Okt – März 9 – 15 Uhr, So und Mi 9 – 13 Uhr (Eintritt).
Roms größtes Amphitheater, unter Vespasian ab 72 n. Chr. errichtet. Durch 80 Bögen konnten 55 000 Besucher Einlaß und innerhalb von zehn Minuten Platz finden. Hier fanden Tierdressuren und Gladiatorenkämpfe statt. 442 wurde es durch ein Erdbeben schwer beschädigt, später zu einer Festung umgebaut, dann als Stein- und Marmorbruch benutzt und geplündert. Dies hatte erst ein Ende, als Papst Benedikt XIV. 1749 das Kolosseum dem Märtyrerkult weihte. Im 19. Jahrhundert von Pflanzen überwuchert (Botaniker zählten 420 Arten), wurde es ab 1890 vollständig ausgegraben.

Konstantinsbogen (Arco di Costantino), Piazza del Colosseo / Via S. Gregorio.
Triumphbogen, mit dem Konstantin

315 n. Chr. seinen Sieg über den Mitkaiser Maxentius feierte. Man verwendete dabei größtenteils Reliefs und Statuen von älteren Denkmälern.

Pantheon, Piazza della Rotonda. Öffnungszeiten: Mo – Sa 9 – 18 Uhr, Okt – März 9 – 16.30 Uhr, So 9 – 13 Uhr (Eintritt frei).
Majestätischer Rundtempel der Antike, unter Hadrian Anfang des 2. Jahrhunderts entstanden, der eine ältere Anlage aus der Zeit des Augustus von Marcus Agrippa ersetzte. Allen Göttern gewidmet. Seit dem Mittelalter als Kirche Maria und allen Heiligen geweiht.

Scavi di Ostia Antica, Viale dei Romagnoli 717. Rund 25 Kilometer südlich von Rom gelegen (Zug von der Stazione Piramide bis Ostia Antica). Öffnungszeiten: Di – So 9 – 18 Uhr, Okt – März 9 – 16 Uhr (Eintritt), letzter Einlaß eine Stunde vor Schließung, geschlossen am 1. Mai.
Eine der besterhaltenen antiken römischen Stadtanlagen (Theater, Straßen, Märkte). Wichtiger Hafen und Militärbasis vor allem für das republikanische und das augusteische Rom, auf dem Höhepunkt 100000 Einwohner, Niedergang durch Versandung des Hafens ab dem 4. Jahrhundert.

Trajansmärkte (Mercati traianei), Via IV Novembre. Öffnungszeiten: Di – Sa 9 – 13 Uhr, So 9 – 12.30 Uhr (Eintritt).
Anfang des Jahrhunderts n. Chr. gebaute große Marktanlage mit 150 Läden und Büroräumen zur Verwaltung von Lebensmittelspenden. Im frühen Mittelalter als Zitadelle mit einem Wehrturm (Torre delle Miliz) genutzt, später dann als Kloster.

Architektur

Von den Wasserleitungen bis zu den großen Stadien, von den Tempeln bis zu den Markthallen: In der Kaiserzeit löst sich Rom von den griechischen Vorbildern und findet zu einem eigenen Stil. Vorbild für das Reich werden dabei Zweckbauten: die großen Gewölbe der Thermen, die Bogentore des Kolosseums und die Räume der Basiliken. Das Mittelalter richtet sich dann in den Ruinen ein, baut sich aus ihnen Wehrtürme und Festungen, und selbst die mittelalterlichen Kirchen Roms bleiben der Basilika-Form verpflichtet oder nutzen klassische Tempel (Pantheon).

Palazzi der Renaissance und des Barock

Der Bruch kommt mit der Renaissance und der Wiederbesinnung auf die Antike. Es sind die Häuser- und Palastbauten, welche die neue Zeit dokumentieren. Meist rechteckige Gebäudekomplexe um einen Innenhof; abweisend und streng gegliedert nach außen, innen im Hof durch Arkaden und Loggien geöffnet. Der großartigste unter ihnen, der Palazzo Farnese, ist leider nicht zu besichtigen (heute französische Botschaft). Anderen (Palazzo della Cancelleria) darf man in den Hof sehen. Durch die Öffnung von privaten Kunstsammlungen kann man aber die Atmosphäre einiger Adelspaläste wie Spada, Colonna und Doria Pamphili kennenlernen (siehe Museen). Ein Ensemble aus Platz, Palästen und Denkmälern schuf Michelangelo mit dem Kapitolsplatz um 1544. Wichtige Palazzi sind:

Palazzo Barberini, Via delle Quattro Fontane 13.
Der wichtigste Palast des Hochbarock, wie eine ländliche Villa u. a. von Bernini bis 1633 erbaut, im Inneren eine Treppe Borrominis. Wird teilweise als Galleria Nazionale d'Arte Antica genutzt.

Palazzo della Cancelleria, Piazza della Cancelleria.
Einer der ersten Paläste Roms, der auf die Selbstdarstellung einer Familie (Raffaele Riaro, päpstlicher Schatzmeister und Neffe von Sixtus IV.) ausgerichtet ist, ab 1488 u. a. mit Beteiligung von Bramante vermutlich im Hof gebaut. 1848 tagte hier das Revolutionsparlament.

Palazzo Farnese, Piazza Farnese.
Für die Familie des Farnesepapstes Paul III. von Antonio Sangallo ab 1534 gebaut und von Michelangelo fortgeführt. Im Inneren viele freskengeschmückte Räume, u. a. von Annibale und Agostino Carracci *Triumph der Liebe* ab 1595.

Palazzo Madama, Corso Rinascimento.
Teil einer geplanten riesigen Anlage für die Medici-Familie durch Sangallo

1513, die aber nie ausgeführt wurde. Im 17. Jahrhundert mit neuer Fassade fertiggestellt. Heute Sitz des Senates.

Palazzo Massimo alle Colonne, Corso Vittorio Emanuele 141.
Von Baldassare Peruzzi für die Familie Massimo 1534 begonnen. Ungewöhnlicher konvexer Grundriß (der einem antiken Vorgängerbau folgt) mit einem Portikus auf sechs Säulen.

Palazzo Venezia, Piazza Venezia.
Als päpstliche Residenz ab 1455 für Kardinal Pietro Balbo (den späteren Papst Paul II.) noch ganz im mittelalterlichen Wehrstil gebaut. Im 20. Jahrhundert Regierungssitz von Mussolini, heute Museum (Museo di Palazzo Venezia).

Palazzo Zuccari, Via Gregoriana 28.
Wohnhaus für den Maler Federico Zuccari, ab 1591 in manieristischen Formen (Fenster und Türen als Maulöffnungen) gebaut. Heute Sitz der deutschen Kunstbibliothek Hertziana.

Villa Farnesina, Via della Lungara 230
Öffnungszeiten: Mo – Sa 9 – 13 Uhr (Eintritt), Gabinetto nazionale delle stampe Di – Sa 9 – 13 Uhr.
Von Baldassare Peruzzi für den Bankier Agostino Chigi 1508 in der Form eines Landhauses begonnen. 1510–1519 durch Maler wie Raffael, Sebastiano del Piombo, Sodoma und durch Peruzzi selbst ausgeschmückt. Vor kurzem restauriert. Beherbergt das nationale Kupferstichkabinett.

Architektur des 19. Jahrhunderts

Mit der napoleonischen Besetzung kommt auch der Klassizismus nach Rom (Piazza del Popolo, Casino Valadier), aber er hinterläßt keine großen Spuren. Die Stadt versinkt nicht nur architektonisch in einen langen Schlaf. Erst mit der Eroberung Roms für den italienischen Einheitsstaat verwandelt sie sich in eine Großbaustelle. Dabei möchte man in Rom einen neuen «italienischen Stil» erfinden, doch die Debatte darüber verläuft sich im Historismus (Wohnblocks mit klassischen Zitaten wie dem Kolosseumsbogen) und Eklektizismus. Schlimmes Beispiel einer neuen Monumentalarchitektur ist der Altar des Vaterlandes (1885 – 1911). Zaghaft zeigen sich Ansätze des Jugendstils (**Galleria Sciarra**, 1883). Der gelungenste Bau dieser Periode ist ausgerechnet ein Kaufhaus (heute **La Rinascente**): von Giulio De Angelis 1886 mit viel Glas am Largo Chigi gebaut. Elegant ziehen sich hier Galerien um einen Lichthof. Die typische architektonische Häuserform der Jahrhundertwende für die Vorstädte wird allerdings die Villa. Zwei schöne Beispiele: der Jugendstilbau Piazza Galeno / Ecke Via Celso im Nomentanaviertel und der **Villino Cagiati** in Via Virginio Orsini 25 in Prati.

Moderne und Postmoderne

Zweimal während seiner langen Geschichte war Rom stilbildend gewesen: in der Antike und im Barock. Im zwanzigsten Jahrhundert hat die Stadt nur teilweise Schritt mit der internationalen Bauentwicklung gehalten. Eine sehr manierierte Interpretation des Jugendstils versuchte der Architekt Gino Coppedé in den Häusern des nach ihm benannten Viertels (1919 – 23) bei der Piazza Mincio. Es war dann die faschistische Moderne, die Rom in diesem Jahrhundert mehr als alles andere geprägt hat. Es ist manchmal spannend, den Kampf zwischen der rationalistischen Richtung, die ans Bauhaus und die europäische Moderne anknüpft (die gesamte Anlage der ersten Universität in der **Città Universitaria**, 1935), und die monumentale Interpretation dieser Richtung zu beobachten. Letztere läßt sich in der Tiberbrücke **Ponte Flaminio** (Corso Francia, 1938) oder dem **Stadio dei Marmi** mit **Foro Italico** (1932) finden. Die «Rationalisten» setzten sich vor allem bei Büro- und Zweckbauten (Postämter) durch, die «Monumentalisten» waren für die Staatsästhetik zuständig, wie zum Beispiel Bauten des **EUR-Viertels**, welches unter der Koordinierung von Marcello Piacentini zur (nie durchgeführten) Weltausstellung 1942 geplant war (Palazzo della Civiltà del Lavoro, 1939).
Den Übergang zur Nachkriegszeit dokumentiert der Bahnhof **Termini** (1938 – 50). Die Seitenarme sind noch ganz dem provinziellen Denken der dreißiger Jahre verpflichtet, zum Kopfende läuft er dann über der Schalterhalle mit einem harmonischen Wellendach gleichsam international aus. Die Nachkriegsmoderne wird be-

sonders von alten Rationalisten wie Pier Luigi Nervi und seinen Bauten für die Olympischen Spiele (**Palazzetto dello Sport**, 1956) bestimmt. Den Übergang zur Postmoderne beschreiben die **Moschee** (1992) von Paolo Porthoghesi auf dem Monte Antenne und das geplante **Auditorium** (1997) von Renzo Piano neben dem Flaminiostadion.

Ausflüge

Die Umgebung Roms steht oft im Schatten der Stadt. Die Region Lazio, Latium, ist im Vergleich zu anderen italienischen Regionen, wie etwa der Toskana oder Umbrien, relativ unbekannt. Dabei lohnt es sich, das Umland mit seinen landschaftlichen Reizen und Kunstschätzen zu entdecken. Die Ziele sind fast alle mit öffentlichen Verkehrsmitteln (Bahn, Bus) zu erreichen (siehe Busbahnhöfe).

Lago Bracciano, der 40 km nördlich von Rom entfernt liegende See ist von den Orten Anguillara, Trevignano und Bracciano umgeben.
Die Wasserqualität ist zum Baden relativ gut. Sehenswert ist in Bracciano das Castello Orsini aus dem 15. Jahrhundert und zur Weihnachtszeit auch die ‹Lebende Krippe›. In einem Garten unterhalb des Schlosses stellen die Dorfbewohner die Weihnachtsgeschichte mit Personen aus dem Dorf nach.

Lago di Martignano, ein kleinerer See, der direkt neben dem Bracciano-See liegt. Auch er ist vulkanischen Ursprungs und vor allem als Badesee sehr beliebt. Zu erreichen ist er leider nur mit dem Auto oder zu Fuß von Anguillara aus, was einen längeren Marsch auf staubiger Straße bedeutet.

Caprarola, wer mit dem Flugzeug anreist, kann bei gutem Wetter Caprarola schon kurz vor der Landung aus der Luft sehen. Der kleine Ort hat eine der schönsten Palastanlagen des Manierismus zu bieten. Die Architekten Antonio Sangallo und Baldassare Peruzzi entwarfen im 16. Jahrhundert im Auftrag der Familie Farnese eine Art Zwingburg, die Vignola wenig später zu einem Lustschloß umbaute. Dieser Palazzo Farnese ist *das* Beispiel dafür, wie verspielt am Ende der Renaissance die Bildung zur Repräsentation genutzt wird. Von Caprarola aus schöne Möglichkeit, im Naturschutzgebiet des Lago di Vico zu wandern.

Castelli Romani, die Dörfer der Castelli sind die klassischen Ausflugsziele der Römer. Früher schon zog es vor allem römische Adelsfamilien und Päpste in dieses Gebiet. Sie errichteten ihre Schlösser und Burgen, daher der Name «Castelli Romani». Es entwickelten sich Städtchen, die malerisch an den Hängen der Albaner Berge liegen, die mit ihrer höchsten Erhebung, dem Monte Cavo, 949 Meter erreichen. Die Luft ist sehr viel besser, doch der Ausblick auf Rom ist trübe: Über der Stadt hängt fast immer eine dicke schwarzgelbe Smogwolke. Auf dem vulkanischen Boden der Castelli wächst ein guter Tafelwein, und die Trattorien sind einen Besuch wert. Spezialitäten sind Wild, Pilze, Lamm, und an vielen Straßenecken gibt es Porchetta, mit Gewürzen gefülltes Spanferkel. Die einzelnen Ortschaften sind:
Frascati: Bekannt durch seinen Wein. Sehenswert sind die Parks der Villa Torlonia und der Villa Aldobrandini. Von Frascati, zu Beginn an der Parkmauer der Villa Aldobrandini entlang, führt die Asphaltstraße etwa 5 Kilometer bergan nach Tusculum, den Ruinen einer antiken Stadt (römisches Theater); **Rocca Priora**: Das mit 768 Meter höchste Dorf der Castelli hat im Winter auch öfter Schnee; **Grottaferrata**: Griechisch-byzantinische Abtei des heiligen Nilus (gegründet 1004), in der die Mönche noch heute die Messe im byzantinischen Ritus zelebrieren; **Rocca di Papa**: Hat fast den Charakter eines Bergdorfes, der Geruch von verbranntem Kaminholz liegt in der Luft, und des öfteren fällt auch Schnee im Winter, Spezialität des Ortes sind Steinpilze; **Marino**: Weinlesefest im Oktober, zu dem von Rom die alte Dampfeisenbahn fährt (Info bei der EPT); **Castel Gandolfo**: Hoch über dem Albaner See gelegene Sommerresidenz des Papstes. Die Kirche S. Tommaso di Villanova gegenüber dem Papstpalast und den Brunnen auf dem Hauptplatz hat Bernini entworfen. Das Städtchen wurde der Sage nach von Ascanius, dem Sohn des Aeneas, gegründet und war historisch überliefert die Stadt Alba Longa, die im Krieg gegen Rom unterlag. Der Mythologie nach

fand hier der Kampf der Horatier und Curatier statt; am Ufer des Vulkansees findet man kleine Strände und Bars. Der See kann teilweise auf einem Waldweg umwandert werden; **Lago di Nemi:** Vom schön gelegenen Dorf aus blickt man auf den kleinen See, auf dem Kaiser Caligula Schiffsspiele austrug. Bekannt ist das Dorf vor allem durch seine ausgezeichneten Erdbeeren.

Cerveteri, sehenswerte etruskische Nekropole, die ungefähr 1,5 km vom Ort entfernt liegt. Die Grabbeigaben aus den Grabkammern sind zum Teil in den Vatikanischen Museen und in der Villa Giulia zu sehen. Schöne etruskische Landschaft, in der immer noch Gräber gefunden (und geplündert) werden.

Circeo-Sabaudia wurde 1934 unter Mussolini gegründet. Von dem schön gelegenen Ort kommt man zu Fuß (1,5 km) ans Meer und in die Sanddünen. Zum Landschaftsschutzgebiet des Circeo gehören Lagunen, Reste der Pontinischen Sümpfe, der Berg der Kirke, Palmen – und weidende Büffel, von denen der gute Mozzarella kommt.

Civita Castellana, malerischer Ort, romanischer Dom, Kastell 6 km entfernt von den Ruinen des antiken Falerii mit eindrucksvoller Stadtmauer. Möglichkeit zur Besteigung des Monte Soratte.

Farfa, große romanische Klosteranlage in einem kleinen Dorf, 5 km von Fara Sabina entfernt, in den Sabinerbergen. Antike Sarkophage, ein wundertätiges Marienbild, Kreuzgang, Bibliothek, eine große Darstellung des Jüngsten Gerichts flämischer Maler, Reste der karolingischen Basilika und ein außerordentlich schöner romanischer Campanile. Das Ganze macht einen verlassenen Eindruck, trotz der Anwesenheit einiger Benediktiner, die gern erklären und führen.

Ostia Lido, der römische Strand ist bekannt für seinen dunklen Sand. Vor allem an Wochenenden im Sommer liegt ganz Rom hier und sonnt sich. Die Wasserqualität ist unterschiedlich. Besser wird sie allerdings von Ostia aus gegen Süden. Dort beginnt auch die «spiaggia libera», der freie Strand, während das Strandleben in Ostia selbst in «stabilimenti» abläuft. Gegen Eintritt gibt es Umkleidekabinen, Liegestühle, Sonnenschirme und Duschen.

Palestrina, antike Sommerfrische der Römer im südlichen Latium, malerisch am Hang gelegen. Als Gegner Roms griff Palestrina in innerrömische Machtkämpfe ein. Sulla ließ der Göttin der Vorsehung, Fortuna Primigenia, eine riesige Tempelanlage bauen, die heute noch teilweise zu besichtigen ist. Später nistete sich hier die Papstfamilie Barberini ein. In ihrem Palast befindet sich ein archäologisches Museum. 1525 wurde hier der Komponist Pier Luigi da Palestrina geboren. Thomas Mann hat dem Ort eines der schönsten Kapitel seines «Doktor Faustus» gewidmet. Bei aller Geschichte: Es macht auch Spaß, einfach treppauf, treppab herumzulaufen. Es gibt ein paar kleine Trattorien mit Blick auf viele Olivenbäume.

Subiaco, die Klosteranlagen der Benediktiner (hier und in Montecassino gründete Benedikt im 6. Jahrhundert seinen Orden) gehören zu den schönsten mittelalterlichen Bauten in Latium (herrliche Wandfresken). Im Tal des Flusses Aniene sind Reste einer Villa Neros zu sehen.

Tarquinia, berühmte etruskische Malereien, obligatorische Führung. Ausgangspunkt vom Museum in der schönen Altstadt mit hohen Türmen. Bademöglichkeit im 6 km entfernten Tarquinia Lido.

Tivoli, noch vor dieser Stadt Tivoli liegt in der römischen Campagna die **Villa Adriana**. Ein Schaufenster des Imperiums in hadrianischer Zeit. Das römische Imperium war politisch in dem Augenblick abgeschlossen, als man festgestellt hatte, daß die Eroberung Britanniens mehr gekostet als eingebracht hatte. Also baute man Mauern, den Hadrianswall in Schottland, und sicherte den Limes in Germanien. Tacitus hatte schon früher den endlosen Stellungskrieg im Norden sarkastisch kommentiert: Tam diu Germania vincitur – so lange wird Germanien schon besiegt.
Also das Reich ist abgeschlossen, man muß es im Inneren ausbauen, repräsentativ gestalten. Hadrian hat in sei-

ner Villa Modelle errichten lassen, wie man Bauwerke gestalten, Städte anlegen und verschönern könnte. Es kamen Delegationen aus aller Welt nach Rom und wurden auf dem Kapitol von der Regierung und in der Villa Adriana vom Kaiser empfangen. Dort blieben sie ein paar Nächte in den Gästehäusern, bestaunten Thermen und Tempel, nahmen Anregungen für Nymphäen und Bibliotheken mit. Das Schönste aus dem Reich des Kaisers, aus Griechenland, Ägypten, Sizilien, hatte Vorbildfunktion. Die Villa als internationale Bauausstellung? Die Hadrians-Villa kennt keine Vorbilder und hat keine Nachfolger, sie bleibt in der Antike ein einmaliges Ereignis. Kann man sie anders erklären? Gewöhnlich heißt es, der Kaiser habe sich ein Refugium anlegen wollen, einen philosophischen Garten, in dem er alle die Schönheiten seines Reiches um sich versammeln wollte. Ein persönliches Spielzeug also?
Da scheint uns die Theorie von der Architekturmesse, die Bernard Andreae, der langjährige Leiter des Deutschen Archäologischen Instituts in Rom, vertritt, die überzeugendere. Auf jeden Fall hat die Villa so in der Geschichte gewirkt: die Kuppelbauten der Renaissance fanden hier ebenso ihre Vorbilder wie die kühnen Wendungen Borrominis. Wie auch immer: die Villa Adriana ist ein phantastischer Spaziergang durch die Wunderwelt der Antike, zu kombinieren mit der Lektüre von Marguerite Yourcenars Hadrians-Roman *Ich zähmte die Wölfin*.
Sehenswert außerdem im Ort Tivoli die Parkanlagen der Villa d'Este und der Villa Gregoriana.

Veio, die Ausgrabungen erreicht man über die Via Cassia. Viel vom einstigen Rivalen Roms ist nicht mehr zu sehen. Der hier gefundene herrliche Apoll steht im Museum in der Villa Giulia. Geblieben ist die typische Kulisse etruskischer Städte: Tuffstein, tiefeingeschnittene Wasserläufe, Hohlwege, Bäume und Höhlen.

Viterbo / Bomarzo
Im Norden von Latium liegt Viterbo, zeitweilig Residenzstadt der Päpste, als es in Rom unsicher wurde. Die typische mittelitalienische Kleinstadt, mit schönen Cafés und vielen repräsentativen Bauten, hat bis heute einen mittelalterlichen Charakter bewahrt. Von hier gibt es eine Busverbindung nach Bomarzo mit seinem «Park der Ungeheuer». Dieser Parco dei Mostri mit verspielten, phantasievollen Anlagen gilt als Beispiel für die private Wunderwelt der Adelsfamilien des 16. Jahrhunderts.

Auskunft und Informationen

Ente Provinciale per il Turismo di Roma (EPT), Via Parigi 5, Tel. 48899253. Öffnungszeiten: Mo – Sa 8.30 – 19 Uhr. Das Büro nimmt Hotelreservierungen vor, informiert über Kulturveranstaltungen und verteilt kleine Stadtpläne. Zweigstellen findet man im Flughafen, Tel. 65956074 und im Bahnhof Termini, Tel. 4871270.

Ente Nazionale Italiano per il Turismo (ENIT), Via Marghera 2 – 6, Tel. 49711. Öffnungszeiten: Mo – Fr 9 – 17 Uhr. Während EPT über Rom und Umgebung informiert, übernimmt ENIT den Rest des Landes.

Ufficio Informazioni Pellegrini e Turisti, Piazza S. Pietro. Tel. 69884466. Öffnungszeiten: Mo – Sa 8.30 – 19 Uhr. Pilgerbüro des Vatikan. Erteilt Auskünfte über Führungen, Papstaudienzen sowie Zimmervermittlung in Ordenshäusern. Infos auch in deutscher Sprache.

Infobüros der Stadt Rom an folgenden Stellen:
Via Milano 9 (an der Seite des Palazzo delle Esposizioni), Largo Ricci und Largo Goldoni. Öffnungszeiten: Di – Sa 10 – 18 Uhr, So und Feiertag 10 – 13 Uhr. Informationen zu öffentlichen Verkehrsmitteln, Bootsfahrten, Kulturveranstaltungen und Führungen. Pläne und Verzeichnisse aller Art.
Veranstaltungskalender geben die Tageszeitungen *La Repubblica* und *Il Messaggero* heraus, mit einer Fülle von Tips für Kultur, Discos, Kneipen und Essen. Die Beilage der *Repubblica* erscheint donnerstags und heißt «Trovaroma», die des *Messaggero* «Metro» und erscheint mittwochs. Als reine Veranstaltungszeitschrift erscheint *Roma c'è* mit Tips zu Veranstaltungen, zu Lokalen und Shopping. In dem Heft sind unter dem Titel «This week in Rome» einige Angaben in Englisch zu finden.

Aussichtspunkte

Gianicolo, Piazzale Garibaldi. Aussichtspunkt, oberhalb von Trastevere gelegen. Man kann an schönen Tagen weit bis in die Castelli Romani sehen.

Giardino degli Aranci, Via di S. Sabina. Garten mit Orangenbäumen, auf dem Aventinhügel gelegen. Man blickt direkt auf den Tiber und den Rest der Stadt.

Kuppel der Peterskirche. Direkt am Eingang zu S. Pietro zeigt ein Hinweisschild «Cupola» den Weg, zuerst per Fahrstuhl, danach führen 320 Stufen zur Kuppel, von der man bei gutem Wetter einen herrlichen Blick über die Stadt hat. Öffnungszeiten: 8 – 16.30 Uhr.

Monte Mario, Via del Parco Mellini. Aussichtspunkt auf dem Monte Mario mit der Bar Zodiaco und einem größeren Café. Gleich daneben liegt die römische Sternwarte.

Pincio, Villa Borghese. Blick auf die Piazza del Popolo und über die Stadt.

Quirinal, Terrasse vor dem Palast des Staatspräsidenten. Hier hat man das Rom der Kuppeln und Dächer auf Augenhöhe.

Autonome Szene

Treffpunkte der autonomen Szene sind vor allem die Centri Sociali. Meistens sind das alte, große städtische Palazzi, die jahrelang leerstanden und dann von Jugendlichen besetzt wurden. Die Räumlichkeiten werden nun für unterschiedliche Aktivitäten genutzt. Diese reichen von Musik-, Film- und Theaterveranstaltungen über Animation für Kinder bis zu Sprachkursen. Eingerichtet sind außerdem Info- und Beratungsstellen. Die Betreiber der Centri Sociali haben sich zum Teil als Kulturvereine organisiert und somit einen Teil ihrer Arbeit auf legalen Boden gestellt. Viele Künstler, und nicht nur italienische, verlegen ihre Auftritte in die Centri Soziali mit der Begründung, dort das Publikum zu finden, das sie eigentlich suchen: neugierig und aufgeschlossen. So wurden die Centri Sociali, trotz aller Impovisation, zu interessanten Veranstaltungsorten. Viele liegen außerhalb des Zentrums, es ist also besser, sich vorher über Veranstaltungen zu informieren: in der Zeitschrift *Roma c'e*, in der Tageszeitung *Il Manifesto* und auf Plakaten vor allem im Stadtviertel San Lorenzo. Als Radiostation der Bewegung sendet und informiert **Radio Onda Rossa** auf der Frequenz 93,400 MHz. Die wichtigsten Centi Sociali sind:

Brancaleone, Via Levanna 11 (Monte Sacro)
Cacale Podere Rosa, Via Fabbri (Ponte Mammolo)
Corto Circuito, Via Filippo Serafino 57 (Cinecittà)
Forte Prenestino, Via Federico Delpino (Prenestina)
La Maggiolina, Via Generale Bencivenga 1 (Monte Sacro)
La Strada, Via Passino 24 (Garbatella)
La Torre, Via Rousseau 90 (Ponte Mammolo)
Villaggio Globale, Ex Mattatoio (ehemaliger Schlachthof), Lungotevere Testaccio

Bahnhöfe

Zugauskunft, Fahrpläne: Tel. 147888088 (mehrsprachig).

Stazione Termini, Hauptbahnhof, Piazza dei Cinquecento, Tel. 4775. Bis auf einige Ausnahmen hauptsächlich Ankunft und Abfahrt der nationalen und internationalen Fernzüge. Stündliche Verbindung zum Flughafen Fiumicino. Im Untergeschoß des Bahnhofs befindet sich ein Drugstore, der rund um die Uhr geöffnet hat.

Stazione Tiburtina, Circonvallazione Nomentana, Tel. 44245104. Vor allem Nachtzüge halten hier. Da der Bahnhof außerhalb des Zentrums liegt, kann man sich nach 23.30 Uhr, wenn keine U-Bahn mehr fährt, nur mit Taxi oder Nachtbus wegbewegen. Abfertigung auch für Autoreisezüge. Vorgesehen ist, die Stazione Tiburtina längerfristig als Hauptbahnhof auszubauen, vor allem für die Abwicklung des Fernverkehrs.

Stazione Trastevere, Piazzale Biondo, Tel. 5816076. Nützlicher Bahnhof für den Stadtteil Trastevere. Zugverbindungen Rom–Pisa–Genua und zum Flughafen.

Stazione Ostiense, Piazzale dei Partigiani, Tel. 57507320. Züge nach Fiumicino, Viterbo und nach Neapel über Formia. Direkt neben dem U-Bahnhof Piramide.

Stazione Roma Nord, Piazzale Flaminio, Tel. 3610441. Der am Eingang zur Villa Borghese und in der Nähe der Piazza del Popolo gelegene Bahnhof wikkelt den Zugnahverkehr ins nördliche Rom ab und die Züge nach Viterbo.

Stazione Piramide, Piazzale Ostiense. Zugverkehr nach Ostia Lido.

Stazione S. Pietro, Via Stazione S. Pietro, Tel. 631391. Linie Viterbo, Nahverkehr bis La Storta und Züge nach Grosseto.

Stazione delle Ferrovie Laziali, Via G. Giolitti. Direkt am Bahnhof Termini liegende kleine Bahnstation. Abfahrt der Züge, die an der Via Casilina entlang bis Pandano fahren.

Behinderte

Die Strukturen für Behinderte sind noch begrenzt. So ist die Nutzung der öffentlichen Verkehrsmittel mit großen Schwierigkeiten verbunden. Ausnahme: die Buslinie 590. Sie fährt die gleiche Strecke der Metro A und ist speziell für Behinderte eingerichtet. Die neuere Linie B ist mit Aufzügen ausgestattet. Ein Netz von Gratisparkplätzen ist über die gesamte Stadt verteilt. Taxis befördern in der Regel Rollstühle, doch ist es besser, beim Bestellen des Taxis darauf hinzuweisen. Die neueren Züge zum Flughafen Fiumicino haben Einstiegsmöglichkeiten für Rollstuhlfahrer. Weitere Informationen sind zu erfragen bei:
Associazione Nazionale Handicappati, Via Tommaso Fortifiocca 100, Tel. 7810772, Mo – Fr 9 – 13, 14 – 18 Uhr.

Bibliotheken und Archive

Biblioteca Angelica, Piazza S. Agostini 8, Tel. 6875874. Wunderschöner Lesesaal. Hauptsächlich Kunstbücher und Geschichtliches.

Biblioteca del Centro Sperimentale di Cinematografia, Via Tuscolana 1524 (Metrostation Cinecittà), Tel. 722941. Bibliothek der Filmschule mit Literatur zum Film und einem Filmarchiv.

Biblioteca Fondazione Basso, Via della Dogana Vecchia 5. Tel. 6541468. Spezialisiert auf Fragen der italienischen Arbeiterbewegung und der Dritten Welt.

Biblioteca Hertziana, Via Gregoriana 28, Tel. 69993242. Die im Palazzo Zuccari untergebrachte Kunstgeschichtliche Bibliothek gehört zur Max-Planck-Gesellschaft. Zugang nur mit Genehmigung.

Biblioteca Nazionale, Via Castro Pretorio 105 (Metrostation Castro Pretorio), Tel. 4989. Sitz der Nationalbibliothek Roms mit den Nationalarchiven.

Biblioteca e Raccolta Teatrale del Burcardo, Via del Sudario 44, Tel. 68806755, Fax 68805840. Bücher über Dramaturgie und Theater.

Goethe-Institut, Via Savoia 15, Tel. Bibliothek 84400542, Fax 8841806. Angenehme und gut ausgestattete Bibliothek mit deutschsprachigen Büchern und einer breiten Auswahl an deutschen Tageszeitungen und Zeitschriften (siehe auch Kulturinstitute). Di – Fr 10 – 19 Uhr.

Bootsfahrten

Seit ein paar Jahren denkt man wieder daran, den Bootsverkehr auf dem Tiber neu zu beleben. Während der Sommermonate (Mai – August) existiert eine Linie zwischen Ponte Garibaldi, Anleger in der Nähe der Tiberinsel auf der Seite von Trastevere, und dem Ponte Duca d'Aosta, kurz vor Ponte Milvio im Norden. Außerdem fahren Boote nach Ostia Antica, der Hafenstadt des antiken Rom. Die Besichtigung der Ausgrabungsstätte ist möglich. Manche Boote verkehren auch abends zu den Kulturveranstaltungen im Amphitheater in Ostia Antica. Anleger an der Via di Ripa Grande. Einzelheiten bei den Infobüros der Stadt.

Botschaften und Konsulate

Botschaft der Bundesrepublik Deutschland, Via Po 25, Tel. 884741, Fax 8547956

Deutsches Konsulat, Via F. Siacci 2c, Tel. 884741

Botschaft der Bundesrepublik Deutschland am Heiligen Stuhl, Via Villa Sacchetti 4, Tel. 809511

Botschaft der Schweiz, Via Barnaba Oriani 61, Tel. 8 08 36 41

Schweizer Konsulat, Largo Elvezia 15, Tel. 8 08 83 61

Botschaft der Bundesrepublik Österreich, Via Pergolesi 3, Tel. 8 55 82 41, Fax 8 54 32 86

Österreichisches Konsulat, Viale Liegi 32, Tel. 8 55 28 80.

Geöffnet haben die Konsulate, die unter anderem für Paßangelegenheiten und rechtliche Hilfe zuständig sind, meist nur an Vormittagen. Nachmittags sind sie nur telefonisch zu erreichen.

Buchhandlungen

Al Tempo ritrovato, Via dei Fienaroli 31d/32, Trastevere, Tel. 5 81 77 24. Gutsortierter Frauenbuchladen mit langer Tradition und Geschichte. Wichtiger Treffpunkt und Informationsstelle zu Projekten der römischen und italienischen Frauenszene. Konferenzen und Diskussionen.

Bibli, Via Fienaroli 28, Trastevere, Tel. 5 88 40 97. Öffnungszeiten: Mo 17 Uhr bis Mitternacht. Di – So von 11 Uhr bis Mitternacht (im August variieren die Öffnungszeiten). In ihrem Konzept einzigartige Buchhandlung in Rom. Außer ihrem Buchbestand und den interessanten Räumlichkeiten dient sie auch als kleiner Kino-, Konferenz- und Konzertsaal. Außerdem gibt es die Möglichkeit, an 8 Computern im Internet zu surfen, Preise im Buchladen erfragen. Abonnements gibt es auch für drei Monate und einen eigenen elektronischen Briefkasten.

Feltrinelli, Via del Babuino 39/41, Nähe Piazza del Popolo, Tel. 6 79 05 92; Largo Torre Argentina 5a/6, Tel. 68 80 32 48; Via E. Orlando 83/86, Nähe Bahnhof Termini, Tel. 48 44 30 – 47. Die Buchhandlungen des bekannten linken Verlages Feltrinelli zählen zu den wichtigsten der Stadt. Im spezialisierten Laden **Feltrinelli International**, Via E. Orlando 83/86 gibt's Bücher in deutscher, englischer und französischer Sprache. Durchgehend geöffnet, auch sonntags! Ab und zu Autorenlesungen.

Godel, Via Poli 45, Nähe Fontana di Trevi, Tel. 6 79 87 16. Buchhandlung, die u. a. Fotobände über Rom zu günstigen Preisen anbietet.

Herder Buchhandlung, Piazza Montecitorio 117/120, Tel. 6 79 46 28. Traditionelle deutsche Buchhandlung mit gutsortierter Auswahl in deutscher Sprache, Reiseführer, Kataloge zu Ausstellungen und Bücher zu Rom. Manchmal auch Lesungen zu deutsch-italienischen Themen. Recht teuer.

Il Leuto, Via Monte Brianzo 86, Tel. 6 56 92 69. Die wichtigste Buchhandlung der Stadt für Film, Theater und Tanz. Bücher dazu in verschiedenen Sprachen und auch Zeitschriften und Veröffentlichungen von kleineren Verlagen. Das Personal verkauft nicht nur, es weiß auch Bescheid.

Il Manifesto, Via Tomacelli 144, Tel. 6 87 38 72. Gutsortierter Buchladen der linksgerichteten Zeitung *«Il Manifesto»*, Lesungen und Veranstaltungen.

Mel Bookstore, Via Nazionale 254/255, Nähe Piazza della Repubblica, Tel. 4 88 54 05, Fax 4 88 54 33. Buchkaufhaus mit reicher Auswahl. Verkauft werden auch gebrauchte Bücher, Landkarten, CDs. Wer geschafft ist, kann sich in der kleinen Cafeteria ausruhen.

Mondadori, Piazza Cola di Rienzo 81/83, Prati, Tel. 3 21 03 23. Große Buchhandlung, gut sortiert, mit reicher Musikauswahl.

Rinascita, Via della Botteghe Oscure 1, Piazza Venezia, Tel. 69 92 24 36/7. Buchhandlung, die der linksdemokratischen Partei PDS nahesteht, mit breitem Buchangebot und Zeitschriften. Im Untergeschoß findet sich eine reiche Auswahl an Videos. Auch ist das Personal bei außergewöhnlichen Wünschen behilflich.

Rizzoli, Largo Chigi 15, Galleria Colonna, Tel. 6 79 66 41. Klassische Buchhandlung in hohen Hallen.

The Lion Bookshop, Via del Babuino 181, Nähe Piazza del Popolo, Tel. 3 22 58 37. Buchhandlung, die auf amerikanische und englische Literatur spezialisiert ist.

Busbahnhöfe

Rom verbindet mit dem Umland, mit Dörfern und kleinen Städten ein Netz von Autobussen. Die Verkehrsgesellschaft **COTRAL** ist für diese blauen Busse zuständig. Informationen unter der Nummer 46954444, Mo – Sa von 8 – 20 Uhr. Mit etwas Geduld kann man dort direkt die Abfahrtszeiten der Busse erfahren. Fahrkarten gibt's an Kiosken auf den Plätzen vor den Busbahnhöfen:

Anagnina (Endstation der Metro-Linie A) Die Busse verkehren auf den Straßen: Appia, Tuscolana Casilina und auf der Autostrada A2. Hier fahren z. B. die Busse nach Frascati und in die anderen Dörfer der Castelli ab.

EUR Fermi (Metrostation der Linie B) Die Busse verkehren auf den Straßen Colombo, Pontina.

Lepanto (Metrostation der Metro-Linie A) Die Busse verkehren auf den Straßen Cassia, Braccianese, Aurelia, Flaminia. Z. B. Busse in Richtung Lago di Bracciano.

Magliana (Metrostation der Linie B) Die Busse verkehren auf der Autostrada A12.

Rebibbia (Endstation der Metro B) Die Busse verkehren auf den Straßen Prenestina, Tiburtina und auf der Autostrada A24. Dörfer: Palestrina, Subiaco.

Saxa Rubra (Bahnhof der Linie Nord) Die Busse verkehren auf den Straßen Tiberina, Flaminia und Cassia Bis.

Tiburtina (Metrostation der Linie B) Die Busse verkehren auf den Straßen Nomentana, Salaria und auf der Autostrada A1.

Außerdem gibt es private Busunternehmer wie **Marozzi** mit den roten Bussen, die direkt vor dem Bahnhof Tiburtina abfahren. Informationen in Reisebüros oder direkt am Bahnhof.

Cafés

Rom hat eine Menge von Cafés. Verwirrend für den Italienneuling werden sie auch Bar genannt, obwohl es sich keineswegs um Nachtclubs handelt. Die Bar ist der Haupttreffpunkt der Italiener, morgens, mittags, abends und nachts. Bezahlt wird vorher an der Kasse, es sei denn, man will sich an den Tischen niederlassen, soweit vorhanden. Daran denken, daß damit die Rechnung steigt. Dafür kann man dann lange sitzen, und niemand zwingt zum Aufstehen. Einige Cafés sind Treffpunkte der Nachtszene.

Bar del Gianicolo, Piazzale Aurelio 5, Tel. 5806275. Ruhetag: Montag. Bar mit frischen Säften und guten Snacks. Im Sommer auch Stühle im Freien unter einer kleinen Pergola.

Bar del Palazzo delle Esposizioni, Via Milano 7, Tel. 4828540. Ruhetag: Dienstag. Bar mit Selbstbedienung zum Sitzen, ohne daß sich die Preise dadurch erhöhen. In der Mittagszeit ist ein Self-Service-Restaurant im Roofgarden des Gebäudes geöffnet.

Caffè della Pace, Via della Pace 3 – 7, Tel. 6861216. Öffnungszeiten: Täglich von 9 – 2 Uhr. Sehr schönes Café in der Nähe der Piazza Navona. Schickeria und stolze Preise.

Bar del Fico, Piazza del Fico 26/28, Tel. 6865205. Öffnungszeiten: Täglich von 8 – 2 Uhr. Gleich um die Ecke der Bar della Pace gelegen. Ähnliches Publikum und ähnliche Preise. Tische im Freien, im Sommer knallvoll.

Caffè Doney, Via Veneto 145, Tel. 4821790. Ruhetag: Montag. Liegt direkt auf der Via Veneto, auf der Straße des «Dolce Vita» der fünfziger und sechziger Jahre. Vom süßen Leben ist nicht viel geblieben. Auch der Treffpunkt römischer Intellektueller lebt nur noch in den Erinnerungen.

Caffè Greco, Via Condotti 86, Tel. 6782554. Ruhetag: Sonntag. 1760 gegründetes antikes Café. Als Künstlercafé, in dem Goethe, Wagner, Stendhal, Byron und andere verkehrten, machte es sich einen Namen. Internationales Publikum und vor allem im Eingangsbereich immer überfüllt. Das gastronomische Angebot ist eher mittelmäßig.

Rosati, Piazza del Popolo 5, Tel. 3225859, ohne Ruhetag. Eine der berühmtesten Bars Roms, aus verschiedenen Gründen: Einmal ihre Position, die gesamte Piazza del Popolo ist zu überblicken, vor allem im Sommer an den Tischen im Freien. (Das hat seinen Preis.) Zum anderen macht die atmosphärereiche Inneneinrichtung aus der Zeit um 1900 das Lokal anziehend. Im oberen Stockwerk wird zur Mittagszeit ein Lunch zum durchaus anständigen Festpreis serviert. Aus Eigenproduktion stammen Cornetti und anderes Backwerk.

Il Seme e la Foglia, Via Galvani 18, Tel. 5743008. Ruhetag: Sonntag. Café in der Nähe des Scherbenhügels im Testaccio-Viertel mit netter Einrichtung und guten Kleinigkeiten zum Essen.

Latteria del Gallo, Vicolo del Gallo 4, Tel. 6865091. Ruhetag: Mittwoch. Einer der wenigen noch bestehenden Milchläden der Stadt. An Marmortischen trinkt man doppelte Cappuccini, ißt süße Stückchen oder Joghurt.

Bar S. Calisto, Piazza S. Calisto 4. Öffnungszeiten: 7 – 1 Uhr. Ruhetag: Sonntag. Bar in Trastevere, die beim Verzehr an den Tischen keinen Aufschlag verlangt. Buntes Publikum, und im Sommer sind auch hier die Gäste weit über die Straße verstreut.

Ciampini al Café du Jardin, Viale Trinità dei Monti, Tel. 6785678. Im Sommer ist es ein wahres Vergnügen, in diesem Lokal in der Nähe der Spanischen Treppe zu sitzen. Unter Sonnenschirmen und Pflanzen lassen sich heiße Stunden überstehen.

Einkaufen

Der Großteil des italienischen Einkaufens spielt sich, vor allem im Zentrum, in Einzelhandelsläden ab. Im historischen Teil der Stadt kann man nur vereinzelt Supermärkte finden. Fast alle Kaufhäuser liegen außerhalb der Mauern. Die Straßen zum Shopping bündeln sich um die Via del Corso (Piazza di Spagna), Via Nazionale (Termini), Via Giubbonari (Campo de' Fiori), Piazza Fiume (Porta Pia), Via Cola di Rienzo (Prati) und um die Via Appia Nuova, die in der Nähe der Kirche S. Giovanni beginnt. Das Secondhand-Gewerbe und einige Boutiquen verkaufen in der Via del Governo Vecchio. Die berühmten Modedesigner haben sich in den Gassen niedergelassen, die von der Spanischen Treppe zur Via del Corso führen. Viele Antiquitätenhändler kann man in der Via dei Coronari finden. Sie organisieren dort im Herbst einen Straßenmarkt.

Kaufhäuser

Coin, Piazzale Appio 15 (S. Giovanni) und in den Hallen der Ex-Birreria Peroni, Via Mantova 1/B.

Standa, Via Cola di Rienzo 173 (Prati), Viale Trastevere 62/64, Viale Regina Margherita 117, Via Appia Nuova 181/183. In den Filialen in Trastevere und Prati ist auch eine Lebensmittelabteilung angeschlossen.

Upim, Piazza S. Maria Maggiore (Termini), Via Nazionale 211, Via Tritone 172, Via Appia Nuova 465.

Rinascente, Via del Corso Piazza Colonna und Piazza Fiume.

Die größeren Einkaufszentren reihen sich um den Autobahnring, den Raccordo Anulare. Mit der Metro dagegen ist Cinecittà Due zu erreichen, ein Centro Commerciale mit Geschäften aller Art, gleich neben Cinecittà, den traditionsreichen Filmstudios.

Kleidung

Bekleidungsläden gibt's in Rom wie Sand am Meer, und immer öfter weichen traditionsreiche römische Läden den Filialen von großen Jeans- und Klamottenfirmen. In den bereits beschriebenen Einkaufsstraßen stößt man immer wieder auf die gleichen Geschäfte. Ausverkauf gibt es in den Monaten August, September und Januar, Februar. Auch die berühmten italienischen Modedesigner von Armini bis Dolce & Gabbana verkaufen dann zu herabgesetzten Preisen. Wer etwas aus den nicht aktuellen Kollektionen dieser Modemacher erstehen will, kann den **Il Discount dell' Alta Moda**, Via Gesu e Maria 16 a, aufsuchen und mit etwas Geduld recht gute Geschäfte abschließen.

Geschenkartikel

Dakota, Via del Corso 494. Von originellen Salz- und Pfefferstreuern bis zum Flipper.

Il Tucano, Via dei Crociferi 10, Laden in der Nähe des Trevibrunnens mit kleineren Einrichtungsgegenständen, Holzspielzeug, Praktisches und Überflüssiges zu günstigen Preisen.

La Chiave, Largo delle Stimmate 28 (Largo di Torre Argentina), Artikel und Schmuck, vor allem aus Asien und Südamerika, Spielsachen und eine kleine Schreibwarenabteilung mit ausgefallenen Artikeln.

Schallplatten und CDs

Discoteca Laziale, Via Mamiani 62 a (Termini). Gut sortiert, auch im Bereich Filmmusik.

Disfunzioni Musicali, Via degli Etruschi 4/14 (S. Lorenzo). Laden in Uninähe, der auch sehr spezielle Wünsche erfüllen kann.

Ricordi, Via Cesare Battisti 120 (Piazza Venezia), Via del Corso 506, Viale Giulio Cesare 88 (Prati). Läden des Mailänder Musikverlags «Ricordi», die inzwischen zur Feltrinelli-Gruppe gehören. Sortiert von Klassik über Liedermacher bis zum Rock.

Foto

Filme (pellicole) gibt es außer in Foto- und Optikerläden auch beim Tabacchaio (Tabakladen). Läden zur Schnellentwicklung sind über die ganze Stadt verteilt. Zwei Beispiele:

Castelfoto, Via di Porta Castello (Vatikan)

Speed Color, Via Crescenzio 69/a (Metrostation Lepanto)

Schreibwaren

Cartoleria Pantheon, Via della Rotonda 15 (Pantheon). Glückwunschkarten, Papier und Schachteln.

Vertecchi, Via della Croce 70 und 38 (Spanische Treppe). Sehr gut sortierter Laden für jeden Geschmack.

Schuhe, Lederwaren und Taschen

Mandarina Duck, Via di Propaganda 1, Taschen- und Koffermode, die seit Jahren führend in Italien ist. Viel kopiert, doch von Qualität sind nur die Originalmodelle, die natürlich ihren Preis haben.

Ramirez, Via del Corso 73, Via Cola di Rienzo 151, Via Salaria 64, Taschen, Jacken und Lederschuhe zu erschwinglichen Preisen.

Santini, Via S. Maria Maggiore 165. Originelle Damen-, Herren-, Kinderschuhe und Taschen aus der berühmten Santini-Kollektion. Die Modelle sind nicht aus der aktuellen Saison. Wen das nicht kümmert, der kann hier sehr preiswerte und originelle Ware erstehen.

Fausto Santini, Via Frattina 120, Tel. 6784114. Ausgefallene Taschen und Schuhe. Ziemlich teuer. Sehr gute Qualität.

Küchenzubehör und Einrichtungen

Habitat, Via Cola di Rienzo 207. Alles zum Wohnen, von Kerzen, Geschirr über Lampen bis zu Möbeln.

C.U.C.I.N.A., Via del Babuino 118/a, Tel. 69940819. Wie der Name des Ladens schon sagt: über funktionale Kochtöpfe, edle Kücheninstrumente bis zu geschmackvollen Schürzen und Kerzen.

Home Shop, Largo Torre Argentina 8, Tel. 6868450. Haushalts- und Geschenkartikel.

Magazzini Forma & Memoria, Vicolo S. Onofrio 24, Tel. 6832915. Haushaltsartikel und Möbel, in den interessanten Räumlichkeiten ehemaliger Fabriketagen untergebracht.

Spazio 7, Via dei Barbieri 7, Tel. 68307139. Auf drei Ausstellungsebenen in einem antiken Palast ist von Designermöbeln bis zu nützlichen und ausgefallenen Accessoires für Küche, Bad und Salon alles versammelt. Schon allein zur Besichtigung der Räumlichkeiten lohnt sich ein Besuch.

Parfümerien

Materozzoli, Piazza S. Lorenzo in Lucina 5, Tel. 6871456. 1870 gegründete und exklusivste Parfümerie Roms. Berühmt wegen der vielen duftenden Wässerchen. Außerdem große Auswahl in Rasierpinseln und Zubehör.

Bertozzini, Via Cola di Rienzo 192, Tel. 6874662. Seit 1913 bestehende Parfümerie, mit allen Marken und auch ausgefalleneren Schminkartikeln für Theater und Film.

Poster

L'Image, Via della Scrofa 67 (Piazza Navona). Moderne Poster, Romplakate, Kunstdrucke und Fotokunst.

Hollywood – Tutto sul Cinema, Via di Monserrato 107 (Campo de' Fiori). Fundgrube für Fans von Filmplakaten.

Video

Rinascita, Via delle Botteghe Oscure 1 (Piazza Venezia). Für die Fans des italienischen Films, die ihre Lieblingsfilme im Original erstehen wollen.

Eisbars

Eis sollte man nicht in irgendeinem Laden schlecken, sondern in den Tempeln der römischen Eisproduktion. Man pilgert oft abends, vor allem auch zu etwas späterer Stunde zu diesen Stätten. Vor den Bars stehen dann Personen mit Eistüten oder mit Granita-Bechern (fein zerstoßenes Wassereis in Frucht- oder Kaffeegeschmack).

Alberto Pica, Via della Seggiola 12 (Nähe Ponte Garibaldi). 20 verschiedene Eissorten im Winter, 50 im Sommer. Spezialität ist das Reis-Eis.

Duse, Via Eleonara Duse 1 / e (Parioli). Die Eisdiele liegt etwas außerhalb im Parioli-Viertel. 30 verschiedene Sorten und im Sommer steht man Schlange.

Giolitti, Via Uffici del Vicario 40 (Piazza Montecitorio). Eine der bekanntesten Eisdielen Roms mit an die 50 verschiedenen Eissorten.

Il Gelato di S. Crispino, Via Acaia 56 (S. Giovanni). Hinter S. Giovanni, leider etwas abseits, liegt die Bar mit dem angeblich besten Eis von Rom. Die Brüder Giuseppe und Pasquale dirigieren entschlossen ihren Laden. Verlangt jemand Eissorten, die nach ihren fundierten Kenntnissen nicht zusammenpassen, wird abgelehnt. Auch über das Benutzen von Eiswaffeln wird polemisiert, 5 verschiedene Farbstoffe seien darin enthalten. Also das Eis aus Bechern schlecken.

Palazzo del Freddo di Giovanni Fassi, Via Principe Eugenio 65/67 (Piazza Vittorio). «Der Palast der Kälte» hat Tradition. Gegründet wurde er 1880, und die Urkunden an den Wänden bezeugen den guten Geschmack. Die Bar hat Sitzgelegenheiten in einer monumentalen Halle.

I Tre Scalini, Piazza Navona 28 – 32. Die berühmte Bar auf dem berühmten Platz mit dem berühmten Tartufo-Eis. Wenn man sich setzt, wird das Schlecken ziemlich teuer. Sonst einfach auf den Bänken oder am Brunnenrand niederlassen.

Pellacchia, Via Cola di Rienzo 103 (Prati). Eisladen auf der Einkaufsstraße Cola di Rienzo. Im Sommer mit Stühlen auf dem Gehweg.

S. Filippo, Via di Villa S. Filippo 8 – 10 (Parioli). Unscheinbare Bar im Parioli-Viertel, die eines der besten Eise in Rom produziert.

Im Sommer gibt es noch eine andere Spezialität in Sachen Eis zu entdecken. An manchen Straßenecken sind **Grattachecche**-Kioske aufgebaut, die nach der Saison wieder verschwinden. Dort wird das Eis von einem Eisblock gekratzt und Sirup, je nach Geschmack, darauf geträufelt. Eine der bekanntesten Buden ist am Lungotevere, an der Ecke zur Isola Tiberina, am Ponte Cestio zu finden.

Elektrizität

Die Stromspannung beträgt auch in Rom 220 Volt. Sollte es Schwierigkeiten bei Schukosteckern mit nicht passenden Steckdosen geben, fragt man am besten im Hotel nach einem Adapter oder besorgt sich das Teil in einem Elektrogeschäft – am besten man bringt sich den Zwischenstecker bereits mit.

Essen und Trinken

Der Tag beginnt wie er endet: mit einem Caffè. Morgens in der Bar um die Ecke und nachts in den Bars der Nachtschwärmer. Zwischendurch stehen alle römischen Lokalitäten offen, die Ristoranti, Trattorie, Rosticcerie, Tavole Calde, Pizzerie und Fast food. In den Restaurants und Trattorie (einfachere Eßlokale) läßt man sich meist länger nieder. In den Rosticcerie (Bratküchen) und Tavole Calde (übersetzt «warmer Tisch») – in beiden gibt es Fritiertes, Pasta, Gemüse und Fleisch – hält man sich nur kurz auf. Sie sind nicht immer mit Sitzgelegenheiten ausgestattet. Die Pizza al taglio, die in Schnitten vom Blech geschnitten und fast an jeder zweiten Ecke verkauft wird, verspeist man am besten auf der Piazza. In den genannten Läden kann man auch immer etwas zu trinken erstehen, wenn man keinen Lebensmittelladen finden sollte. In den Restaurants zahlte man jahrelang «pane e coperto» – Brot und Gedeck, nun ist nur das Brot übriggeblieben, das man automatisch mitbezahlt. Den Wein, meist «vino di casa», den offenen Hauswein, trinkt man in Karaffen zu viertel, halben oder ganzen Litern. Bei Flaschenweinen ist es manchmal möglich, auch nach Konsum abzurechnen. Die folgenden Tips geben einige Orientierungshinweise und helfen, auf Nepplokale nicht hereinzufallen. Doch sollte jeder selbst etwas Spürsinn entwickeln, denn auch Restaurants können sich verändern.

Bars

Außer Caffè und Cappucino gibt es süße und saure Kleinigkeiten zu essen. Bezahlt wird in der Regel vorher an der Kasse, wenn man im Stehen ißt und trinkt. Im Sitzen bestellt man beim Kellner, und das wird meist ums Doppelte oder Dreifache teurer. Hier ein paar außergewöhnliche Bars:

La Tazza d'oro, Via degli Orfani 84. Schon am Pantheon kann man den Duft dieser Kaffeerösterei riechen. Außer einem guten Espresso gibt es «granita di caffé», gefrorenen, fein zerstoßenen Kaffee mit Sahne. Ruhetag: Sonntag.

Sant'Eustachio, Piazza S. Eustachio 82 (Pantheon). Hat angeblich den besten Espresso der Stadt. Er wird schon mit Zucker serviert. Wenn's ohne sein soll, vorher Bescheid sagen: «senza zucchero». Ruhetag: Montag.

Da Vezio, Via dei Delfini 23 (Ghetto). Bekannte Bar, in der jeder Zentimeter der Wände mit Fotos, Wappen und Trophäen des italienischen, russischen und kubanischen Kommunismus tapeziert ist. Ruhetag: Sonntag.

(Weitere Tips: siehe Cafés)

Restaurants

Preisklassen, an denen man sich ungefähr orientieren kann, ohne das Trinken zu berücksichtigen:
Untere Preisklasse: bis 30 000 Lire
Mittlere Preisklasse: bis 60 000 Lire
Gehobene Preisklasse: über 60 000 Lire

Augusto, Piazza de' Renzi 15 (Trastevere), Tel. 5 80 37 98. Einfache Trattoria mit guter römischer Küche. Untere Preisklasse. Ruhetag: Samstag abend und Sonntag.

Checchino dal 1887, Via di Monte Testaccio 30 (Testaccio), Tel. 5 74 63 18. Typisch römische Küche auf hohem Niveau: Nudeln mit Innereien (Pajata), Ochsenschwanz (coda alla vaccinara) oder Kutteln und Kalbsbries. Gute Weine. Gehobene Preisklasse. Ruhetag: Sonntagabend und Montag.

Ditirambo, Piazza della Cancelleria 74/75 (Campo de' Fiori), Tel. 6 87 16 26. Das Restaurant, das sich zum Untertitel «italienische Küche» gewählt hat, bietet typische Fleisch- und Fischgerichte aus den Regionen Italiens. Mittlere Preisklasse. Ruhetag: Montag.

Del Pallaro, Largo del Pallaro 15 (Campo de' Fiori), Tel. 68 80 14 88. Römische Hausmannskost. Ohne Karte, und es gibt nur das täglich wechselnde Menü, das von der Chefin zubereitet wird. Bei den einzelnen Gängen findet sich aber sicher etwas für verschiedene Geschmäcker. Untere Preisklasse. Ruhetag: Montag.

Gino, Vicolo Rosini 4 (Pantheon), Trattoria mit einem gewissen Lärmpegel in einer Gasse hinter dem römischen Parlament. Einfache Küche. Untere Preisklasse. Ruhetage: Samstag und Sonntag.

La Carbonara, Campo de' Fiori 23, Tel. 6 56 47 83. Die Position des Restaurants ist faszinierend, im Sommer sitzt man direkt auf der Piazza Campo de' Fiori. Römische Küche ohne Besonderheiten. Mittlere Preisklasse. Ruhetag: Dienstag.

Ladro di biciclette, Via Principe Amedeo 303 – 305 (Piazza Vittorio), Tel.

4464980. Ambiente, das sich vom Kino inspirieren ließ: dekoriert mit alten Filmrollen und Filmplakaten. Günstige Menüpreise. Untere Preisklasse. Ruhetag: Mittwoch.

Mozzicone, Borgo Pio 180 (Vatikan). In der Nähe von S. Pietro liegende einfache Trattoria. Untere Preisklasse. Ruhetag: Dienstag.

Otello alla Concordia, Via della Croce 81 (Piazza di Spagna), Tel. 6791178. Restaurant mit Gerichten aus den italienischen Regionen. Überdachter Innenhof mit Tischen und internationalem Publikum, daneben auch Räumlichkeiten im typischen Trattoriastil und vor allem mittags römisches Publikum. Mittlere Preisklasse. Ruhetag: Sonntag.

Pommidoro, Piazza dei Sanniti 44 (S. Lorenzo), Tel. 4452692. Spezialität des Hauses sind Wildgerichte. Geschichtsträchtiges Künstler- und Intellektuellenrestaurant. Im Sommer mit Tischen im Freien. Mittlere Preisklasse. Ruhetag: Sonntag.

Settimio all'Arancio, Via dell'Arancio 50 (Nähe Via del Corso), Tel. 6876119. Das Restaurant befindet sich in einer kleinen Seitenstraße, die parallel zur Via Tomacelli verläuft. Geführt wird es im Familienbetrieb. Dienstags und freitags frischer Fisch. Mittlere Preisklasse. Ruhetag: Sonntag. Um die Ecke findet man das **Arancio d'oro**, das von der gleichen Familie geführt wird.

Sora Margherita, Piazza delle Cinque Scole 30 (Ghetto). Tel. 6864002. Einfache, kleine Trattoria ohne Hinweisschild. Römische Hausmannskost, die jeden Tag wechselt. Nur mittags geöffnet. Untere Preisklasse. Ruhetag: Samstag und Sonntag.

Vegetarische Restaurants:

Apriti Sesamo, Via del Mattonato 16 (Trastevere), Tel. 5809667. Treffpunkt der grünen Szene. Biokost und Wein aus biologischem Anbau. Mittlere Preisklasse. Ruhetag: Montag.

Il Canestro, Via Luca della Robbia 47/A (Testaccio), Tel. 5742800. Historisch eines der ersten Biorestaurants der Stadt. Es gehört zu einer römischen Bioladenkette, die mehrere Filialen in der Stadt betreibt. Auch mittags geöffnet. Untere bis mittlere Preisklasse. Ruhetag: Sonntag.

La Zucca Magica, Via dei Barbieri 23 (Ghetto), Tel. 6833207. Der Chef der Trattoria sieht es als Aufgabe, so vielen Menschen wie möglich den vegetarischen Lebensstil näherzubringen. Und mit vegetarischem Kuskus und anderen Köstlichkeiten leistet er überzeugende Arbeit. Untere Preisklasse. Ruhetag: Sonntag und Montag.

Margutta Vegetariano, Via Margutta 118 (Nähe Piazza del Popolo), Tel. 36001805. Restaurant, das sich ganz der vegetarischen Kost verschrieben hat, natürlich auch Wein und Bier aus biologischem Anbau. Ganztägig geöffnet. Es fungiert auch als Teestube und Galerie für Ausstellungen. Mittlere Preisklasse. Ohne Ruhetag.

Internationale Küche

Wer keine Pasta mehr sehen kann. Tips zur internationalen Küche:

Hamasei, Via della Mercede 35/36 (Piazza di Spagna), Tel. 6792134. Japanisches Restaurant mit vielen Spezialitäten. Mittags preisgünstige Menüs, sonst eher gehobene Preisklassse. Ruhetag: Montag.

Messico e Nuvole, Via dei Magazzini Generali 8 (Testaccio/Ostiense), Tel. 5741413. In der Nähe der Piramide gelegenes mexikanisches Restaurant. Interessant ist es hauptsächlich im Sommer, wenn man entspannt auf der Terrasse sitzen kann. Mittlere Preisklasse. Ruhetag: Montag.

Sahara, Viale Ippocrate 43 (Uninähe), Tel. 44242583. Wer die scharfe afrikanische Küche liebt, kommt hier auf seine Kosten. Fleisch- und Huhngerichte, aber auch Vegetarisches. Untere Preisklasse. Ruhetag: Mittwoch.

Shawerma, Via Ostilia 24 (Nähe Kolosseum), Tel. 7008101. Ägyptische Spezialitäten in einem exotischen Ambiente. Auch schon zum Mittagstisch geöffnet. Menü gibt's zu günstigen Preisen, sonst mittlere Preisklasse. Nachmittags verwandelt sich das Restaurant in eine Teestube mit ausgezeichnetem ägyptischem Gebäck. Ruhetag: Montag.

Suria Mahal, Via Ponte Sisto 67 (Trastevere), Tel. 5894554. Indische Küche, die im Geschmack leicht europäisiert ist. Gemütliches Lokal, im Sommer mit Sitzplätzen im Freien. Mittlere Preisklasse. Nur abends geöffnet. Sonntags Ruhetag.

La Pergola de l'Hotel Hilton, Via A; Cadlolo 101 (Monte Mario), Tel. 35091. Das Restaurant im Roof-Garden des Hilton-Hotels zählt zu den besten der Stadt. Außer ausgezeichneten Gerichten und guten Weinen hat man einen herrlichen Blick auf Rom. Preisklasse Luxus. Ruhetag: Sonntag und Montag.

Pizzerien

Baffetto, Via del Governo Vecchio 114 (Piazza Navona) Tel. 6561617. Angeblich die beste Pizza Roms. Wenn man die Menschen vor der Pizzeria sieht, die Schlange stehen, um einen freien Tisch zu ergattern, kann man's fast glauben. Ruhetag: Sonntag.

Corallo, Via Corallo 10/11 (Piazza Navona), Pizzeria mit etwas ausgefalleneren Angeboten. Zum Beispiel die «Focaccia», eine Pizza ohne Tomaten, aber mit Zucchiniblüten und Sardellen. Kein Ruhetag.

Formula Uno, Via degli Equi 13 (S. Lorenzo). Im Formel-1-Tempo wird hier die Pizza serviert. Sie ist billig und gut. Deshalb ist das Lokal auch immer voll und die Lautstärke entsprechend. Ruhetag: Sonntag.

Ivo, Via S. Francesco a Ripa 158 (Trastevere), Tel. 5817082. Eine der berühmtesten Pizzerien Roms. Winkliges, sehr großes Lokal voller Rauch und Lärm. Im Sommer sind Tische im Freien. Man sitzt auf der Straße mitten im Viertel. Ruhetag Dienstag.

La Pappardella, Via degli Equi 56 (S. Lorenzo). Sehr preiswerte Pizzeria mit überdachtem Innenhof. Ruhetag Montag.

Pizza Forum, Via S. Giovanni in Laterano 34/38 (Kolosseum), Tel. 7002515. Supermodernes Ambiente mit sehr guter Pizza. 30 verschiedene Sorten.

Pizzaré, Via di Ripetta 14 (Piazza del Popolo), Tel. 3211468 und Via Oslavia 39 (Piazza Mazzini), Tel. 3721173. Vierzig verschiedene Pizzen bietet der Pizzakönig an. Alle im typischen Pizzaofen zubereitet und im Riesenformat. Preisgünstig. Kein Ruhetag. Sonn- und Feiertags nur abends geöffnet.

Ricci, Via Genova 32 (Porta Pia), Tel. 461107. Eine weitere traditionsreiche Pizzeria. Großes Lokal mit Pizzen für jeden Geschmack.

Remo, Via Romolo Gessi 12 (Testaccio), Pizzeria mit Tradition im Testaccio-Viertel. Auch hier stehen Römer oft Schlange. Doch der Service ist ziemlich schnell. Ruhetag: Sonntag.

Rosticcerie und Tavole Calde

Franchi, Via Cola di Rienzo 200/204 (Prati). Fritiertes Gemüse, Fisch, Fleisch und andere Spezialitäten. Keine Sitzgelegenheiten.

Il Delfino, Via di Torre Argentina. Gleich am Largo Argentina gelegenes Selbstbedienungsrestaurant mit großer Auswahl an warmen und kalten Speisen.

Pizza al taglio

Il Tempio del Buon Gustaio 2, Piazza Risorgimento 50 (Prati). Riesige Auswahl an Pizza auf dem Blech. Man kann auch sitzen und ein Bier dazu trinken. Öffnungszeiten: 7 – 1 Uhr.

Nadia e Davide, Via Milano 33 (Via Nazionale). Pizza mit klassischem Belag oder auch mit ausgefallenem, mit Steinpilzen, Spargel und anderem. Öffnungszeiten: 7.30 – 31.30 Uhr. Ruhetag: Sonntag.

Paladini, Via del Governo Vecchio 29 (Nähe Piazza Navona). 1914 gegründeter unscheinbarer Laden, der eine sehr gute Pizza bianca (weiße Pizza ohne Belag) backt, die nach Wunsch der Kunden gefüllt wird: Klassisch mit Mortadella, mit Käse, Feigen und anderen Köstlichkeiten. Öffnungszeiten: 7.30 – 20 Uhr. Sonntag und Donnerstag nachmittag geschlossen.

Fahrrad- und Mofaverleih

Stadtbesichtigung auf besondere Art läßt sich mit Motorroller, Mofa oder Fahrrad erleben. Nach Hinterlegung einer Kaution wird ausgeliehen bei:

Happy Rent, Tourist Rent Center, Piazza Esquilino 8/i (S. Maria Maggiore), Tel. 4818125. Verleiht Fahrräder, Mofas, Motorräder und Kleinbusse für 7 – 9 Personen.

Scooters for Rent, Via della Purificazione 84 (Piazza Barberini), Tel. 4885485, geöffnet: 9 bis 19.30 Uhr.

Motoservices, Via Filippo Turati 50, (Hauptbahnhofnähe), Tel. 4469222, Fax 4815937.

I bike Rome, Via Veneto 156, Tel. 3225240. Fahrrad- und Mofaverleih in der Tiefgarage unter der Villa Borghese. Geöffnet an Sonn- und Werktagen in der Zeit von 9 – 20 Uhr.

Scoot a Long, Via Cavour 302, Tel. 6780206. Verleihstelle in der Nähe des Kolosseums. Ermäßigung für Studenten. Geöffnet täglich von 9 – 20 Uhr.

Feste und Feiertage

Silvester, zur Begrüßung des neuen Jahrs ist rote Unterwäsche fundamental, denn sie bringt, in der Silvesternacht getragen, Glück für das bevorstehende Jahr. Gefeiert wird privat oder auch oft in Restaurants mit Menüs zu stolzen Preisen. Alte Möbelstücke, wie etwa in Neapel, fliegen nicht aus den Fenstern, und das Abfeuern von Knall- und Feuerwerkskörpern hält sich in Grenzen. Auf der Piazza del Popolo Silvesterfest mit Konzerten und TV-Verbindung in andere italienische Städte. Das wichtigste Gericht in den ersten Stunden des neuen Jahres sind Linsen, denn ihr Genuß verspricht, in der Zukunft ohne Geldprobleme auszukommen.

6. Januar Befana, traditionsgemäß war dieses Fest (nicht Weihnachten) der eigentliche Bescherungstag für Kinder. Die Hexe Befana, häßlich, aber freundlich, verteilt in der Nacht Geschenke. Sie steckt sie den Kindern in die Socken – aber nur den braven. Den bösen bringt sie die Rute oder Kohlenstücke, die inzwischen ‹entschärft› sind, denn es gibt sie als schwarzen Zucker. Die Spielzeugläden sind bis 24 Uhr geöffnet, und auf der Piazza Navona wird gefeiert. Die Stände des Weihnachtsmarktes haben bis zu diesem Tag geöffnet. Was zu Weihnachten noch nicht verkauft wurde, wird nun unter die Leute gebracht.

Karneval, von der Tradition des römischen Karnevals ist wenig übriggeblieben. Kinder flanieren in Kostümen durch die Stadt, die Straßen sind mit einer dichten Konfettischicht übersät. Am «Martedi grasso», dem Faschingsdienstag, trifft man sich auf der Piazza Navona und Piazza del Popolo, wo auch kleinere Veranstaltungen organisiert werden. Als Karnevalsgebäck ißt man Frappe, längsgeformter Brandteig mit viel Puderzucker.

8. März, der Tag wird sicherlich vielen auffallen, denn in Geschäften und Bars werden gelbe Mimosensträußchen verschenkt. Und das an alle Frauen, denn der 8. März ist ihr Fest, der Internationale Frauentag. Morgens findet meistens eine größere Demonstration statt, am Nachmittag und abends Veranstaltungen und Feste. In einigen Buchhandlungen, z. B. Feltrinelli (siehe Buchläden) gibt es für Frauen an diesem Tag Prozente für den Einkauf und ein Buchgeschenk.

19. März, das Fest des S. Giuseppe, der Josefstag. Es ist ein kirchlicher Feiertag, und das normale römische Leben tobt weiter, bis auf eine Unterbrechung: die Bignè, köstliche mit Creme gefüllte Brandteigkrapfen.

Ostern, die Stadt ist voller Touristen und die Supermärkte voller bunter Schokoladeneier. Die religiösen Feierlichkeiten beginnen am Palmsonntag, der Papst zelebriert die heilige Messe in S. Pietro. Am Gründonnerstag folgt die Fußwaschung in der Lateranbasilika. Am Karfreitag wird die Heilige Treppe gegenüber dem Lateran geöffnet. Pilger, die um das Heil ihrer Seelen bitten, kriechen auf den Knien 28 Stufen hoch. Am Abend findet der Kreuzweg am Kolosseum statt, die Passionsprozession mit dem Heiligen Vater (Karfreitag ist in Italien kein Feiertag, und die Geschäfte und Büros sind geöffnet). In der Nacht zum Ostersonntag finden in vielen Kirchengemeinden Auferstehungsfeiern statt, und die Glocken verkünden dann die Auferstehung Jesu. Am Ostersonntag erteilt der Papst vom Balkon am Petersdom den Segen «urbi et orbi». Am Ostermontag, Pasquetta, machen sich die Römer zum Landausflug bereit, mit Verpflegung und Klappstühlen.

21. April Natale di Roma, römischer Feiertag, an dem mit Feuerwerk und Kulturprogramm die Gründung der Stadt Rom gefeiert wird. Und die ist höchstwahrscheinlich 753 v. Chr. gewesen.

25. April, Tag der Befreiung vom Faschismus im Jahre 1945. An vielen Stellen finden Gedenkfeiern für die Opfer statt. Im Mausoleum der ‹Fosse Ardeatine› wird vor allem der 335 Geiseln gedacht, die in diesen Steinbrüchen auf Befehl von SS-Obersturmbannführer Herbert Kappler 1944 erschossen wurden, als Vergeltung für das Attentat in der Via Rasella, bei dem 32 Südtiroler Polizisten ums Leben gekommen waren. Die Geschäfte und Büros haben geschlossen. Die beiden Feste im April sind ideal, um einen «ponte», eine Brücke, zu machen. Die Tage zwischen den beiden Festen nimmt man sich frei und kommt zu fast einer Woche Urlaub.

1. Mai, der Tag der Arbeit wird auch in Italien als Feiertag begangen, mit Demonstrationen und Kundgebungen. An diesem Tag funktionieren keine öffentlichen Verkehrsmittel.

Pfingsten, spezielle Meßfeiern am Sonntag. Dagegen ist der Montag in Italien kein Feiertag.

2. Juni, Tag der Ausrufung der Republik 1946. Kein gesetzlicher Feiertag.

24. Juni, Festa di S. Giovanni, das Fest des heiligen Johannes, wird vor allem im Stadtviertel von S. Giovanni in der Nähe des Lateran gefeiert, und das mit Verkaufsständen, Zuckerguß und Schnecken. An den Ständen findet man manchmal noch kleine Pfeifen und Glocken aus Ton. Sie waren zum Vertreiben der bösen Geister in dieser magischen Nacht gedacht.

29. Juni, das Fest der heiligen Peter und Paul. Ein römischer Feiertag, denn Petrus und Paul sind die Schutzpatrone der Stadt. Am Abend wird der Petersdom hell erleuchtet.

Noantri-Fest, Mitte Juli und ursprünglich ein Fest des Volkes in Trastevere. Der Name Noantri leitet sich von «noi altri» ab, womit sich die Trasteverianer von den anderen Römern unterscheiden und betonen wollten, daß es «unser» Fest ist. Straßen und Gassen in Trastevere sind für die Zeit des Festes gesperrt. Das gesamte Stadtviertel ist ein einziges Restaurant, und der Viale Trastevere wird mit Verkaufsständen gepflastert. Leider ist das Fest mit den Jahren zu einem Konsumjahrmarkt verkommen und hat seine eigentliche Atmosphäre fast verloren.

15. August, Ferragosto, es heißt, daß an diesem Tag, dem Fest «Mariä Himmelfahrt», nur noch die Katzen und die Touristen in der Stadt zurückgeblieben sind. An ‹Ferragosto› – benannt nach den «Feriae Augusti» des römischen Kaisers Augustus – ist Rom fast ausgestorben. Wer bis zu diesem Tag noch nicht in die Sommerferien abgereist ist, verläßt oft am Morgen noch die Stadt. Straßen und Plätze sind leer, Geschäfte, Büros, Museen und viele Restaurants sind geschlossen. Eigentlich ist Rom an diesen Tagen wirklich zu genießen, und wem es nicht zu heiß ist, der kann eine Menge entdecken.

1. November, Allerheiligen. «Ognisanti» ist ein gesetzlicher Feiertag in ganz Italien. Mit Blumen und Grablichtern besucht man die Gräber der Verstorbenen auf den Friedhöfen.

8. Dezember, das Marienfest «Mariä Empfängnis» ist in Italien ein gesetzlicher Feiertag. Der Papst begibt sich zur Marienstatue an der Piazza di Spagna und behängt sie in einer religiösen Feier mit einem Blumenkranz.

Advent, bis vor einigen Jahren waren Adventskränze und Kalender unbekannt, doch inzwischen ist der Adventsrummel dem deutschen vergleichbar, und auch die Geschäfte schmücken mit viel Rot und Lichterketten.

Weihnachten, die üblichen Festtage sind der 25. und 26. Dezember. Am 24. haben die Geschäfte noch bis 19.30 Uhr geöffnet. Weihnachtsbäume sind schon während der ganzen Vorweihnachtszeit aufgestellt, auch innerhalb der Wohnungen. Seit dem heiligen Franz haben italienische Krippen Tradition, und in vielen römischen Kirchen finden sehenswerte Krippenausstellungen statt. Spezialität zu Weihnachten sind der aus Mailand importierte «Panettone» und der «Pandoro», beides runde, hohe Hefekuchen. Im Petersdom und anderen Kirchen finden Mitternachtsmessen statt, und am Morgen des 25. Dezember erteilt der Papst den Weihnachtssegen.

Filme

Rom als Kulissenstadt – seitdem die Bilder laufen lernten, wurden hier Filme gedreht. Die Italiener hatten noch vor Hollywood den historischen Monumentalfilm «entdeckt». Diese kleine Filmauswahl nennt Filme, die mit unterschiedlichem Ansatz und unterschiedlicher Qualität etwas über Rom und die Römer erzählen und auch in gutsortierten Videotheken zu erhalten sind.

Accattone (Accattone), Regie: Pier Paolo Pasolini, 1961. Die erste Regiearbeit Pasolinis über das Subproletariat der Vorstadt, das sich im Gestrüpp der bürgerlich-kapitalistischen Werte verfängt und im Kampf zwischen Rebellion und Anpassung untergeht.

Bellissima (Bellissima), Regie: Luchino Visconti, 1951. Über den Stolz des römischen Proletariats, seine Träume, seinen Realismus – mit einer großartigen Anna Magnani in der Hauptrolle.

Caro Diario (Liebes Tagebuch), Regie: Nanni Moretti, 1993. Beschreibung der 68er Generation und was aus ihr geworden ist. Einblick in die Beschränktheit der Medizin und auch in diesem Film eine Rundfahrt auf der Vespa, hauptsächlich durch das Viertel Garbatella.

Das süße Leben (La dolce vita), Regie: Federico Fellini, 1960. Anita Ekberg im Trevibrunnen und die seelischen Bauchschmerzen von römischen Intellektuellen. Im Mittelpunkt Marcello Mastroianni und das Treiben auf der Via Veneto.

Die Gleichgültigen (Gli Indifferenti), Regie: Francesco Maselli, 1963. Biedermänner und -frauen, Gleichgültigkeit, Sexualität: Moravias Psychoroman des römischen Mittelstandes zur Zeit des Faschismus als Film.

Die Nächte der Cabiria (Le notti di Cabiria), Regie: Federico Fellini, 1957. Erlebnisse der römischen Prostituierten Cabiria, die versucht, aus ihrer Welt auszubrechen und sich ein «normales» Leben aufzubauen. Giulietta Masina in einer Glanzrolle als tragischkomische Cabiria.

Der Bauch des Architekten (The Belly of an Architect), Regie: Peter Greenaway, 1986. Eine eindrucksvoll inszenierte Reise in ästhetische Systeme aus Kulturgeschichte und Menschheitsmythen, bei der einige Baudenkmäler Roms prachtvoll in Szene gesetzt werden.

Ein Herz und eine Krone (Roman Holiday), Regie: William Wyler, 1953. Das Drehbuch zu dieser Hollywoodproduktion hat der ehemalige Brecht-Mitarbeiter Ben Hecht mitverbrochen. Audrey Hepburn als englische Prinzessin, die sich während eines Rom-Aufenthalts in einen amerikanischen Journalisten, Gregory Peck, verliebt. Eine unmögliche Liebe mit Stadtrundfahrt auf der Vespa und Ausflug zu volkstümlichen Festen am Tiber.

Fahrraddiebe (Ladri di biciclette), Regie: Vittorio de Sica, 1948. Hauptwerk des Neorealismus: Ein kleiner Junge versucht die Elendswelt seines Vaters zu begreifen. Überzeugende Eingliederung des Schauplatzes Rom in die Handlung, die während der «Aufbaujahre» nach dem Krieg spielt.

Fellinis Rom (Fellini: Roma), Regie: Federico Fellini, 1972. Rom in der Erinnerung und in der ästhetischen Interpretation eines Regisseurs: Autos, Huren, Priester und der Metrobau.

La Luna (La Luna), Regie: Bernardo Bertolucci, 1979. Rom und das Drogenproblem in schicker Psychosicht. Ein kluger Kritiker schrieb dazu: «Piazza Farnese, S. Maria della Pace, der Tiber: Hier läßt sich gut träumen, lieben, drogensüchtig sein.»

Mamma Roma (Mamma Roma), Regie: Pier Paolo Pasolini, 1962. «Fortsetzung» von Accattone. Der aus der Unterschicht ausbrechende Ettore gelangt nur ins Gefängnis der Oberschicht. Dort wird er bei einer Sonderbehandlung umgebracht.

Rom – offene Stadt (Roma città aperta), Regie: Roberto Rossellini, 1944/45. Rom während der Besatzung durch die Deutschen. Ein Film über den antifaschistischen Widerstand. Manifest der italienischen neorealistischen Kinokultur. Unbedingt ansehen. Auch in diesem Film spielt Anna Magnani, die große römische Schauspielerin, eine Hauptrolle.

Satyricon (Satyricon), Regie: Federico Fellini, 1969. Aus der erotisch-witzigen, realistischen Vorlage des Petronius wird der Traum eines klassisch-verruchten Rom, in dem alle Werte über den Haufen geworfen sind.

Spartacus (Spartacus), Regie: Stanley Kubrick, 1960. Ein bißchen zu historisch-dramatisch, aber ohne Zweifel der beste unter den Monumentalschinken über das klassische Rom und den Aufstand der Sklaven.

Fluggesellschaften

Die Büros vieler internationaler Fluggesellschaften befinden sich in den Straßen um die Via Veneto, Via Bissolati und Via Barberini.

Lufthansa, Via S.Basilio 41, Telefon 46601, Fax 4872023, Flughafenbüro: 65954156

Alitalia, Via Bissolati 13, Telefon für Information und Vorbestellung: 65642. Diese Nummer ist rund um die Uhr besetzt.

Swissair, Via Po 10, Telefon für Information und Vorbestellung: 8470555.

Austrian Airlines, Via Barberini 68, Tel. 4880581.

Flughäfen

Flughafen Leonardo da Vinci, liegt etwa 30 Kilometer südwestlich von Rom am Meer. Verwirrenderweise wird der Flughafen meistens nach dem Ort Fiumicino benannt. Zur Verbindung nach Rom sind Flughafenzüge eingerichtet: Es gibt einen stündlich verkehrenden Expreß, der direkt zum Hauptbahnhof Stazione Termini in 35 Minuten fährt, Fahrpreis 13000 Lire, nur erste Klasse, und einen im Abstand von 20 Minuten verkehrenden Zug, der zu den Bahnhöfen Trastevere, Ostiense, Tuscolana und Tiburtina fährt, Fahrpreis 7000 Lire. Die Fahrtdauer beträgt 30 – 40 Minuten, Tickets an Fahrkartenautomaten vor den Bahngleisen. Der letzte Zug fährt um 22.55 Uhr vom Flughafen ab, und danach übernimmt ein Bus den Pendelverkehr nach Rom.

Flughafen Ciampino, liegt etwa 15 Kilometer in südöstlicher Richtung von Rom entfernt. Charterflüge werden über diesen Flughafen abgewickelt. Ein Bus verbindet den Flughafen mit der Metrostation Anagnina (Linie A). Fahrkarten für den Bus gibt es im Flughafengebäude. Bei Benutzung eines Taxis nur in die autorisierten gelben oder weißen einsteigen und auf das Einschalten des Taxameters achten. Außer Nacht- oder Gepäckzuschlag sind keine anderen Summen zu kalkulieren.

Frauen

Centro Internazionale della Donna Buon Pastore, Via della Lungara 19 (Trastevere), Tel. 6864201, Öffnungszeiten Di – Fr nach 19 Uhr und auch zu Veranstaltungen. Eines der wichtigsten feministischen Zentren in Italien, in einem ehemaligen Kloster aus dem 16. Jahrhundert untergebracht. Verschiedene Frauengruppen teilen sich die Räumlichkeiten, unter anderem das Dokumentationszentrum und die Frauenuni «Virginia Woolf», außerdem das Restaurant «Le sorellastre» (nur für Frauen).

Al Tempo Ritrovato, Via dei Fienaroli 31/abc (Trastevere), Tel. 5817724. Öffnungszeiten: Mo – Sa 10 – 20 Uhr, So 11 – 13 Uhr, 17 – 20 Uhr. Traditionsreicher Frauenbuchladen, gegründet 1977; hier gibt es auch *Paese delle Donne*, ein monatlich erscheinendes Faltblatt mit Infos und Tips zur römischen Frauenszene. In den neuen Räumen in Trastevere werden außerdem Ausstellungen, Diskussionen und Lesungen organisiert und ist das Archiv der «Cooperativa Donna» untergebracht.

Noi Donne, Via Trinità dei Pellegrini 12, Tel. 688131, Fax 68805380. Italienische Frauenzeitschrift, erscheint monatlich und ist an allen Kiosken und im Buchhandel zu kaufen.

Arci Lesbica, Via Primo Acciaresi 7, Tel. 41730752, Metro Tiburtina, Öffnungszeiten: Mo – Fr 16 – 19 Uhr, Juli und August geschlossen. Aus dem Arci Donna hervorgegangene Organisation mit einem Zentrum zur Beratung und zur Information.

Il Melograno, Via Luni 3, Tel. 70475606, Öffnungszeiten: Mo, Di, Do 9 – 13, 15.30 – 20 Uhr. Engagiertes Informationszentrum und Beratungsstelle zu Schwangerschaft und Geburt. Vermittelt auch erfahrene Babysitter.

Friedhöfe

Campo Verano, der größte Friedhof Roms, liegt neben der Kirche S. Lorenzo im gleichnamigen Stadtviertel. Er befindet sich, altrömischem Gesetz folgend, außerhalb der Stadtmauern Roms auf einer Ausfallstraße, der Via Tiburtina, die nach Tivoli führt. Es gibt pompöse Familiengruften aus Marmor und Travertin und mehrstöckige Bauten, in die die Särge hineingeschoben werden.

Camposanto Teutonico, neben dem Vatikan liegender Friedhof, der den in Rom verstorbenen deutschen Katholiken einer Bruderschaft vorbehalten ist. Die Tradition dieses Friedhofs reicht weit zurück. Karl der Große soll ihn gegründet haben, und auch Erde vom Kalvarienhügel in Jerusalem habe man an diesen Ort gebracht. Der Eingang liegt am Tor, links neben S. Pietro. Die Schweizergarde erlaubt, bis zum Friedhof zu passieren. Öffnungszeiten: 7 – 12 Uhr.

Cimitero Israelitico, auf diesem Friedhof, der einen Teil des Campo Verano einnimmt, ruhen die römischen Juden.

Protestantischer Friedhof, im Schatten der Cestius-Pyramide liegt der Friedhof für die Nichtkatholiken. Hier sind unter anderen August Goethe, Antonio Gramsci und die englischen Dichter Shelley und Keats begraben. Der Eingang des Friedhofs liegt in der Via Caio Cestio. Öffnungszeiten: April bis September 9 – 18 Uhr, Oktober bis März 9 – 17 Uhr. Am Tor bitte läuten.

Fundbüros

Ufficio Oggetti Smarriti, Via Nicolo Bettoni 1, Tel. 5816040. Öffnungszeiten: Mo – Fr 7 – 13 Uhr, Di – Do auch nachmittags von 14 – 18 Uhr. Das Städtische Fundbüro der Comune beherbergt Verlorenes aus Taxi, Bussen, Parks. Wenn es nach einem Jahr und 15 Tagen noch nicht abgeholt ist, kann es der Finder als Eigentum in Empfang nehmen.

Fundbüro der COTRAL, Verlorenes in der U-Bahn Linie A ist am Bahnhof Termini zu suchen, Tel. 4874309, Verlorenes in der Linie B an der Metrostation Garbatella, Tel. 5754295.

Fundbüro der FS (Italienische Eisenbahn), Bahnhof Termini, Tel. 47306682. Das Büro liegt an Gleis 1. Öffnungszeiten: 7 – 22 Uhr.

Galerien

Es soll an die 200 Kunstgalerien geben. Doch den wirklichen Kunstmarkt findet man in Mailand oder auf den Messen in Bologna. Die Galerien Roms liegen hauptsächlich um die Straßen Via del Corso, Via di Ripetta und Via del Babuino und in der Via Margutta. Oft sind die Galerien im zweiten oder dritten Stock in typisch römischen Palazzi untergebracht. Die Türen sind oft verschlossen und man muß klingeln. In Privatgalerien wird kein Eintritt erhoben. Öffnungszeiten in der Regel nachmittags zwischen 17 – 20 Uhr. Genaue Informationen dazu in der Donnerstagsbeilage «Trova Roma» der Zeitung *Repubblica* und im «Metrò» des *Messaggero* (siehe auch Auskunft). Eine andere Informationsquelle bildet der *l'Art Guide*, ein Faltblatt, das in vielen Galerien ausliegt.

Galleria Giulia, Via Giulia 148, Tel. 68802061. Entstand Anfang der sechziger Jahre.

La Nuova Pesa, Via del Corso 530 (Piazza del Popolo), Tel. 3610892. Existiert seit den fünfziger Jahren. Ausstellungen zu Klassikern der Avantgarde.

Galleria Ugo Ferranti, Via dei Soldati 251a, Tel. 68802146. Besteht seit 1974. Kümmert sich sowohl um Künstler, die sich bereits durchgesetzt haben, als auch um neue Talente.

Galleria Sala 1, Piazza di Porta S. Giovanni 10, Tel. 7008691, gegenüber der Kirche S. Giovanni in Laterano. Sie ist eine der wichtigsten in Rom. Untergebracht ist sie in Räumen, die einst Krypta einer Kirche werden sollten. Ausstellungen zur internationalen Avantgarde und Fotoausstellungen, auch experimentelle Theater- und Musikaufführungen.

Öffentliche Galerien

Palazzo delle Esposizioni, Via Nazionale 194 (Metro Repubblica), Tel. 4885465, Öffnungszeiten: Mi – Mo 10 – 21 Uhr. Ruhetag: Dienstag. Nach seiner Wiedereröffnung 1990 ist der Palazzo eine der wichtigsten Räumlichkeiten für Ausstellungen zeitgenössischer Künstler geworden.

Palazzo Ruspoli, Via del Corso 418, Tel. 68307344. Das Gebäude wird für große Kunst-, Foto- und Geschichtsausstellungen genutzt.

Geld

In Münzen gibt es die italienische Lire (Lit.) in 50-, 100-, 200- und 500-Lire-Stücken, Geldscheinen von 1000 bis 100000 Lire. Die meisten römischen Banken bieten Wechselmöglichkeiten für Reise-, Euroschecks und auch Bargeld. Öffnungszeiten sind montags bis freitags von 8.30 – 13.30 Uhr und nachmittags meist von 15 – 16 Uhr (wechselt von Bank zu Bank). Schneller ist das «Wechseln» mit Euroscheck-Karten an Automaten, die mit dem EC-Zeichen beschriftet sind. Hier einige Adressen:
Piazza Risorgimento 27 (Vatikan), Piazza Madama 5 (Piazza Navona), Via in Aquiro 106/108 (zwischen Parlament und Pantheon), Via della Rosetta 1 (direkt am Pantheon).
An folgenden Automaten kann auch Bargeld in Lire gewechselt werden: Via Marsala 4 (Termini), Via del Corso 230, Via del Corso 283, Via in Aquiro (zwischen Parlament und Pantheon), Via Veneto 7, Via della Conciliazione (Vatikan).
Außer den Banken tauschen auch staatlich zugelassene Wechselstuben Bargeld und Schecks. Allerdings zu schlechteren Kursen und gegen Gebühren. Für alle, die am Wochenende und an Feiertagen mit leeren Taschen dastehen und an den Automaten keinen Erfolg haben: Stazione Termini, Wechselstube Bahnhofsvorhalle.
Vom Postsparbuch abheben kann man auch in Postämtern, zum Beispiel beim Postscheckamt an der Piazza S. Silvestro oder beim Postamt in der Nähe des Vatikan, Via di Porta Angelica.
Bankenbürokratie und italienische Devisenbestimmungen machen Banküberweisungen manchmal zum Problem. Bei größeren Geldsummen sollte man sich vorher über die beste und billigste Möglichkeit erkundigen. Überweisungen auf ein römisches Konto dauern lange, schneller geht es per Posttelegramm an eine römische Adresse.
Viele Geschäfte, Hotels und Restaurants akzeptieren Kreditkarten. Die gebräuchlichsten sind Visa, Eurocard und American Express.

Gepäckaufbewahrung

Eine Gepäckaufbewahrung – Deposito bagagli – befindet sich am Hauptbahnhof Stazione Termini an Gleis 1 und auch an Gleis 22. Geöffnet sind sie von 5 – 1 Uhr. Es gibt keine Schließfächer.

Internet-Adressen

Wie eine Riesenspinne saß Rom im Mittelpunkt der lateinischen Welt und überzog sie mit seinem unendlichen Gewebe» (Heinrich Heine: *Reisebilder*)

Rom, die Ewige Stadt, wird um einen neuen, virtuellen Stadtteil erweitert: das CD-Rom, sozusagen. «Città virtuale» oder «Roma Online» heißen diese Seiten vollmundig und sind mit bunten Bildchen, teilweise sogar mit 3-D-Animationen aufgerüstet. Doch oft steckt kaum Informationsgehalt hinter der Grandezza der Digitalfassade, es handelt sich lediglich um stumpf abgetippte Hoteladressen ohne interaktive Vorbestellmöglichkeiten. Auch die Vernetzung der Seiten untereinander läßt viel zu wünschen übrig.
Rom, die Ewige Stadt – zumindest, was die Ladezeiten anbelangt: Leider sind viele Server überlastet, so daß sich die virtuellen Besucher im Datenstau fast so fühlen, als seien sie in den berühmten römischen Feierabendverkehr geraten – nichts geht mehr.
Rom, Ewige Stadt? Von wegen! Das virtuelle Rom ist eine einzige Großbaustelle, Adressen kommen und gehen, andere werden monatelang nicht aktualisiert, bevor auch sie ganz verschwinden.

Wer eine der hier angegebenen Adressen nicht findet, sollte eine Suchmaschine benutzen und anhand des Schlagwortes selbst auf Erkundungsreise gehen. Geeignet ist zum Beispiel das Reiseverzeichnis von **YAHOO** unter http://www.yahoo.com/recreation/travel/. Hilfreich ist auch das Verzeichnis aller römischen Server: http://www.cilea.it/www-map/cities/Roma.html
Bislang gilt es, die wenigen Angebote selektiv zu nutzen und sich ansonsten eher vor Ort zu informieren. Das steinerne Rom wurde schließlich auch nicht an einem Tag gebaut.

Reisevorbereitung
Ein wichtiger Anlaufpunkt für eine Reise ins virtuelle Rom ist der **Travelguide** unter http://www.traxxx.de/travelguide/rom/. Hier finden sich nicht nur Informationen zu Theater, Kino, einige ausgewählte Hotels und Tips, sondern eine Redaktion bietet alle zwei Wochen aktuelle Informationen und einen Wetterbericht mit täglicher Vorhersage. Auch der Stand der Wechselkurse läßt sich hier nachschlagen. Besonderes Schmankerl: die Rubrik «Talk of the Town», in der Korrespondenten berichten, was die Römer gerade bewegt.

Eine von vielen kostenlosen **Mitfahrzentralen** im Netz hat das Nummernschild http://www.chance.de/frames/c-bazaar.htm

Für alle, die italienisch sprechen, ist der beste Anlaufpunkt die linksliberale Zeitung **La Repubblica**, die auch über einen interessanten Infoteil zu den Themen Kultur und Nachtleben verfügt: http://www.larepubblica.it/

Nicht nur für Italienischsprechende ist das Bürgernetz («rete civica») von Rom interessant, das unter dem Namen **Roma Online** seit 1995 die «Democrazia telematica» (Online-Demokratie) auf seine digitalen Druckfahnen geschrieben hat. Hier sind nicht nur Hotels und Herbergen verzeichnet, sondern auch Ausstellungshinweise und eine Übersicht über diverse lokale **Newsgroups**, in denen über «handicap», «famiglia», «cinema» und allerlei andere Themen diskutiert wird. Wer ausdrücklich darum bittet: Auch in gebrochenem Englisch kann kommuniziert werden. Und vielleicht lernt man dabei schon jemanden übers «rete civica» kennen, den man auch mal offline zu einem Cappuccino einladen möchte: http://www.comune.roma.it/ngroup.html)

Traveling with Ed and Julie heißt eine der zuverlässigsten Heimatseiten, wenn es um Informationen über Rom geht – allerdings auf amerikanisch: (http://members.aol.com/enjtravel/index.htm). Liebevoll weihen uns die beiden unter «Roman Food and Restaurants» in die kulinarischen Geheimnisse der Stadt ein, von Antipasti bis Dessert («try macedonia»). Die Restauranttips haben sie selbst ausprobiert und dementsprechend kommentiert, und auch die eingehenden Hotelkritiken sind hilfreich. Unter «Suggested Itineraries» stellen sie ein Dutzend Erkundungspfade durch die Ewige Stadt vor.

La città virtuale heißt die Netzrepräsentanz der Ewigen Stadt (http://www.dcs.it/roma/roma.html), ein kleines Adressenverzeichnis von Hotels, Restaurants und Museen, das auf Papier ein mageres Heftchen abgeben würde. Denn diese Infoseite befindet sich erst noch im Aufbau, unter vielen Rubriken werden lediglich Adressen wie aus dem Telefonbuch verzeichnet.

Hotelsuche
Die beste Seite zur Hotelsuche ist das **Italy-Web**, welches in einer Sprache, die ständig zwischen Italienisch und Englisch wechselt, allerlei Angebote für «Italy and Rome» umfaßt – inklusive «religious tourism». So lassen sich hier mehrere Dutzend Hotels der gehobenen Preisklasse online besichtigen und vorbestellen, Jugendherbergen nachschlagen, die Verbindung vom Flughafen in die Innenstadt abrufen sowie Führungen buchen (URL: http://www.travel.it).

Die internationale **Mitwohnzentrale** hat vielleicht auch ein Appartement auf Zeit mit Blick auf den Petersdom zu bieten – einfach mal anklicken unter http://www.imNet.net/

Das Stadtnetz **Roma Online** listet eine Reihe von Hotels, Jugendherbergen und Campingplätzen unter http://

www.vomune.roma.it/COMUNE/info_turistiche/ auf.

Auf deutsch lassen sich über den **Travelguide** diverse Hotels in verschiedenen Preiskategorien und mit Kurzbeschreibungen herausfinden (http://www.traxxx.de/travelguide/rom/hotel).

Auch die Seite der Amerikaner **Ed und Julie** mit ihren persönlichen Tips ist einen Besuch wert. Einige der Hotels verfügen sogar über eine E-Mail-Adresse: http.//members.aol.com/enjtravel/romesights.htm

Der Name eines Hotels, nicht aber die Lage ist bekannt; oder eine Unterkunft wird in einem bestimmten Stadtteil zu einem bestimmten Preis gesucht: Der Hotelführer von Alfanet bietet eine Suchmaske an, mit deren Hilfe sich Hotels genau lokalisieren lassen: http://www.alfanet.it/welcomeItaly/Hotels/ricercaAlbergo/

Auch in der città virtuale sind allerlei Hotels nach Preiskategorien verzeichnet, von «Lusso», also Fünf-Sterne-Häusern bis hin zu kleinen Absteige-Albergos. Leider ohne genaue Preisangabe oder Kurzbeschreibung: http://www.dcs.it/roma/alberghi.html

Kunst und Kultur, Essen und Trinken

Welche Restaurants gibt es in der Vatikanstadt, welcher Horrorfilm spielt heute abend und in welchem Kino? Roms linksliberale Zeitung «la repubblica» beantwortet diese und andere Fragen in ihrem umfassenden und mit Schlagworten versehenen **Veranstaltungskalender** unter der Adresse http://www.repubblica.it

Wer gerne per Internet ein **Restaurant** auswählen und online einen Tisch vorbestellen möchte: http://www.travel.it

Gelungen ist die Infoseite des **Palazzo delle Esposizioni**, einer riesigen Ausstellungshalle, in der unter anderem eine interaktive Multimedia-Ausstellung zum Komponisten Arnold Schönberg zu sehen war: http://www.comune.roma.it/COMUNE/pecrdar/pdehome.html

Das **Museo Nazionale delle Arti e Tradizioni Populari** informiert unter http://www.ips.it.80/museo_arti

«Ja, ich bin endlich in der Hauptstadt der Welt angelangt», schrieb Johann Wolfgang Goethe am 1.11.1786 in sein Tagebuch. Im Frühjahr 1997 hat die **Casa di Goethe** in Rom ihre Pforten eröffnet, hundert Meter von der Piazza del Popolo – oder unter der Adresse http://www.bn.shuttle.de/aski/casa2.htm.
Von hier aus lassen sich auch Erkundungstouren durch das römische Netz unternehmen, da die Links regelmäßig aktualisiert werden.
Auch das **Goethe-Institut** in Rom gilt als Anlaufpunkt für alle, die kulturelle Informationen suchen: http://www.goethe.de/it/rom/

Schon ganz im Zeichen des Heiligen Jahres steht die Web Seite des Vatikans, der **Vatican Information Service (V.I.S.)**. Jede Messe, jede Seligsprechung, jedes «urbi et orbi» wird hier angekündigt, sowie die täglichen News des Heiligen Stuhls. Ein Muß für Gläubige und alle, die es werden wollen: http://www.vatican.va/, wobei das «va.» die eigene Landeskennung des katholischen Zwergstaates ist. Auch per E-Mail kann man sich regelmäßig informieren lassen, für nur 400 Dollar pro Jahr – zahlbar an die Banco di Vaticano.

http://www.christusrex.org/ – der Name ist Programm: inoffizieller Touristenführer durch die Vatican City, ungefähr alle zwei Monate aktualisiert vom amerikanischen **Christus-Rex-Redemptor-Mundi**-Verein.

Wissenswertes über die bibliothekarischen Schätze des Vatikans und über die Renaissancekultur befinden sich, allerdings auf amerikanisch, auf einem Server in Washington: http://sunsite.unc.edu/expo/vatican.exhibit/exhibit/Main_Hall.html

Eine kleine Ausstellung zeitgenössischer Kunst zeigt die **Galleria Virtuale Roma 2001** unter der Adresse http://www.mclink.it/fnc/cresci/artist.htm

Politik, Medien; News

Für jene, die des Italienischen mächtig sind, lohnt es sich, vor der Abreise durch die Online-Ausgabe der wich-

tigsten römischen Zeitungen zu blättern, die allesamt auch über einen Lokalteil verfügen – und außerdem eine ganz besondere Schwäche für den Tratsch und Klatsch der Hauptstadt haben.
Alle italienischen Zeitungen, die auch im Internet vertreten sind, können bequem über die Seite http://www.blunet.it/ abgerufen werden. Von besonders hohem Informationswert ist **La Repubblica** mit der besten Datenbank über Veranstaltungen, einem Archiv aller Artikel und Kurzfassung der aktuellen Printausgabe: www.repubblica.it

Auch **Roma Online** ist ein guter Anlaufpunkt (http://www.comune.roma.it/) ebenso wie diverse «Newsgroups» (http://www.comune.roma.it/ngroup.html). Eine komplette Liste der italienischen Bürgernetze liegt unter http://www.mclink.it/n/reticivi/reticivi.htm

Italienische Politik ist immer auch römische. Alle Homepages der **Parteien** auf einen Blick, von der Aleanza Nationale über Berlusconis Forza Italia bis zu den Verdi (den Grünen) finden sich unter der Adresse http://www.universal.nl/users/derksen/election/italy.htm

Italy on the Web ist eine schöne kleine Seite an der New Yorker Columbia University. Hier gibt's allerlei Wissenswertes, von Karten über Zeitungen bis hin zu Aufsätzen:
http://www.columbia.edu/cu/libraries/indiv/butlref/itbase.html

Wer von Rom aus ein paar elektronische Postkarten versenden möchte, obwohl die Post mal wieder streikt, begebe sich einfach in das Internet-Café namens **Drome Cybercafé**, Via dei Latini 49/51, Tel. 4 46 14 92, Öffnungszeiten: Mo – Sa 21 – 3 Uhr.

Kaiser

Regierungszeiten wichtiger römischer Kaiser des Imperium Romanum (ab 395 nur die weströmischen):

Augustus (Octavianus)	27 v. Chr. – 14 n. Chr.
Tiberius	14 – 37
Caligula	37 – 41
Claudius	41 – 54
Nero	54 – 68
Vespasian	69 – 79
Titus	79 – 81
Domitian	81 – 96
Nerva	96 – 98
Trajan	98 – 117
Hadrian	117 – 138
Antoninus Pius	138 – 161
Mark Aurel	161 – 180
Commodus	180 – 192
Septimius Severus	193 – 211
Caracalla	211 – 217
Valerianus	253 – 260
Aurelianus	270 – 275
Diokletian	284 – 305
Konstantin I. d. Gr.	306 – 337
Honorius	395 – 423
Valentinian III.	425 – 455
Romulus Augustulus	475 – 476

(der letzte weströmische Kaiser)

Kartenvorverkauf

Box Office, Via Giulio Cesare 88 (Prati, Metro Ottaviano), Tel. 3720216 und Via del Corso 506, Tel. 3612682. Agentur, die innerhalb des Schallplattenladens Ricordi ihr Büro für den Vorverkauf ausgerichtet hat. Es führt Karten zu Konzerten, Theater- und Sportveranstaltungen.

Orbis, Piazza Esquilino 37 (Termini), Tel. 4827403. Bekannteste Stelle in Rom für Karten zu Theater-, Konzert- und Sportveranstaltungen.

Für viele Rock- und Jazz-Konzerte findet sich ein Vorverkauf auch im Mode-Laden *Babilonia*, Via del Corso 185, Tel. 6786641.

Katakomben

Das Gerücht, daß verfolgte Christen sich in ihnen versteckt und gelebt hätten, hält sich hartnäckig; es handelt sich aber vor allem um Begräbnis- und Gebetsstätten, in denen auch Gottesdienste gehalten wurden. Tote durften nach römischem Recht nicht innerhalb der Stadtmauern begraben werden. Lange unterirdische Gänge (Gesamtlänge ca. 875 Kilometer) führen durch die Grabanlagen. Die Grabkammern wurden in mehreren Ebenen übereinander in den Tuffstein gehauen und die Wandnischen nach der Beisetzung des Leichnams mit Marmor- oder Terrakottaplatten verschlossen. Die Gräber sind inzwischen alle leer. Erst waren es Grabräuber, die zugriffen, und später waren Knochen als

Reliquien und Souvenirs sehr beliebt, so daß man sich entschloß, die Gräber völlig auszuräumen. Für die Besichtigung der Katakomben ist Eintrittsgeld zu zahlen (Führungen in verschiedenen Sprachen).

Sant'Agnese fuori le Mura, Via Nomentana 349, Öffnungszeiten: Täglich 9 – 12 und 16 – 18 Uhr, So vormittags und Mo nachmittags geschlossen. Die Katakomben wurden im 2. – 6. Jahrhundert benutzt und zählen zu den besterhaltenen Roms.

Catacombe di S. Callisto, Via Appia Antica 110, Tel. 5136725. Öffnungszeiten: Mo, Di, Do und So 8.30 – 12 Uhr und 14.30 – 17.30 Uhr. Begräbnisort vieler Märtyrerpäpste des 3. Jahrhunderts und im Frühchristentum einer der wichtigsten Wallfahrtsorte. Auch der Leichnam der heiligen Cäcilia war hier beigesetzt, in einer kleinen Kapelle mit Wandfresken.

Catacombe di S. Sebastiano, Via Appia Antica 136, Tel. 7887035. Öffnungszeiten: Mo – Mi, Fr und So 9 – 12 Uhr und 14.30 – 17.30 Uhr. Während der Christenverfolgung waren hier angeblich die Gebeine der Apostel Petrus und Paulus beigesetzt. Außer den Katakomben sind unter der Kirche die Fundamente der Konstantinischen Basilika und römischer Wohnhäuser freigelegt.

Catacombe di Priscilla, Via Salaria 430, (Nähe Villa Ada). Ausgedehnte Anlage mit Wandmalereien. Dargestellt sind Heilige und frühchristliche Symbole.

Kinder

Italien ist ein kinderfreundliches Land. Oder besser, man freut sich einfach darüber, daß Kinder da sind, und beachtet sie auch. In der Bank oder bei Behörden kann man ruhig seine Dinge erledigen, Angestellte übernehmen es gerne, ihr Kind zu beschäftigen. Aber die italienischen Städte sind arm an adäquaten Strukturen für Kinder. Selbst Spielplätze sind mehr als rar und nur in den großen Parks zu finden (siehe Parks). Dort gibt es auch Karussells und Ponys zum Reiten.

Auf dem **Gianicolo**, Piazza Garibaldi, wo man wegen des schönen Ausblicks auf Rom hingeht, existiert ein **Puppentheater** im Freien mit den Abenteuern der Pulcinella. Im Sommer gibt es Aufführungen etwa von 17.30 bis 20 Uhr oder auch noch später, im Winter von 14.30 bis 18 Uhr und auch Sonntag morgens. Eintritt wird nicht erhoben.

Teatro Verde, Circonvallazione Gianicolense 10, Tel. 5882034. Aufführungen für unterschiedliche Altersgruppen mit Schauspielern und Puppen.

Teatro Mongiovino, Via G. Genocchi 15, Tel. 5139405. Marionettentheater. **English Puppet Theatre**, Piazza dei Satiri, Tel. 5896201. Puppentheater.

Biblioteca centrale per i Ragazzi, Via S. Paolo alla Regola 16. Die Zentralbücherei der Gemeinde für Kinder ist ganz in der Nähe des Campo de'Fiori. Sie hat auch eine Abteilung mit Büchern in deutscher Sprache. Ideal bei Regentagen.

Goethe-Institut, Via Savoia 15, Tel. 8440051. Auch hier sind eine Reihe von interessanten Kinderbüchern anzusehen oder auszuleihen.

Cinema dei Piccoli, Viale della Pineta 15, im Herzen der Villa Borghese. Spezialgebiet: Zeichentrickfilme.

Zoo (Giardino zoologico), Viale del Giardino Zoologico 20. Zoo in der Villa Borghese (siehe Zoo, S. 237).

Luna Park, Via delle Tre Fontane (EUR-Viertel). Dieser Jahrmarkt mit Karussells, Achterbahn und Riesenrad ist das ganze Jahr über geöffnet. Zu erreichen mit der Metrolinie B bis zur Haltestelle Marconi. Öffnungszeiten: täglich ab 16 Uhr.

Deutschsprachige Babysitter für tags oder abends sind an den Schwarzen Brettern des Goethe-Instituts (Via Savoia 15) oder der Buchhandlung Herder (Piazza di Montecitorio) zu finden. **Kinderkleidung** erstehen kann man in den Ladenketten von Stefanel, Chicco, Benetton und Prenatal, die in den großen Einkaufsstraßen vertreten sind. Direkt an der Piazza Navona gibt es zwei Spielzeugläden, im Norden des Platzes mit einer großen Stofftierauswahl, im Süden mit normalem Sortiment. Eine weitere Adresse für passionierte Spieler ist der Laden: **Città del Sole**, Via della Scrofa 65 (zwischen

Piazza Navona und Pantheon). Holzspielzeug, Drachen, Bücher und Gesellschaftsspiele auch für Erwachsene. Eine wichtige Telefonnummer – 19696 – für Kinder ist die des **Telefono Azzurro**, die kostenlos angerufen werden kann und Hilfestellung bei Problemen gibt.

Kinos

Trotz des Fernsehens hat Rom noch begeisterte und eifrige Kinogänger. Massen drängen sich natürlich bei den großen amerikanischen Filmen, doch die Premiere eines italienischen Films hat den gleichen Stellenwert wie etwa eine Theaterpremiere an großen Häusern. Einen Überblick über das tägliche Kinoprogramm bringen die Tageszeitungen. Die Kinostruktur teilt sich in Kinos der Erstaufführungen (Prima Visione) und in Programmkinos und Filmclubs auf. In der Regel gibt es vier Vorstellungen, die erste beginnt etwa um 16 Uhr, die letzte um 22.30 Uhr. Etwa in der Mitte des Films gibt es eine Pause, in der Popcorn und Eis verkauft wird. Im Juli und August sind viele Kinos geschlossen, doch als Ersatz gibt's Filme unter freiem Himmel. (In dem Programmteil der Tageszeitungen unter «Arena» zu finden.) Vor allem Massenzio hat als Freiluft-Kinoveranstaltung eine fast zwanzigjährige Tradition. Sie findet inzwischen auf dem Celio-Hügel oberhalb des Kolosseums statt. In der Programmgestaltung sind auch ältere Filme der italienischen Meister berücksichtigt, die sonst selten zu sehen sind.

Filme in Originalfassungen

Alcazar, Via Cardinal Merry del Val 14 (Trastevere), Tel. 5880099. Interessantes Kino mit guter technischer Ausstattung. Montags laufen die Filme in der Originalfassung mit Untertiteln.

Majestic, Via Santi Apostoli 20 (Piazza Venezia), Tel. 6794908. Auch in diesem Kino, ehemaliges Theater, finden montags Aufführungen im Original statt.

Pasquino, Vicolo del Piede 19 (Trastevere) Tel. 5803622. Kleines Kino, das als einziges in Rom jeden Tag Filme in englischer Sprache (ohne Untertitel) zeigt.

Kinos mit Erstaufführungen abseits von Hollywood-Produktionen

Greenwich, Via G. Battisti Bodoni 59 (Testaccio), Tel. 5745825. Aus den Ruinen eines alten Gemeindekinos entstand ein neues Kino mit drei Sälen. Interessantes Programm. Filme manchmal auch in Originalfassung.

Intrastevere, Vicolo Moroni 3a (Trastevere), Tel. 5884230. Das aus dem ehemaligen Theater in Trastevere hervorgegangene Kino hat drei Säle mit bester Technik.

Nuovo Sacher, Largo Ascianghi 1 (Trastevere), Tel. 5818116. Besitzer des Kinos ist der römische Regisseur Nanni Moretti. Gegen die Filmvertriebe, die viele Filme erst gar nicht in ihr Programm aufnehmen, weil sie keine großen Einnahmen versprechen, stellte er sein Kino und seine Produktionsfirma Sacher. Er führte für römische Verhältnisse eine Revolution durch: Für Unpünktliche ist nach Beginn der Projektion kein Einlaß mehr. Im Sommer werden die Filme in der Freilichtarena direkt hinter dem Kino gezeigt; außerdem kleiner Buchladen.

Filmclubs

Azzurro Scipioni, Via Scipioni 82 (Prati), Tel. 39737161. Programmkino des römischen Filmemachers Silvano Agosti. In zwei Sälen mit Namen Chaplin und Lumiere sind vor allem Filmklassiker zu sehen.

Il Labirinto, Via Pompeo Magno 27 (Prati), Tel. 3216283. Aktuelle Filme und auch Retrospektiven. Manchmal Originalfassungen.

Kirchen

Die bedeutendste Kirche in Rom ist der Petersdom (siehe Vatikan). Aber in Rom gibt es mehr Kirchen, als das Jahr Tage hat. Unser Überblick bleibt also notwendig begrenzt. Zur Beachtung: Die Öffnungszeiten der Kirchen sind unterschiedlich, viele kleinere öffnen nur zu bestimmten Meßzeiten. Allgemein gilt: täglich 7.30 – 12.30 Uhr und 16 – 19 Uhr (auf angemessene Kleidung achten und aus Respekt vor Gläubigen während der Messe bitte auf die Besichtigung verzichten). In vielen Kirchen gibt es Tonbandautomaten, die auch auf deutsch Erläuterungen geben; am Eingang hängt meist ein Lageplan mit kurzen historischen und künstlerischen Angaben in italienischer Sprache. Von Ausnahmen abgesehen ist der Eintritt frei.

Frühchristentum und Mittelalter

Seit dem Mittelalter sucht der Gläubige bei einer Romfahrt sieben Pilgerkirchen über den wichtigsten Märtyrergräbern als Kultstätten auf: neben dem Petersdom sind das S. Giovanni in Laterano, S. Paolo fuori le Mura, S. Maria Maggiore, S. Croce in Gerusalemme, S. Lorenzo fuori le Mura und S. Sebastiano. Bei S. Giovanni, S. Paolo und S. Lorenzo haben sich trotz vieler Veränderungen herrliche Kreuzgänge erhalten. Bei S. Clemente kann man über drei Stockwerke bis in die Antike steigen. Großartige Mosaiken zieren S. Prassede oder S. Maria in Trastevere. Wie das Christentum zur Macht griff, zeigt eine Bildergeschichte bei Santissimi Quattro Coronati. Außerdem (in den Touren nicht erwähnte) sehenswerte Kirchen:

S. Costanza, Via Nomentana 349, Öffnungszeiten: Mo – Sa 9 – 12 Uhr, Di – Sa auch 16 – 18 Uhr, So 16 – 18 Uhr (Eintritt). Rundkirche aus dem 4. Jahrhundert, für die Töchter des Kaisers Konstantin gebaut mit wundervollen Mosaiken in der Gewölbedecke. Ursprünglich nur ein Mausoleum neben der Kirche S. Agnese fuori le Mura aus der gleichen Zeit (Apsismosaik aus dem 7. Jahrhundert, vom linken Schiff Zugang zur Katakombe der heiligen Agnes).

S. Cecilia in Trastevere, Piazza di S. Cecilia. Über dem Ort des Martyriums der heiligen Cäcilie (Schutzheilige für die Musik) im 9. Jahrhundert errichtet. Apsismosaik aus jener Zeit, außerdem erste Werke der sogenannten Protorenaissance (Altarziborium und Freskenreste eines Jüngsten Gerichts aus dem 13. Jahrhundert).

S. Stefano Rotondo, Via S. Stefano Rotondo / Via della Navicella. Eine der ältesten Kirchen Roms, ab 468 als Rundbau errichtet, mit blutrünstigen Darstellungen vom Leiden vieler Märtyrer, eigentlich nicht jugendfrei (aber die Fresken sind verblaßt). Titularkirche des Münchener Erzbischofs.

Renaissance

Das größte Bauvorhaben, das Rom ab 1506 beschäftigt, ist der neue Petersdom mit der riesigen Kuppel Michelangelos. Der Bau und die Ausschmückung der Sixtinischen Kapelle zwischen 1475 und 1541 aber ist der eigentliche Höhepunkt der Zeit. Auf dem Gianicolo entwirft Bramante mit dem Tempietto eine Idealform der Renaissance. Bramante baut auch den Kreuzgang für S. Maria della Pace hinter der Piazza Navona. S. Maria del Popolo (Piazza del Popolo), unter Sixtus IV. gebaut, ist so etwas wie ein kleines Renaissancemuseum: Chigi-Kapelle von Raffael und Fresken von Pinturicchio. Die Gemälde von Caravaggio weisen bereits über die Renaissance hinaus. Caravaggio-Bilder schmücken auch die Renaissancekirche S. Luigi dei Francesi (Via Dogana Vecchia).

Gegenreformation und Barock

Vorbildhaft für die Kirchenbauten der Gegenreformation wurde die Jesuitenkirche il Gesù (Via del Plebiscito. Ordensgründer Ignatius von Loyola legte die Messe für eine Menge von Gläubigen wie ein großes Schauspiel an, in dessen Zentrum die Predigt stand. Am Rande mußte Platz für Beichte und Exerzitien sein. Das lateinische Kreuz, das der Architekt Vignola 1568 wählte, wurde so zur Grundform der neuen Kirchen wie auch in S. Ignazio (ab 1626), der zweiten großen Jesuitenkirche Roms. Die Kolonnade vom Petersdom gehört zu den Hauptwerken Berninis im Barock. Er baute auch kleinere Kirchen wie S. Andrea al Quirinale oder auch die berühmten Altäre mit der Verzückung der heiligen Theresa (S. Maria della Vittoria) oder der Verzückung der seligen Ludovica Albertoni (S. Francesco a Ripa, Piazza S. Francesco d'Assisi in Trastevere). Von Berninis Gegenspieler Borromini stammen Arbeiten wie S. Agnese in Agone, S. Carlo alle Quattro Fontane und S. Ivo alla Sapienza und das Oratorium neben der Chiesa Nuova (Corso Vittorio Emanuele), deren Hauptaltar wiederum von Rubens-Fresken geschmückt sind. Die Barockkuppeln der Kirchen S. Andrea della

Valle, S. Carlo ai Catinari oder S. Carlo al Corso (Via del Corso) bestimmen das bewegte Rombild, das man von den Aussichtspunkten wahrnimmt.

Kneipen

Kneipenleben spielt sich in Rom ganz unterschiedlich ab: Zwischen Bier und Musik, zwischen Wein und Cocktails. Die Musikclubs und Discos sind unter Musik und Tanzen beschrieben, auch leisten die Cafés einen wichtigen Beitrag zum Nachtleben. Gebündelt sind Kneipen in den Gassen zwischen Piazza Navona und Campo de' Fiori und auch im Stadtteil Testaccio am Scherbenhügel, andere in San Lorenzo und Trastevere. Bevor wir zu Bierkneipen und Weinstuben kommen, zunächst erst einige Mischformen:

Aldebaran, Via Galvani 54 (Testaccio). Das Lokal liegt direkt am Scherbenhügel im Testaccio. Starke Seite sind die Cocktails. Im Sommer auch Tische im Freien. Öffnungszeiten: 22 – 2.30 Uhr. Ruhetag: Sonntag.

Divino in vino, Via Pomponio Leto 1 (Prati). In der Nähe des Vatikans. Eine Mischung zwischen Weinstube und kleinem Restaurant. Täglich wechselndes Menü. Öffnungszeiten: 21 – 1 Uhr. Ruhetag: Sonntag.

Fonclea, Via Crescenzio 82/a (Prati). Lokal mit zwei Räumen, einer ist für Live-Musik reserviert. Gutes Getränke- und Speisenangebot. Öffnungszeiten: 20 – 2 Uhr. Kein Ruhetag.

Hemingway, Piazza delle Coppelle 10 (Pantheon). Viel Schickeria, nachmittags Teestube. Bis 3 Uhr nachts geöffnet. Ruhetag: Samstag

Ombre rosse, Piazza S. Egidio (Trastevere). Große Auswahl an Whisky, Grappa und Schnäpsen. Öffnungszeiten: 17 – 1 Uhr. Ruhetag: Sonntag.

Nuvolari, Via degli Ombrellari 10 (Vatikan). Bier, Wein, Cocktails und Kleinigkeiten zu essen. Ab und zu Live-Musik. Öffnungszeiten: 20.30 – 2 Uhr. Ruhetag: Montag.

Stazione Quagadougou, Via della Lungaretta (Trastevere). Afrikanisches Lokal, das nachmittags als Teestube geöffnet hat. Live-Musik, Kleinigkeiten zu essen, Cocktails, alles afrikanisch. Wem's immer noch nicht reicht, kann sich auch Dokumentarfilme zu Afrika ansehen, die ab und zu gezeigt werden.

Rive Gauche 2, Via dei Sabelli 43 (S. Lorenzo). Bekannte Adresse zum Trinken und zum Essen im Studentenviertel S. Lorenzo. Öffnungszeiten: 20 – 2 Uhr. Ohne Ruhetag.

Birrerie

Birreria Peroni, Via Brescia 24 (Porta Pia). Traditionsreich, zu essen gibt's Kraut und Würste. Schließt um Mitternacht. Ruhetag: Montag.

Four Green Fields, Via Morin 38/42 (Prati). Gute Bierauswahl. Im unteren Stockwerk gibt's Essen und dazu Live-Musik. Öffnungszeiten: 20 – 2 Uhr. Ohne Ruhetag.

La Scala, Piazza della Scala 60 (Trastevere). Bier, Cocktails und manchmal Live-Musik. Vor allem im Sommer spielt sich das Kneipenleben auf der Straße vor dem Lokal ab. Ruhetag: Mittwoch.

Tempera, Via di S. Marcello 19 (Piazza Venezia). Eine der ältesten Bierkneipen Roms mit Kraut und Würsten. Öffnungszeiten: 18 – 23 Uhr. Ruhetag: Sonntag.

The Fiddler's Elbow, Via dell' Olmata 43 (S. Maria Maggiore). Erster Pub in Rom, der vor 20 Jahren eröffnete und bis heute Erfolg hat. Öffnungszeiten: 16.30 – 0.30 Uhr. Ohne Ruhetag.

Enoteche (Weinstuben)

Cul de Sac 1, Piazza Pasquino 73 (Piazza Navona), Tel. 68801094. Sehr charakteristische Weinstube. Gute Weinauswahl, kalte und warme Leckerbissen.

Bottega del Vino da Bleve, Via S. Maria del Pianto 9a/11 (Ghetto). Weinstube mit fachkundiger Beratung und großer Auswahl. Dazu gibt's Käse, Salami und kleine Leckereien. Öffnungszeiten: 20 – 1.30 Uhr. Ruhetag: Sonntag.

Ferrara, Via del Moro 1/a (Trastevere), Tel. 5803769. Mit viel Geschmack eingerichtete Enoteca. Gute und ausgewählte italienische Weine. Kalte und warme Kleinigkeiten zum Essen.

L'Angolo Divino, Via Balestrari 12 (Campo de' Fiori), Tel. 6864413. Kleine gemütliche Weinstube in einer Seitengasse des Campo de' Fiori. Gute Rot- und Weißweine, warme und kalte Kleinigkeiten. Ruhetag: Montag.

Trimani, Via Cernaia 37, Tel. 4469630. Weinstube des bekannten römischen Weinladens Trimani, der gleich um die Ecke liegt (tagsüber zum Weinverkauf geöffnet). Gute Weinauswahl und leckere Kleinigkeiten. Ruhetag: Sonntag.

Kriminalität

Der Ruf Roms ist schlechter, als es wirklich um die Sicherheit steht. Im Grunde stiehlt, überfällt und mordet man nicht mehr als in jeder anderen europäischen Großstadt (siehe Notfälle und Überleben).

Kulturzentren

Viele Länder unterhalten in Rom eigene Kultureinrichtungen, in denen zum Teil Stipendiaten untergebracht sind. Gleichzeitig organisieren sie Veranstaltungen, um die Kultur des eigenen Landes im Ausland zu verbreiten. Hier die deutschsprachigen:

Deutsche Akademie, Villa Massimo, Largo di Villa Massimo 1 – 2, Tel. 44236940. Einrichtung, die dem deutschen Innenministerium untersteht. Die einzelnen Bundesländer vergeben Stipendien an Künstler in den Bereichen Musik, Literatur, bildende Kunst und Architektur. Die Künstler wohnen für ein Jahr in den Ateliers der Villa. Ab und zu Veranstaltungen, im Sommer im Freien.

Deutsches Archäologisches Institut, Via Sardegna 79, Tel. 4885617. Das Institut widmet sich der klassischen Altertumswissenschaft. Deutschsprachige Fachbibliothek und Fotoarchiv zu Archäologie und Ausgrabungen.

Deutsches Historisches Institut, Via Aurelia Antica 391, Tel. 6636972. Geforscht wird hier in Sachen deutscher und europäischer Geschichte, mit Schwerpunkt auf den deutsch-italienischen Beziehungen. Gute Bibliothek zur älteren und modernen Geschichte Italiens und Deutschlands.

Goethe-Institut, Via Savoia 15, Tel. 8440051, Fax 8411628, Bibliothek 8841806. Öffnungszeiten der Bibliothek: Dienstag bis Freitag 10 – 19 Uhr. Umfangreiche Bibliothek mit deutschsprachigen Büchern, Schallplatten, Videos und breite Auswahl an deutschen Tageszeitungen und Zeitschriften. Das Institut organisiert neben den traditionellen Sprachkursen Ausstellungen, Veranstaltungen zu Film, Musik und Literatur sowie historische und philosophische Seminare. Am Schwarzen Brett vor einer kleinen Bar findet man alles von Zimmerangeboten über Babysitter bis Mitfahrgelegenheiten.

Österreichisches Kulturinstitut, Viale Bruno Buozzi 113, Tel. 3609702.

Schweizer Kulturinstitut, Via Ludovisi 48 (Via Veneto), Tel. 4885663.

Casa della Cultura, Via di S. Crisogono 45 (Trastevere), Tel. 58310253. Der PDS nahestehender Kulturverein, organisiert in seinen Räumen Debatten zu Politik und Kultur, präsentiert neue Bücher.

Kurioses

Kurios bezeichnet von der Bedeutung des Wortes das, was einen neugierig macht. In diesem Sinn ist natürlich ganz Rom «kurios». Aber es gibt schon wirklich merkwürdige Dinge. Warum zum Beispiel hat die Familie Colonna die Kanonenkugel auf der Treppe zum Prachtsaal ihres Palazzo liegenlassen, die bei Angriffen gegen die Revolutionäre von 1848/49 zuerst ein Fenster und dann zwei Marmorstufen zerstört hatte? Wurde die Kugel nicht von den Franzosen als päpstlicher Schutzmacht abgeschossen, und standen die Colonna nicht auf der Seite von Pius IX.? Kurios. Patrioten jener Jahre, die sich gegen die Herrschaft des Vatikans auflehnten, wurden nicht selten zum Tode verurteilt. Daran erinnern Denkmäler wie das für einen gewissen Angelo Brunetti mit dem Beinamen Ciceruacchio. Mit der Aufschrift «Dem Ciceruacchio, das Volk» steht es am Lungotevere in Augusta über der Passeggiata Ripetta und schaut wie alle demokratischen Denkmäler Roms vorwurfsvoll gegen den Vatikan.

Wem das zu politisch ist, darf sich täglich von 9 – 12 und 15 – 17 Uhr gruseln. Im **Museo dei Padri Cappuccini** (S. Maria della Concezione, Via Veneto 27) stammen Wandverkleidungen, Ornamente aus Schädeln und Knochen verstorbener Kapuziner.

Nicht gruselig genug? Widmen wir uns also den Staren, die während der Wintermonate in Rom einfallen, dagegen scheinen Hitchcocks Vögel ein Spatzenschwarm. In dunklen Wolkenformationen fliegen sie über die Stadt und nisten sich hauptsächlich in den Bäumen im Viertel Prati und am Bahnhof Termini ein. Rom ist die europäische Hauptstadt der Stare geworden, und man zählt eine Million dieser Vögel, die hier überwintern und sich zu einer großen Plage für die Stadt entwickelt haben. Anwohner in Prati sind deshalb oft auch bei strahlendem Wetter mit Regenschirm zu sehen, um sich vor Überraschungen aus der Luft zu schützen.

Etwas ungefährlicher läßt sich eine andere Sache in der Nähe des Giardino degli Aranci auf dem Aventin besichtigen. Dabei muß man jedoch einen Blick durch das Schlüsselloch an der Eingangspforte vom Malteserkonvent auf der **Piazza dei Cavalieri di Malta** wagen. Das ist keineswegs verboten, wie man vielleicht annehmen könnte. Haben sich die Augen erst mal an die außergewöhnliche Perspektive gewöhnt, entdeckt man den Garten des Konvents und sieht dann direkt ... – einfach kurios.

Wer sich in der Nacht vom 10. auf den 11. August in Rom aufhält, kann noch etwas anderes beobachten, den Sternenhimmel. Am Fest des heiligen Lorenzo, in der Nacht von S. Lorenzo, sind angeblich die meisten Sternschnuppen zu sehen. Manchmal ist zu diesem Anlaß die Sternwarte (**Osservatorio astronomico**, Via del Parco Mellini) auf dem Monte Mario geöffnet.

Alle, die noch nicht genug mit der Pasta auf dem Teller haben und sich eingehend über die Kunst der Nudel informieren wollen, können einen Blick ins **Nudelmuseum** werfen. In der Nähe des Trevibrunnens wird in elf Räumen Geschichte und Entwicklung der Pasta dokumentiert. Das typische Produkt Italiens gelangt hier zu hoher Ehre, die der Nudel sicherlich gebührt – und die man mit dem hohen Eintrittspreis honoriert. An den Genuß ihres Verzehrs kommen diese Erklärungen aber noch lange nicht ran. Das Museum befindet sich an der Piazza Scanderbeg 117 und ist Mo – Sa von 9.30 – 12.30 Uhr und von 16 – 19 Uhr geöffnet, Sonntags von 9.30 – 12.30 Uhr.

Lesen

Stadtpläne

Am handlichsten ist immer noch der *Falk-Plan*, der zudem die Bus-, Tram- und Metrolinien angibt, und der einige Vorortkarten (Fiumicino, Ostia, Tivoli, Albaner Berge) bietet.

Für Falk-Plan-Geschädigte: In Rom gibt es im Buchhandel den Taschenatlas *Atlanti di Città De Agostini: Roma* zu kaufen. In einem Namensindex sind alle wichtigen Kirchen, Palazzi, Museen und andere Sehenswürdigkeiten aufgelistet. Außerdem Routenvorschläge und kurzgefaßte Erläuterungen (nur in italienischer Sprache).

Wer viel mit Bahn und Bus unterwegs ist, könnte sich am Kiosk die neueste Ausgabe des Plans *Roma Metro-Bus* (italienisch / englisch) besorgen, Stadtplan (ohne Straßenverzeichnis) mit allen öffentlichen Verkehrsmitteln (auch Umland), Verzeichnis der Haltestellen, Streckenführung etc.

Reiseführer

vis-à-vis Rom, RV-Verlag, München. Eine gelungene Überarbeitung des englischen *Eyewitness Travel Guide Rome*. Sehr übersichtlich, kurze, kenntnisreiche Erläuterung mit vielen historischen Geschichten. Nachteil: etwas schwer für lange Spaziergänge.

E. M. Jung-Inglessis: *Romfahrt durch zwei Jahrtausende*. Athesia Verlag, Bozen. Einziger ernstzunehmender Pilgerführer in deutscher Sprache.

Kunstführer Rom, Verlag Philipp Reclam, Stuttgart. Immer noch der genaueste Führer seiner Art, dem auch unser Buch manchen Hinweis verdankt. Die Neuauflage ist allerdings unhandlich, man läßt sie lieber im Hotel.

Touring Club Italiano: *Roma*. TCI, Milano. Informationen haben wir auch diesem umfassenden Führer aus der

Reihe «Guida d'Italia» entnommen. Italienischkenntnisse erforderlich.

Literatur

Ingeborg Bachmann: *Was ich in Rom sah und hörte.* In: Gedichte, Erzählungen, Hörspiele, Essays. Piper Verlag, München. Der Versuch, sich Rom mit Sprache anzueignen. Die Autorin lebte lange in der Stadt und starb hier im Sommer 1973.

Bertolt Brecht: *Die Geschäfte des Herrn Julius Cäsar.* Rowohlt Taschenbuch Verlag, Reinbek. Historisches Romanfragment über Leute, «deren Ruhm ist wie Rauch, der anzeigt, daß ein Feuer gewütet hat».

R. D. Brinkmann: *Rom.* Blicke. Rowohlt Verlag, Reinbek. Vernichtendes Urteil eines Enttäuschten (Stipendiaten der Villa Massimo).

Carlo Emilio Gadda: *Die gräßliche Bescherung in der Via Merulana.* Piper Verlag, München. Virtuoser Roman über das römische Bürgertum, hervorragend übersetzt von Toni Kienlechner. Klassiker der italienischen Nachkriegsliteratur von 1957.

Wolfgang Koeppen: *Tod in Rom.* Suhrkamp Verlag, Frankfurt/Main. Rom als Schauplatz deutscher Nachkriegsgeschichte und die Taten der Väter.

Luigi Malerba: *Die nackten Masken.* Wagenbach Verlag, Berlin. Satirisch-kriminalistischer Roman über das Rom der Renaissance, als ein Papst auftaucht, der an Gott glaubt.

Dacia Maraini: *Stimmen.* Piper Verlag, München. Ein Kriminalroman über das gegenwärtige Rom und die Rolle der Frau. Die Schriftstellerin hat auch andere ihrer Bücher in Rom angesiedelt, zum Beispiel *Erinnerung einer Diebin.*

Elsa Morante: *La storia.* Fischer Taschenbuch Verlag, Frankfurt/Main. Die Geschichte einer halbjüdischen Lehrerin und ihrer Familie in Rom von 1941 – 47: Faschismus, deutsche Besatzung und Nachkriegszeit.

Alberto Moravia: *Römische Erzählungen.* Rowohlt Verlag, Reinbek. Kurzgeschichten über das alltägliche Rom der Nachkriegszeit. Der Autor ist der große Erzähler Roms in vielen Romanen bis zu seinem erotischen Spätwerk (alle bei Rowohlt).

Pier Paolo Pasolini: *Vita violenta.* Piper Verlag, München. Rom von der Peripherie her gesehen. Zusammen mit *Ragazzi di vita* (Wagenbach) unverzichtbare Literatur über die Entwicklung der Stadt und ihrer Menschen. P. P. P. hat sich auch in seinen *Freibeuterschriften* (Wagenbach) essay- und glossenhaft in die Kulturdebatte um die Moderne am Beispiel Roms eingemischt.

Marguerite Yourcenar: *Ich zähmte die Wölfin.* dtv, München. Eine Annäherung an Kaiser Hadrian und die Kultur des Imperiums.

Anthologien

dtv-Reise Textbuch Rom. Ein literarischer Begleiter mit Texten aus 2000 Jahren auf den Wegen durch die Stadt, herausgegeben von Franz Peter Waiblinger. dtv, München.
Rom – eine literarische Einladung. Texte zeitgenössischer italienischer Autoren herausgegeben von Margit Knapp. Verlag Klaus Wagenbach, Berlin.

Sachbücher

Bernard Andreae: *Laokoon und die Gründung Roms.* Verlag Philipp von Zabern, Mainz. Über den Zusammenhang von Kunst, Politik und Geschichte (als Kurzfassung auch in der Reihe «Kunststück» im Fischer Taschenbuch). Der Direktor des deutschen Archäologischen Instituts in Rom hat außerdem ein wundervolles Buch über die Gärten im klassischen Rom (Verlag von Zabern) veröffentlicht.

Johann Wolfgang Goethe: *Italienische Reise.* Insel Taschenbuch, Frankfurt/Main. Der große Klassiker unter den Werken der Italienreisenden. Aufzeichnungen zwischen 1786 und 1788. Macht Lust auf Rom (und auch Goethe zu lesen).

Johann Gottfried Herder: *Italienische Reise 1788 – 1789.* dtv, München. Von einem, der mit wenig Geld und bei schlechtem Wetter reiste – ein Anti-Goethe.

Ferdinand Gregorovius: *Wanderjahre in Italien.* Beck Verlag, München. Der enttäuschte Demokrat des Vormärz widmete nach 1848 seine ganze Energie und Kritik Italien und der Geschichte Roms. Die gibt es bei dtv als 2582 Seiten starke Kassette – eine unerschöpfliche Fundgrube.

Harald Keller: *Die Kunstlandschaften Italiens.* Insel Taschenbuch, Frankfurt. Ein selten schönes Buch. Reisebeschreibung und Einführung in die Kunstgeschichte. Mit großem Romkapitel.

Stendhal: *Reisen in Italien.* Diederichs, München. Rom nach der napoleonischen Zeit, geistreich beschrieben und interpretiert.

Roberto Zapperi: *Der Neid und die Macht.* Beck Verlag, München. Eindrucksvoll beschriebene Auseinandersetzung zweier Adelsfamilien zwischen Renaissance und Barock.

Ein letzter Tip: Man kaufe sich bei Reclam oder in anderen preisgünstigen Ausgaben Originalliteratur, in erster Linie Lebensbeschreibungen Plutarchs (zum Beispiel Cäsar und Alexander), dann etwas von Livius, Tacitus, Sallust (zum Beispiel die Verschwörung des Catilina) und Sueton (zum Beispiel Nero), vielleicht auch einige Reden oder Briefe des Cicero. Das amüsanteste Buch der antiken Literatur ist das *Satyricon* von Petronius (auch verfilmt von Fellini), und das heiligste Buch, das viele Legenden aus frühchristlicher Zeit enthält und dadurch zum Wegweiser durch zahlreiche Kirchen und Heiligengeschichten wird, ist die *Legenda Aurea* des Jacobus de Voragine (Verlag Lambert Schneider, Heidelberg).

Märkte

Lebensmittelmärkte

Ein wichtiger Bestandteil des römischen Lebens. In jedem Stadtteil gibt es einen oder zwei davon. Sie sind in der Regel von 8 – 13 Uhr geöffnet, aber vielfach wird erst gegen 14 Uhr abgeräumt.

Mercato di Piazza Vittorio (Metrostation: Piazza Vittorio) preisgünstiger Markt, der rund um die gleichnamige Piazza angelegt ist. Wohl der internationalste Markt der Stadt. An einigen Stellen gleicht er afrikanischen oder asiatischen Märkten. Er soll leider verlegt werden.

Mercato di Testaccio, auf der Piazza Testaccio gelegener Markt mit reichhaltigem Angebot und preisgünstig. Es gibt auch einige Schuhstände, die Markenschuhe zu Billigpreisen verkaufen.

Mercato di Trionfale, am Largo Trionfale im Stadtviertel Prati gelegener großer Markt mit sehr günstigen Preisen.

Mercato di Campo dei Fiori, Markt, der mitten im Zentrum am Campo de' Fiori liegt. Preise sind etwas höher als auf den anderen Märkten, dafür wandelt man in malerischer Umgebung.

Mercato coperto di Piazza dell'Unità, nicht weit vom Vatikan stößt man auf diese Markthalle. Zwischen zahlreichen größeren Ständen gibt es auch einige Kleinbauern, die unbehandelte Produkte, Gemüse und Salate je nach Saison verkaufen. Metrostation Ottaviano.

Flohmärkte

Garage Sale, Piazza della Marina 32 (Nähe Piazza del Popolo). Im Unterschied zu Porta Portese sitzen hier die «Laienverkäufer». Idee der Initiatoren ist, die Preise niedrig zu halten und auch zu tauschen. Experten stehen mit Ratschlägen zur Seite. Öffnungszeiten: Die letzten drei Sonntage im Monat von 10 – 19 Uhr.

Porta Portese, der römische Flohmarkt mit Tradition. Er beginnt an der Piazza di Porta Portese mit neuer Ware, und danach geht es weiter mit echtem und unechtem Trödel. Er ist auch vom Viale Trastevere aus zu erreichen. Um wirklich etwas abzustauben: möglichst früh vorbeikommen. Öffnungszeiten: So 5 – 14 Uhr.

Porta Portese 2, Via Palmiro Togliatti, Ecke Via Prenestina. Etwas außerhalb des Zentrums. Erfordert ein gutes Auge und längere Suche, zwischen Lebensmitteln und Ständen mit neuer Bekleidung. Öffnungszeiten: So 6 – 14 Uhr.

Underground, unterirdischer Parkplatz Ludovisi in der Via F. Crispi 96. Unregelmäßig stattfindender Flohmarkt in der Nähe der Via Veneto. Großes Angebot mit Standplätzen für Kinder und Jugendliche von 7 – 14 Jahren zum Verkauf ihrer Schätze. Öffnungszeiten: Sa 15 – 20 Uhr und So von 10.30 – 19.30 Uhr. Termine erfragen bei Tel. 69 94 04 40.

Kleidermärkte

Außer Kleiderständen auf einigen Lebensmittelmärkten und auf dem Flohmarkt Porta Portese gibt es den großen Kleidermarkt in der **Via Sannio** (Metrostation S. Giovanni). Von neu bis gebraucht, von Jeans über Schuhe zur Seidenunterwäsche. Öffnungszeiten: Mo – Sa 8.30 – 13.30 Uhr.

Blumenmärkte

Einen wirklich riesigen und preisgünstigen Blumenmarkt findet man in der Via Trionfale 47/49 (Prati). Der normalerweise nur für Großhändler geöffnete Markt öffnet dienstags morgens ab 10 Uhr seine Pforten für das Volk. Die Preise bleiben dabei Großhandelspreise. Im unteren Geschoß findet man Topfpflanzen, im ersten Stock Schnittblumen.

Der Blumenmarkt am Campo de' Fiori reduziert sich auf drei Stände. Abends vor dem Schließen der Stände sind die Verkäufer manchmal zum Handeln bereit.

Weihnachtsmarkt

In der Zeit vor Weihnachten bis zum 6. Januar, dem Fest der Befana, ist auf der Piazza Navona der römische Weihnachtsmarkt aufgebaut. Er hat leider viel von seinem Flair verloren. Ursprünglich als Markt für Krippenfiguren und Weihnachtsschmuck gedacht. Inzwischen gibt es auch Geschenkartikel, Süßkram, Karussell, Schießbuden und Babbo Natale, den Weihnachtsmann, mit dem man sich fotografieren lassen kann.

Medien

Presse

Bei vielen Zeitungshändlern in der Innenstadt findet man internationale Presse und schon ab 10 Uhr morgens auch deutsche Tageszeitungen. Italienische Tageszeitungen erscheinen auch sonntags, dafür einige nicht am Montag. An den Kiosken zu haben sind die großen Nationalzeitungen wie der konservative *Corriere della Sera* (Mailand), die linksliberale *la Repubblica* (Rom), die liberale *La Stampa* (Turin), die *L'Unità* (Rom) der PDS, der linksdemokratischen Partei, und der linksalternative *Il Manifesto* (Rom). Natürlich findet man auch die römischen Zeitungen *Il Messaggero* und den immer kleiner werdenden *Il Tempo*. Wer vielleicht länger in Rom bleibt, für den wird *Porta Portese* wichtig, ein Anzeigenblatt, das freitags und dienstags erscheint.

Die gängigsten Wochenzeitschriften sind *Panorama* und *Espresso* und nicht zu vergessen die *Famiglia Cristiana*, die Wochenzeitung der katholischen Kirche.

Fernsehen

Fernsehen ist eines der wichtigsten Elemente im römischen Alltagsleben, und für viele hat es die Piazza ins Wohnzimmer verlegt. Mit zunehmender Bedeutung des Privatfernsehens bildete sich in den letzten Jahren ein System heraus, das sich in zwei große Pole teilt. Da sind die Sender der staatlichen **RAI** (Radio Audizione Italiana) und die Kanäle (**Canale 5, Rete 4, Italia 1**) des Mailänder Unternehmers und ehemaligen Regierungschefs Silvio Berlusconi. Dazwischen liegen ein paar schwächere Sender wie **Tele Montecarlo** und **Videomusic** des Filmproduzenten Cecchi Gori. Als Pay-TV arbeiten **Tele + 1, Tele + 2, Tele + 3**, in der Reihenfolge für Film, Sport, Klassische Musik/Tanz zuständig. Außerdem gibt es einige Lokalsender mit eher dürftigen Programminhalten. Wie überall in Europa ist der Fernsehmarkt in ständiger Bewegung, und Veränderungen in der Sendestruktur sind jederzeit möglich.

Rundfunk

Neben den drei nationalen Radiosendern (**RAI Radiouno** 89.700 MHz, **Radiodue** 91.700 MHz, **Radiotre** 93.700 MHz) und **Radio Vatikan** (105.000 MHz) gibt es eine Fülle von Privatstationen, die häufig nur in einem Umkreis von wenigen Kilometern zu empfangen sind. Von einigen Ausnahmen abgesehen, sind dies reine Musiksender. Nachrichten in deutscher Sprache sendet RAI Radiodue nachts jeweils nach den Nachrichten zu voller Stunde zwischen 1 und 5 Uhr.

Italia Radio, 97.000 MHz. Im Einflußbereich der PDS. Der Musikteil bietet buntes italienisches Allerlei.

Radio Città Aperta, 88.875 MHz. Linksautonome Radiostation, Sprachrohr der römischen Hausbesetzer.

Radio Città Futura, 97.700 MHz. Links/alternativ orientierte Radiostation mit interessanter Musik, Nachrichten und vielen römischen Lokalinfos.

Radio Radicale, 88.600 MHz. Sprachrohr des Partito Radicale Transnazionale. Sendet in Direktübertragung Parlamentssitzungen und politische Debatten.

Radio Dimensione Suono Roma, 101.900 MHz. Musiksender mit Nachrichtensendungen und Lokalinfos.

Mietwagen

Wer sich ans Steuer setzt, sollte darauf achten, daß der römische Fahrstil eine hohe Aufmerksamkeit erfordert. Eine rote Ampel heißt noch lange nicht, daß gehalten wird. Vor allem Fußgänger überqueren oft die Straßen, ohne auf den Verkehr zu achten. Die Preise der Autovermietung richten sich nach den Fahrzeugtypen und Versicherungen.

Avis, Flughafen Fiumicino, Tel. 65011579; Stazione Termini (Hauptbahnhof), Tel. 47011219;

Hertz, Numero Verde 167/234679; Flughafen Fiumicino, Tel. 6501553; Maggiore, Numero Verde 167/867067; Via Po 8/A, Tel. 8548698; Stazione Termini (Hauptbahnhof), Tel. 4880049.

Mitfahrzentralen

Mitfahrzentralen sind Einrichtungen, die bis jetzt in Rom nie gut funktioniert haben. Am Schwarzen Brett des Goethe-Instituts (Via Savoia 15) und der Herder Buchhandlung (Piazza Montecitorio 117) hängen öfter Angebote aus, aber immer nur für Fahrten nach Deutschland, nicht innerhalb Italiens.

Mitwohnzentralen

1. Mitwohnzentrale Italiens, Via S. Maria de' Calderari 25, Tel./Fax 6833324. Die Stelle vermittelt nicht nur Zimmer in Rom, sondern auch in Florenz, Venedig und Mailand.

Museen, Gedenkstätten, Sammlungen

Wegen möglichen Wechsels der Öffnungszeiten kann man sich bei der EPT (siehe Auskunft) ein Infoblatt über *Musei e Monumenti di Roma* mit den jeweils aktuellen Daten für die größeren Museen geben lassen (siehe außerdem Antike und Vatikan).

Museen und Gedenkstätten

Goethe-Museum (Museo Casa di Goethe), Via del Corso 18/20. Öffnungszeiten standen bei Redaktionsschluß noch nicht fest. In der ehemaligen Wohnung des Malers Johann Heinrich Tischbein, bei dem Goethe ein Zimmer gemietet hatte, Erinnerungsstücke und Bibliothek. Nach Restaurierung Mitte 1997 wiedereröffnet.

Fosse Ardeatine, Via Ardeatina 174, Tel. 5136742, Öffnungszeiten: tgl. 8.30 – 17 Uhr, letzter Einlaß 30 Minuten vor Schließung (Eintritt frei). Gedenkstätte an die Erschießung meist jüdischer Geiseln durch die SS, moderne Skulpturen, große Bronzetür von Mirko Basaldella.

Musei Vaticani, Viale Vaticano, Tel. 69883333, Öffnungszeiten: Mo – Sa 8.45 – 13.45 Uhr, von April bis Mitte Juni, im September und Oktober Mo – Fr bis 16 Uhr, Sa 8.45 – 13.45 Uhr (Eintritt), jeden letzten So im Monat 8.45 – 13 Uhr (Eintritt frei!), an staatlichen und kirchlichen Feiertagen geschlossen (weitere Beschreibung: siehe unter Vatikan).

Museo di Arte Ebraica, Lungotevere Cenci, Tel. 6875051, Öffnungszeiten: Mo – Do 9.30 – 15 und 15 – 17 Uhr, Fr 9.30 – 14 Uhr, So 9.30 – 12.30 (Eintritt – Sa und an jüdischen Feiertagen geschlossen) Dokumente zur Geschichte der jüdischen Gemeinde und Kultgegenstände.

Museo Barracco, Corso Vittorio Emanuele II 168, Tel. 68806848, Öffnungszeiten: Di – Sa 9 – 19 Uhr, So 9 – 13.30 Uhr (Eintritt). Privatsammlung antiker Skulpturen, ägyptische und assyrische Stücke.

Musei Capitolini, Piazza del Campidoglio, Tel. 67102071, Öffnungszeiten: Di – Sa 9 – 19 Uhr, So 9 – 13 Uhr (Eintritt, letzter So im Monat Eintritt frei). Großartige Sammlung antiker Skulpturen (Sterbender Gallier, Dornauszieher, römische Wölfin) und Gemäldeausstellung (Tizian, Caravaggio, Veronese, Rubens).

Museo delle Cere, Piazza SS. Apostoli 67, Tel. 6796482, Öffnungszeiten: tgl. 9 – 20 Uhr (Eintritt). Wachsfiguren von Dornröschen bis Mussolini.

Museo della Civiltà Romana, Piazza G. Agnelli (EUR), Tel. 5926041, Öffnungszeiten: Di – Sa 9 – 19, So 9 – 13.30 Uhr (Eintritt). Großes Rom-Modell, Gipsabdrücke der Trajans- und Mark-Aurel-Säule.

Museo delle Mura, Via di Porta S. Sebastiano 18, Tel. 70475284, Öffnungszeiten: Di – Sa 9 – 19 Uhr (Okt – März 9 – 17.30), So 9 – 13.30 Uhr (Eintritt). Geschichte der Stadtmauern.

Museo Nazionale di Castel S. Angelo, Lungotevere Castello, Tel. 6875036, Öffnungszeiten: tgl. 9 – 14 Uhr, Engelsburg mit Repräsentationsräumen und Militärsammlung.

Museo Nazionale Romano e Palazzo Massimo, Via E. De Nicola 79/Largo di Villa Peretti 1, Tel. 4880530, Öffnungszeiten: Di – Sa 9 – 14, So 9 – 13 Uhr (Eintritt). Letzter Teil des Antikenmuseums in den Diokletiansthermen und Neuordnung im benachbarten Palazzo Massimo (Ludovisi-Thron, Tiber-Apoll, Diskuswerfer des Myron).

Museo Nazionale Romano Palazzo Altemps, Via S. Apollinare 8, hier soll die Ludovisi-Sammlung (Ludovisi-Thron) untergebracht werden. Eröffnung vermutlich 1998.

Museo Nazionale di Villa Giulia, Piazzale di Villa Giulia 9, Tel. 3201951, Öffnungszeiten: Di – Sa 9 – 19 Uhr, So 9 – 13 Uhr (Eintritt). Bedeutendes etruskisches Museum mit Funden aus Latium und der Toskana (Sarkophag der Eheleute).

Museo di Palazzo Venezia, Via del Plebiscito 118, Tel. 6798865, Öffnungszeiten: Di – Sa 9 – 13.30 Uhr, So 9 – 12.30 Uhr (Eintritt). Räume und Kunstarbeiten der Renaissance (Keramik, Gobellins, Skulpturen).

Museo Preistorico Etnografico, Piazza Marconi 14, Tel. 549521, Öffnungszeiten: Di – Fr 9 – 13.30 Uhr, Sa 9 – 19 Uhr (Juli – Aug. 9 – 13.30), So 9 – 12.30 Uhr (Eintritt). Dokumente und Funde aus vorgeschichtlicher Zeit.

Museo Storico della Liberazione di Roma, Via Torquato Tasso 145, Tel. 7003865, geöffnet nach vorheriger Anmeldung (Eintritt frei). Im ehemaligen Hauptquartier der SS Erinnerungen an die Jahre 1943 – 45, deutsche Besetzung und Widerstand.

Museo dei Strumenti Musicali, Piazza di Santa Croce in Gerusalemme, Tel. 701496, Öffnungszeiten: Mo – Sa 9 – 14 Uhr (Eintritt, letzter Einlaß 13 Uhr, So geschl.). Über 3000 Musikinstrumente aus aller Welt. Schwerpunkte: italienische Regionen, Barockinstrumente.

Sammlungen

Accademia Nazionale di S. Luca, Piazza dell'Accademia di S. Luca 77, Tel. 6798850, Öffnungszeiten: Mo, Mi, Fr und letzter So im Monat 10 – 13 Uhr (Eintritt frei). Akademie der Malerzunft, Bilder von Lavinia Fontana, Angelika Kauffmann, Canova, Raffael.

Galleria Nazionale d'Arte Antica a Palazzo Barberini, Via Quattro Fontane 13, Tel. 4814591, Öffnungszeiten: Di – Sa 9 – 14 Uhr, So 9 – 13 Uhr (Eintritt). Große Sammlung von Mittelalter bis Renaissance (Simone Martini, Holbein, Raffael, Caravaggio) im Palast der Barberini.

Galleria Nazionale d'Arte Antica di Palazzo Corsini, Via della Lungara 10, Tel. 68802323, Öffnungszeiten: Di – Sa 9 – 14 Uhr, So 9 – 13 Uhr (Eintritt). Barock und 18. Jahrhundert (Reni, Rubens, Van Dyck).

Galleria Spada, Piazza Capodiferro 13, Tel. 6861158, Öffnungszeiten: Di – Sa 9 – 19 Uhr, So 9 – 13.30 Uhr. Herrliche Räume, Bilder der ehemaligen Privatsammlung (Reni, Tizian, Andrea del Sarto), im Hof perspektivisches Spiel von Borromini.

Galleria Doria-Pamphili, Piazza del Collegio Romano, Tel. 6797323, Öffnungszeiten: tgl. außer Di und Do 10 – 13 Uhr (Eintritt). Privaträume einer Adelsfamilie (restauriert 1996) mit großer Bildersammlung (Bellini, Lippi, Caravaggio, Tizian, Velazquez).

Galleria Colonna, Via della Pilotta 17, Tel. 6794362, Öffnungszeiten: nur Sa 9 – 13 Uhr (Eintritt, im Aug. geschl.). Privaträume einer Adelsfamilie, prächtiger Saal, reicher Bilderschmuck (Melozzo da Forlì, Veronese, Tintoretto, Guercino).

Galleria Nazionale d'Arte Moderna, Via delle Belle Arti 131, Tel. 322981, Öffnungszeiten: Di – Sa 9 – 19 Uhr, So 9 – 13 Uhr (Eintritt). Größte Sammlung moderner italienischer Kunst (Balla, Boccioni, De Chirico, Guttuso, Raphael, Burri, Fontana).

Galleria e Museo Borghese, Casino Borghese (Piazzale Scipione Borghese 5), Tel. 8548577, Öffnungszeiten: Di – Sa 9 – 19 Uhr, So 9 – 13 Uhr (Eintritt). Kleinod der römischen Kunstsammlungen, eine der schönsten der Welt, Skulpturen von Bernini und Canova, Gemälde von Botticelli, Caravaggio, Raffael (*Dame mit dem Einhorn*), Tizian (*Himmlische und irdische Liebe*), Bernini (Selbstbildnis). Nach Restaurierung 1997 wiedereröffnet.

Musik

Klassik

Im Bereich der klassischen Musik spielt Rom keine tragende Rolle. Wichtige Orchester oder herausragende Solisten sind schwer auszumachen. Jahrelang hat eine falsche Politik das Heranwachsen von Künstlern und die wirkliche Förderung von Musik verhindert. Als Oasen in der Wüste gelten in Rom:

Accademia Filarmonica, Via Flaminia 118, Tel. 3201752. Die philharmonische Akademie wurde 1821 gegründet; Mitglieder waren u. a. Rossini, Paganini und Verdi. Als Konzertsäle benutzt die Akademie die Sala Casella, einen kleineren Saal im eigenen Haus und das Teatro Olimpico (siehe auch Theater).

Accademia Nazionale di S. Cecilia, Via Vittoria 6, Tel. 3611833 für Infos. Die Akademie, gegründet 1566 von Scarlatti, besitzt ein offizielles Sinfonieorchester, ein Konservatorium und organisiert interessante Konzerte mit italienischen und ausländischen Gästen. Im Sommer spielt das Orchester im Innenhof der Villa Giulia.

Ein wirklich guter Konzertsaal mit einer einwandfreien Akustik fehlt seit Jahren in Rom, und nach langen Diskussionen hat der Bau des Auditoriums begonnen. Der Architekt Renzo Piano entwarf einen Monumentalbau mit drei Sälen; Standort ist im Villaggio Olimpico, dem olympischen Dorf. Bis zur Fertigstellung müssen sich die Musikfreunde mit folgenden Räumlichkeiten begnügen:
Auditorio Pio, Via della Conciliazione 4 (Vatikan), Tel. 68801044. Ein großer Konzertsaal aus den fünfziger Jahren. Gemietet von der Accademia di Santa Cecilia, deren Konzerte und Gastspiele hier stattfinden.

Auditorio del Foro Italico, Piazza Lauro de Bosis, Tel. 36865625. Im Komplex der Sportanlage am Foro Italico liegt das Auditorium der Staatlichen Rundfunkanstalt RAI.

Aula Magna dell'Università la Sapienza, Piazzale Aldo Moro, Tel. 3610052. Konzertsaal der Universität.

Auquario Romano, Piazza M. Fanti 47 (Termini), hier hat die zeitgenössische Musik ihren Tempel gefunden, auch wenn die Akustik nicht besonders gut ist. Außer Musik auch Tanz- und Theaterveranstaltungen im experimentellen Bereich.

Jazz / Rock / Open air

Riesenkonzerte mit noch großen Namen gibt es in Rom selten. Im Sommer werden im Freien Bühnen aufgebaut, oder man geht sogar ins Stadion. Im Winter kommt kaum jemand vorbei, vor allem weil die Gruppen dann im Sportpalast spielen müßten, der einzigen größeren Räumlichkeit mit schlechter Akustik. Die lebendige Musikszene Roms findet dagegen in den Musikclubs statt:
Akab, Via Monte Testaccio 69 (Piramide), Tel. 57300309. Eines der interessantesten Lokale im Testaccio-Viertel, mit Blick auf den Scherbenhügel. Nach den Konzerten Disco. Öffnungszeiten: Do – So 22.30 – 4 Uhr.

Alexanderplatz, Via Ostia 9 (Prati), Tel. 3729398. Traditionsreicher Jazzclub mit Restaurant. Öffnungszeiten: Mo – Sa 21 – 1.30 Uhr.

Alpheus, Via del Commercio 36 (Piramide), Tel. 5747826. Ehemalige Milchzentrale mit drei Sälen für Jazz, Rock, World Music und für lateinamerikanische Musik. Öffnungszeiten: Di – So 22 – 3 Uhr.

Big Mama, Vicolo S. Francesco a Ripa 18 (Trastevere), Tel. 5812551. Lokal, das sich dem Blues verschrieben hat. Öffnungszeiten: Täglich von 21 – 1.30 Uhr.

Caffè Latino, Via Monte Testaccio 96, Tel. 5744020. Mit diesem Cafè fing die Entdeckung des Testaccio als Viertel des Nachtlebens an. In dem ehemaligen Magazin unter dem Scherbenhügel sind Rock, Rap und Jazz zu hören. Öffnungszeiten: Di, Do, So 22.30 – 2.30 Uhr, Fr und Sa 22.30 – 4 Uhr.

Palladium, Piazza Bartolomeo Romano 8 (Garbatella), Tel. 5110203. Sehr geräumiges Lokal, ein ehemaliges Kino. Es bietet Rock, Rap, Funk und Acid Jazz. Öffnungszeiten unterschiedlich.

Notfälle

Behandlungen auf der Ersten-Hilfe-Station («Pronto soccorso») der Krankenhäuser sind kostenlos. Arztbesuche sind in der Regel bar zu zahlen und mit einer Rechnung eventuell hinterher abzurechnen. Man erkundige sich bei seiner Kasse. In dringenden Fällen wende man sich ans (Pronto Soccorso) Krankenhaus.

Krankenhäuser («Ospedali») mit Erster Hilfe

Fatebenefratelli, Isola Tiberina, Tel. 68371.
Policlinico Umberto 1, Viale del Policlinico, Tel. 4462341.
Policlinico A. Gemelli, Largo Gemelli 8, Tel. 30151.
S. Camillo, Circonvallazione Gianicolense 87, Tel. 58701.
S. Giovanni, Via Amba Aradam 8, Tel. 77051.
Notruf Tel. 113 (kostenlos)
Rotes Kreuz Tel. 5510

Kinderklinik / Zahnschmerzen

Ospedale Pediatrico del Bambino Gesù Piazza S. Onofrio 4, Tel. 68591.
Bei Zahnschmerzen kann man sich an folgende Klinik wenden, die dem Policlinico Umberto angeschlossen ist: **Clinica G. Eastman**, Viale Regina Elena 287, Tel. 4454851. Öffnungszeiten sind von Mo – Sa 7.30 – 13.30 Uhr. Nottelefon, das 24 Stunden besetzt ist, Tel. 491949.

Apotheken («Farmacia»)

Den Nachtdienst der dienstbereiten Apotheke im Stadtteil erfährt man direkt an Apotheken oder im Lokalteil der großen Tageszeitungen. Viele Arzneimittel (auch rezeptpflichtige) sind ohne Schwierigkeiten zu bekommen. Manchmal ist das Präparat nur unter einem anderen Namen im italienischen Handel im Umlauf. Wer sichergehen will, kann dagegen in der Apotheke des Vatikans (Zugang über die Via di Porta Angelica, Porta S. Anna) oder bei der **Farmacia Internazionale** an der Piazza Barberini 49 nachfragen. Die Vatikanapotheke liegt im vatikanischen Gelände, und um eine Durchgangserlaubnis zu erhalten, muß man an der Pforte ein Rezept und den Ausweis vorlegen. In der Apotheke selbst spielt das aber keine Rolle, und es ist so gut wie alles rezeptfrei zu erstehen, inklusive Antibabypille Öffnungszeiten: Mo – Fr 7.30 – 13 und 15.30 – 18.30 Uhr, Samstag 7.30 – 13 Uhr.
Internationale homöopathische Mittel finden Sie vor allem in der Farmacia Piram, Via Nazionale 228 (Metrostation Repubblica), Tel. 4880754, rund um die Uhr geöffnet.
Folgende Apotheken in der Innenstadt sind Tag und Nacht dienstbereit, dafür manchmal Samstag und Sonntagnachmittag geschlossen:
Farmacia Internazionale, Piazza Barberini 49, Tel. 4871195.
Farmacia della Stazione, Piazza dei Cinquecento 49 – 51 (Hauptbahnhofnähe), Tel. 4880019.
S. Agata, Piazza Sonnino 47 (Trastevere), Tel. 5803715.
Cola di Rienzo, Via Cola di Rienzo 215 (Prati), Tel. 3243130.
Spinedi, Via Arenula 73 (Ghetto), Tel. 68803278.

Öffnungszeiten

Ein verwirrendes Kapitel: Lebensmittelläden haben wochentags (ein-

schließlich samstags) von 8 – 13.30 und von 16 – 19.30 Uhr geöffnet, am Donnerstagnachmittag aber geschlossen. In den Sommermonaten gilt dagegen 8 – 13.30 und 16.30 – 20 Uhr, und geschlossen ist Sonnabend nachmittags.
Restaurants haben von etwa 12.30 bis 15 Uhr und abends von 20 bis 23 Uhr geöffnet.
Bekleidungsgeschäfte sind meistens von 9 – 13 Uhr und von 16 – 19.30 Uhr geöffnet. Einige Geschäfte im Zentrum bleiben auch durchgehend offen. Geschlossen ist jedoch in beiden Fällen am Montagmorgen. Im Sommer verschiebt sich der Ladenschluß in der Regel abends bis etwa 20 Uhr, und die Läden öffnen dafür nachmittags später. Sonntags haben die Geschäfte im wechselnden Turnus in verschiedenen Stadtvierteln geöffnet.
Lebensmittelmärkte arbeiten wochentags von 8 – 13.30 Uhr. Ebenso der Kleidermarkt in der Via Sannio.
Tankstellen richten sich nach den Öffnungszeiten der Geschäfte und sind zwischen 12.30 und 15.30 Uhr und nach 19.30 geschlossen. Danach funktionieren einige Selbstbedienungstankstellen mit Automaten (zu erkennen am Schild «24 Ore»). Manchmal bedienen dann selbsternannte Tankwarte, die sich auf diese Art ihr Einkommen verdienen – pro Kunde etwa 500 bis 1000 Lire «Trinkgeld».
Behörden haben von 8.30 bis etwa 12 oder 13 Uhr geöffnet, Banken von 9 – 13 Uhr und nachmittags etwa von 15 – 16 Uhr und Postämter von 9 – 18 Uhr, manche auch nur bis 14 Uhr.
Kirchen haben meist zwischen 7 – 12.30 Uhr und 16 – 19 Uhr geöffnet. Während der Messen sind Besichtigungen nicht erwünscht, auf angemessene Kleidung achten.
Die Öffnungszeiten der Museen (siehe dort bzw. Vatikan) schwanken stark. Inzwischen versucht man auch einige Museen am Nachmittag offen zu halten. Als Faustregel jedoch gilt: vormittags geöffnet, montags nie. Dafür sind die Vatikanischen Museen montags geöffnet, aber sonntags nie (ausgenommen der letzte Sonntag im Monat). Das Forum mit dem Palatin bleibt vormittags immer geöffnet (geschlossen nur an gesetzlichen Feiertagen).

Päpste

Der Überlieferung nach starb Petrus im Jahr 64 oder 67 in Rom. Wichtige Päpste in der Nachfolge von Petrus:

Frühchristentum und Mittelalter

Silvester I.	314 – 335
Gregor I. d. Gr.	590 – 604
Paschalis I.	817 – 821
Gregor VII.	1073 – 1085
Innozenz III.	1198 – 1216
Bonifatius VIII.	1294 – 1303

Frührenaissance und Renaissance (in Klammern der Familienname):

Pius II. (Piccolomini)	1458 – 1464
Paul II. (Balbo)	1464 – 1471
Sixtus IV. (della Rovere)	1471 – 1484
Alexander VI. (Borgia)	1492 – 1503
Julius II. (della Rovere)	1503 – 1513
Leo X. (Medici)	1513 – 1521
Hadrian VI. (Florensz Dedal)	1522 – 1523
Klemens VII. (Medici)	1523 – 1534
Paul III. (Farnese)	1534 – 1549
Gregor VIII. (Boncompagni)	1572 – 1585
Sixtus V. (Peretti)	1585 – 1590

Barock und Spätbarock

Paul V. (Borghese)	1605 – 1621
Urban VIII. (Barberini)	1623 – 1644
Innozenz X. (Pamphili)	1644 – 1655
Alexander VII. (Chigi)	1655 – 1667
Klemens XI. (Albani)	1700 – 1721
Benedikt XIII. (Orsini)	1724 – 1730

Neuzeit

Pius IX. (Ferretti)	1846 – 1878
Pius XI. (Ratti)	1922 – 1939
Pius XII. (Pacelli)	1939 – 1958
Johannes XXIII. (Roncalli)	1958 – 1963
Paul VI. (Montini)	1963 – 1978
Johannes Paul I. (Luciani)	1978
Johannes Paul II. (Wojtyla)	seit 1978

Parkplätze

«Parcheggi» sind Mangelware. Neuerdings wird Parksündern strenger nachgestellt, man achte also darauf, das Auto nicht im Parkverbot oder auf Gehsteigen abzustellen. Vor allem in der Nähe des Zentrums wurden blau abgeteilte Zonen mit «Parken auf Zeit» eingeführt. Man zahlt an einem Automaten die gewünschten Stunden und legt die Karte sichtbar ins Auto. Erhältlich sind Parkscheine auch in Bars,

man trägt dann Datum und Uhrzeit ein. Manchmal findet man kleinere Tiefgaragen, die außer ihren Mietern auch Autos für ein paar Stunden annehmen.
Einige Parkhäuser: **Parcheggio Ludovisi**, Via F. Crispi 96 (Nähe Via Veneto), **Trastevere Parking**, Via Marescíotti 6 (Trastevere), **Villa Borghese**, Zufahrt Muro Torto (Via Veneto).
Größere Parkplätze direkt an einer U-Bahnlinie: **Anagnina** (Endhaltestelle Linie A), **Arco di Travertino** (Linie A), **Laurentina** (Endhaltestelle Linie B), **Ostiense** (Linie B), **P. Mammolo** (Linie B), **Tiburtina** (Linie B).

Parks

Mit Ausnahme der Villa Borghese, der Anlage Colle Oppio (in der Nähe des Kolosseums) und der Caffarella sind alle Parkanlagen nur tagsüber geöffnet, sie schließen bei Sonnenuntergang.

Villa Ada, Zugang von der Via Salaria, 140 Hektar großer Park im Norden der Stadt. Früher Privatresidenz des italienischen Königshauses. Schattige Plätze, viele Rasenflächen, Spazierwege, Kinderspielplatz, Rollschuhbahn, Karussell, Ponyreiten und Trimmgeräte, Busse 56, 57.

Villa Borghese, Zugang über den Pincio, vom Piazzale Flaminio oder der Porta Pinciana. Es ist der Hauspark der Römer, mit zoologischem Garten, Reitplatz und einem kleinen See mit Ruderbooten, mit Karussell und Ponyreiten für Kinder. Von der Pincio-Terrasse aus hat man einen schönen Ausblick auf die Piazza del Popolo und die Stadt.

Villa Celimontana, Zugang von der Via Navicella, Via Clivio di Scauro gegenüber der Kirche SS. Giovanni e Paolo. Die Grünanlagen liegen auf dem Caelius-Hügel hinter dem Kolosseum. Kleiner Park mit Pinien, Palmen und antiken Überbleibseln.

Villa Doria Pamphili, Via Aurelia, Zugang von der Via S. Pancrazio auf dem Gianicolo. Einer der größten Parks von Rom, der allerdings von einer Schnellstraße durchschnitten wird. Wunderbarer Pinienbestand und in einigen Teilen noch etwas ‹wilder›. Kinderspielplatz, Rollschuhbahn und das Ponyreiten. Die Villa, das Landhaus der Familie Pamphili, ist geschlossen. Bus 44 vom Largo Argentina.

Villa Glori, Zugang vom Viale Pilsudski, Parioli. Der bis auf sonntags ausgestorbene kleine Park wurde auf dem Hügel angelegt, auf dem die Brüder Cairoli hingerichtet wurden, nachdem sie 1867 versucht hatten, Rom für die italienische Monarchie zu befreien. Bus 910 ab Termini und Bus 26 ab Largo Argentina.

Villa Torlonia, Via Nomentana. Kleiner Park mit riesigen Palmen, mehreren Häusern und einem Theater, das langsam in sich zusammenfällt. Der Park des ehemaligen Privatwohnsitzes von Mussolini wurde erst 1978 für die Bevölkerung geöffnet. Die Restaurierungen der Gebäude sind zum Teil im Gange. Bus 36 ab Termini und 60/62 ab Via del Corso.

Villa Sciarra, Zugang von der Via Calandrelli (Monteverde). Erholsame Rast nach einem anstrengenden Bummel durch Trastevere. Kinderspielplatz, Brunnen und Statuen. Bus 75 von Largo Argentina.

Colle Oppio, Zugang von der Via Labicana (Kolosseum). Kleiner Park direkt am Kolosseum mit den Resten der Trajans-Thermen und der Domus Aurea des Kaisers Nero. Tagsüber schön zu sitzen, an einem Kiosk mit Tischen und Stühlen im Freien. Nachts eher zu meiden.

Giardino degli Aranci, Via di S. Sabina (Aventin). Ein Garten mit duftenden Orangenbäumen, einer herrlichen Sicht auf den Tiber und das restliche Rom. Bus 94.

Orto Botanico, Zugang von der Via Corsini (Trastevere). Botanischer Garten mit achttausend verschiedenen Pflanzenarten. Kleinere Gewächshäuser und Brunnen. Geöffnet werktags von 8 bis 18 Uhr, Sa 8 – 12 Uhr, feiertags geschlossen.

Parco degli Scipioni, Zugang neben dem Scipionengrab in der Via Porta S. Sebastiano oder von der Porta Latina. Kleiner Park mit Kinderspielplatz und Veranstaltungen im Sommer.

Parco della Caffarella, zwischen Via Appia Antica und Via della Caffarella, winziges Relikt der römischen Campagna mit grasenden Schafherden, und die Umgebung ist reich an archäologischen Schätzen. Nur dem dauerhaften Kampf einer Bürgerinitiative ist es zu verdanken, daß der Park kein Schuttabladeplatz mehr ist. Bus 87 von Piazza Venezia bis zur Endstation oder Metro A bis Colli Albani und dann die Via Menghini (siehe Ausflug).

Parco degli Acquedotti, Zugang von der Via Lemonia. Ein Park in der Peripherie entlang der antiken Wasserleitung, die von Kaiser Caligula 38 n. Chr. begonnen wurde. Zu sehen sind noch 150 mächtige Bogen. Metro A bis Giulio Agricola und dann mit gleichnamiger Straße bis zum Park.

Plätze und Brunnen

In Rom wie anderswo hat die Piazza die meisten ihrer öffentlichen Funktionen verloren. Sie ist heute, wenn sie nicht als Drehscheibe vor allem für den Autoverkehr (Piazza Barberini) oder schlicht als Parkplatz dient, vor allem ein touristisches Erlebnis in verkehrsberuhigten Zonen. Dennoch gibt es Plätze wie etwa den **Campo de' Fiori**, der auch wegen des Marktes, der hier abgehalten wird, ein Spiegel des Lebens im Viertel geblieben ist. Die Piazza der Antike läßt sich am besten im **Forum Romanum** nachvollziehen. Mittelalterliche Platzanlagen im Tiberknie sind heute meist stark verändert, **Piazza S. Maria in Trastevere** kann (wenn man sich den Brunnen in anderer Form denkt) eine Ahnung aus dieser Zeit vermitteln. Der **Kapitolsplatz** ist eine Anlage der Renaissance, merkwürdig zwischen den Zeiten liegt die **Piazza del Pantheon**. Ganz vom Barock geprägt sind die **Piazza Navona** und die eigenwillig geformte **Piazza di Spagna** (zwei Dreiecke, die sich an ihren Spitzen berühren). Und auch die **Piazza S. Pietro** mit den Kolonnaden Berninis. Spätbarock dominiert auf der **Piazza S. Ignazio**. Auf der **Piazza del Popolo** verbinden sich die Anlagen der Spätrenaissance mit den barocken Kuppelkirchen und der klassizistisch ovalen Formung durch Valadier. Die Plätze des neuen Italiens vermögen nicht zu überzeugen: künstlich die **Piazza Venezia**, heruntergekommen die **Piazza Vittorio** (lebhaft vor allem durch den Markt) und von Abgasen geplagt die **Piazza della Repubblica** oder die **Piazza Mazzini**. Zum Glück gibt es im historischen Zentrum dann doch kleine, kleinste Plätze, die durch einen Markt (**Piazza delle Coppelle**), durch einen Baum (**Piazza della Quercia**) oder durch einen Uhrenturm (**Piazza dell'Orologio**) eine eigene Atmosphäre bekommen.

Zur richtigen Piazza gehört ein schöner Brunnen. Für Kaiser, Päpste, Könige und Diktatoren sind Brunnen immer auch Repräsentationsobjekte gewesen. Hier ließ sich herrschaftlicher Großmut symbolisch mit der Spende des lebensnotwendigen Wassers verbinden. Unnötig, darauf hinzuweisen, daß in vielen römischen Brunnen heute kein Trinkwasser («acqua non potable») mehr fließt (Ausnahme die Barcaccia auf dem Spanischen Platz). Dafür findet man überall kleine Säulen, aus denen Wasser auch im Sommer unaufhörlich strömt, das man meist bedenkenlos trinken kann («acqua potabile»). Die schönsten Brunnen fürs Auge sind: die **Brunnen der vier Tiaren beim Petersdom**, der **Schildkrötenbrunnen** auf der Piazza Mattei, der **Vierströme**- und der **Mohrenbrunnen** auf der Piazza Navona, die **Barcaccia** zu Füßen der Spanischen Treppe, der **Pantheonbrunnen** – und der **Trevibrunnen**. Stolz zeigen sich die auf der Piazza del Quirinale und der Piazza del Popolo, verspielt gibt sich die **Fontana della Navicella** vor S. Maria in Dominica und der **Bienenbrunnen** Berninis an der Piazza Barberini, der meist wegen des zentralen und berühmteren **Tritonenbrunnens** auf dieser Piazza übersehen wird. Aus Masken fließt Wasser im Vorhof von **Santa Sabina** wie in der Via Giulia – und aus einer Marmortonne in der Via Lata (**Fontanella del Facchino**). Prunkvoll geben sich die Wasserspiele auf dem Gianicolo (**Fontana Paola**) und der **Moses-Brunnen** hinter dem Quirinal, wo von Abgasen zerfressen kaum noch die vier Brunnen an der Kreuzung **Via delle Quattro Fontane / Via del Quirinale** auszumachen sind. Sinnenfroh erscheinen dagegen die Wassernymphen der **Fontana delle Naiadi** einen Steinwurf entfernt auf der Piazza della Repubblica. Schöne Anlagen findet man ebenfalls in den Parkanlagen wie den **Seepferdchenbrunnen** in der Villa Borghese. In Tivolis Villa Este schließlich gibt es nicht nur eine Terrasse der hundert Brunnen, insgesamt 500 Fontänen sprudeln in diesen Gartenanlagen.

Post

Die italienische Post hat nicht ohne Grund einen schlechten Ruf. Briefe und Postkarten sind lange unterwegs. Aber nicht immer, manchmal geht's auch sehr schnell. Schwierig ist, daß man die Dauer nie genau einschätzen kann. Für alle, die kein Risiko eingehen wollen, gibt es private Kurierdienste, die den Transport von Dokumenten in 24 Stunden garantieren. Briefmarken erhält man auf Postämtern und in Tabakläden mit dem schwarzen T-Schild und der Aufschrift «Valori bollati». Briefe können natürlich auch als Eilbriefe («Espresso») oder als Einschreiben («Raccomandata») aufgegeben werden.
Italienisches Hauptpostamt, Piazza S. Silvestro 18 – 20, Tel. der Informationsstelle 6793064/160, Öffnungszeiten: Mo – Fr 9 – 18 Uhr und Sa 9 – 14 Uhr. Postlagernde Sendungen sind zu schicken an: Roma Centro Corrispondenza, Posta Centrale, Piazza S. Silvestro, I-00186 Roma. Außerdem gibt es einen Faxdienst und eine Telegramm-Annahmestelle, die beide rund um die Uhr geöffnet sind.
Viele Römer bringen ihre Briefe zum zuverlässigeren und schnelleren **Vatikanpostamt** am Petersplatz. Öffnungszeiten sind täglich 8.30 – 19 Uhr, Sa 8.30 – 18 Uhr, So geschlossen. Der Vatikanstaat hat eigene Briefmarken, und die Beförderung funktioniert nur ins Ausland. Die Post muß in die blauen Briefkästen des Vatikans gesteckt werden.

Schwimmbäder

Öffentliche Schwimmbäder sind in Rom eine Seltenheit, und Schwimmen ist ein teurer Spaß. Es gibt eine große Anzahl von kleineren Privatbädern, die aber nur mit einem Mitgliedsausweis, für den man kräftig zahlt, zu betreten sind und die selten im Stadtzentrum liegen. Die Schwimmbäder haben meistens von 9 – 19 Uhr geöffnet, aber es können auch Zeitkarten nur vormittags oder nur nachmittags gelöst werden.

Piscina delle Rose, Viale America 20 (EUR-Viertel), Tel. 5926717. Eines der preisgünstigsten Schwimmbäder Roms, und mit der Linie B der U-Bahn bis EUR Palasport auch einfach zu erreichen.

Circolo del Ministero dei Lavori Pubblici, Lungotevere di Revel 7, Tel. 3233455. Privatbad am Tiberufer, aber trotzdem noch erschwinglich. Öffnungszeiten: 10 – 18.50 Uhr.

Schwule

Rom bietet kaum Strukturen für «Gays». Seit geraumer Zeit wartet man in Rom speziell auf die Nominierung eines Beraters der Stadtverwaltung, der sich um die Anliegen homosexueller Menschen kümmert. Die wichtigsten Schwulenorganisationen:

Arci-Gay Pegaso, Via Primo Acciaresi 7 (Metro Tiburtina), Tel. 4173 0752. Initiative, die sehr eng mit der linksdemokratischen Partei PDS verbunden ist. Öffnungszeiten: Mo – Fr 16 – 19 Uhr.

Circolo Mario Mieli, Via Ostiense 202 (Metro Basilica S. Paolo), Eingang Via Corinto 5, Tel. 5413985. Eine aus dem Zusammenschluß verschiedener Schwulenvereinigungen entstandene Initiative. Öffnungszeiten: Mo, Di 14 – 20 Uhr, Mi – Sa 18 – 20 Uhr.

Die Kneipenszene für Schwule ist schnellen Wechseln unterworfen. Seit Jahren bestehen jedoch folgende drei:

Hangar, Via in Selci 69, Tel. 4881397. Die Bar wurde 1983 von einem Amerikaner gegründet, der noch heute Besitzer ist. Öffnungszeiten: Mo, Di – So 22.30 – 2 Uhr.

L'Alibi, Via di Monte Testaccio 44 – 47 (Metro Piramide). Erste römische Schwulendisco, die sicherlich mit zum Boom des Testaccio-Viertels als Zentrum des alternativen Nachtlebens beigetragen hat (siehe auch Tanzen und Musik). Öffnungszeiten: Di – So 23 – 4 Uhr.

L'Angelo Azzuro, Via Merry del Val 13 (Trastevere), Tel. 5800472. «Der blaue Engel» ist eine weitere traditionsreiche Schwulendisco. Öffnungszeiten: Fr – So 22 – 2 Uhr.

Babele, Via Paola 44 (Nähe Engelsburg), Tel. 6876628, fungiert als einzige Gay-Buchhandlung in Rom.

Sport

Stadien

Foro Italico, Lungotevere Maresciallo Dia / Viale dei Gladiatori, Flaminia. Zur Sportanlage (1933 – 39) gehören: Das «Stadio dei Marmi» für Leichtathletik, das 20000 Zuschauern Platz bietet. Das «Stadio del Nuoto» für die Schwimmwettkämpfe, das «Stadio della Farnesina» (Athletik) und Tennisplätze, auf denen die bekannten «Open Rom» ausgetragen werden. Außerdem gehört das «Stadio Olimpico» (1960) dazu, 1990 völlig restauriert und erweitert. Aufnehmen kann es 100000 Zuschauer. Hier finden die Fußballspiele der Erstliga-Mannschaften statt. Die römischen Vereine (A.S. Roma und Lazio) halten mit ihren Fans, den ‹tifosi›, die Südkurve besetzt.

Palazzo dello Sport, Viale dell'Umanismo, Metro EUR Palasport, wird hauptsächlich für Basketballspiele genutzt und als Veranstaltungsort für Rockkonzerte.

Palazzetto dello Sport, Piazza Apollodoro, Via Flaminia, Bus 910. Auch dieser Bau wurde für die Olympischen Spiele 1960 konstruiert. Box-, Gymnastik- und Ringwettkämpfe.

Fußball

Auch in Rom ist der Ball rund, doch zum Fankreis gehören nicht nur männliche Jugendliche, sondern gesamte Familien zieht er sonntags zu den Spielen und auch sonst in seinen Bann. Die römischen Fußballvereine teilen sich alternierend das Olympiastadion:
AS Roma hält sich mit Mühe in der Erstliga. Er ist der traditionelle Verein der Städter. Seine Farben sind gelb / rot, wie die der Stadt Rom.
Lazio, die andere römische Mannschaft, hat die Farben weiß / blau. Ihre Fans stehen im Ruf, vor allem politisch rechten Kreisen zuzugehören. Der Großteil ihrer Anhänger kommt aus dem Parioliviertel und der Umgebung Roms. Auch Lazio hält sich mühsam in der Erstliga.
Informationen und Karten für die Spiele der beiden Vereine gibt es in der **Bar Castellino**, Via Cesare Battisti 135 (Piazza Venezia), Tel. 6783855; **Orbis**, Piazza Esquilino 37, Tel. 4744776.

Marathon

Roms größter Marathonlauf ist im April, am Geburtstagsfest der Stadt, das Stadtzentrum bleibt für den Verkehr gesperrt.

Sprachkurse

Dante Alighieri, Piazza Firenze 27, Tel. 6873722, Fax 6873691. Kurse mit recht traditioneller Methode. Dafür sehr preiswert und in einem wunderschönen Palazzo untergebracht.

Italiaidea, Piazza della Cancelleria 85, Tel. 68307620. Individual- und Gruppenkurse, auch abends.

Torre di Babele, Via Bixio 74 (Metro Piazza Vittorio), Tel. 77008434, Fax 70497150. Unterschiedliche Kurse mit moderner Unterrichtsdidaktik. Kleine Gruppen. Außer Sprachvermittlung auch Infos zur römischen Kultur.

Stadtrundfahrten und Führungen

Eine Reihe von privaten Büros und Agenturen bieten Stadtrundfahrten und Führungen an. Außerdem gibt es einen Service der römischen Verkehrsbetriebe ATAC, die mit der Linie 110 eine zweistündige Stadtrundfahrt durchführen.
Abfahrt vor dem Hauptbahnhof an der Piazza dei Cinquecento. Abfahrtzeiten: Von April bis Oktober täglich um 15.30 Uhr, von November bis März, Sa, So und an Feiertagen um 14.30 Uhr. Die Fahrscheine kosten 15000 Lire und können am ATAC-Kiosk auf der Piazza gekauft werden.

Appian Line, Piazza Esquilino 6, Tel. 4746251. Die Stadtrundfahrten finden Mo – Fr 9 – 16 Uhr statt, es reicht 15 Minuten früher da zu sein. Preise: 40000 – 60000 Lire. Organisiert werden auch Ausflüge nach Neapel und Pompei.

Roma Easy Tour, auf eigene Faust können Sehenswürdigkeiten des antiken und modernen Rom besichtigt werden. Über eine Stunde gesprochene Erklärungen begleiten zu den Denkmälern zwischen der Piazza Venezia und dem Kolosseum. Man muß keinen vorgeschriebenen Rundgang benutzen, sondern kann sich einen individuellen Spaziergang zusammenstellen. Einzelheiten beim Tourist Information Point der Comune Rom: Largo Corrado Ricci, Largo Carlo Goldoni und Via Nazionale.

Club Montevecchio, Tel. 6864488, **Genti e Paesi**, Tel. 8530 1755, **Gruppo Excursionisti Verdi**, Tel. 822733. Führungen zu Fuß. **Ruota Libera**, Tel. 3972410, interessante Führungen mit Fahrrädern.

Stadtviertel

Für den Reisenden sind vor allem die Viertel innerhalb der Aurelianischen Stadtmauer interessant: Antike findet sich geballt zwischen Kapitol, Palatin, Esquilin und Viminal. Der **Aventin** ist heute einer der wenigen ausschließlich wohlhabenden Wohnbezirke in zentraler Lage. Auf dem benachbarten sogenannten **Kleinen Aventin** zwischen Caracalla-Thermen und Ostiense-Bahnhof hat Rom einen merkwürdig neuzeitlich-kleinstädtischen Charakter. Zwischen Pincius (Pincio) und Tiberknie liegt dagegen das Rom der Päpste, wo barocke Teile die aus Renaissance und Mittelalter durchwachsen. Das gilt auch für **Trastevere** jenseits des Tibers unterhalb des Janiculums (Gianicolo). Der mittelalterliche **Borgo** unterhalb des Vatikans ist unter Mussolini weitgehend abgerissen worden und hat der langweiligen, aber großzügigen Bebauung um die Via della Conciliazione Platz gemacht. Daneben war als eines der ersten neuen Viertel der Hauptstadt **Prati** mit seinen rechtwinkligen Straßen außerhalb der Mauern entstanden (die Via Cola di Rienzo ist heute eine wichtige Einkaufsstraße). Die neueren Stadtviertel um die Jahrhundertwende auf dem Rücken des Quirinals, Viminals und Esquilins (den die Römer auch Colle Oppio nennen), machen heute einen eher heruntergekommenen Eindruck, sind aber immer wieder mit großartigen Zeugnissen aus der Geschichte durchsetzt, die hier früher abseits in der Einsamkeit der Garten- und Weidelandschaft lagen. Die Viertel, die sich wie ein erster Gürtel um die Stadtmauern legen (**Monteverde**, **Monte Mario** zum Beispiel jenseits des Tibers, **Parioli**, **Nomentana** diesseits), sind trotz vieler städtebaulicher und sozialer Wunden immer noch gesuchte bürgerliche Wohngegenden (vor allem das noblere **Parioli**). Auch wegen der Nähe zu den großen Parkanlagen Villa Pamphili, Villa Borghese oder Villa Ada. Alte Arbeiterviertel dieses Gürtels – **San Lorenzo** hinter dem Bahnhof und **Testaccio** am Fuß des Scherbenhügels Nahe des Aventins – überraschen heute mit einer lebendigen Kneipen-, Theater- und Discoszene. Als Mustervorort plante Marcello Piacentini in den dreißiger Jahren die Gartenstadt **Garbatella** südlich von Ostiense – vielleicht das beste, was unter der faschistischen Stadtentwicklung gebaut worden ist. Dahinter beginnt die weite Peripherie mit wenigen interessanten Unterbrechungen (zum Beispiel das EUR-Viertel im Süden Richtung Ostia oder modern-mythologische Orte wie Cinecittà, die Kinostudios draußen an der Via Tuscolana). Abschreckende Beispiele in den Vorstädten gibt es viele. Eines für alle: der rund einen Kilometer lange Betonbau **Corviale** (1972 – 82) an der südwestlichen Peripherie, der mit 8000 Menschen eine Kleinstadt (ohne soziale Einrichtungen) aufgenommen hat. Hier wohnt nur, wer keine andere Alternative zur Baracke kennt.

Tanzen

Die meisten Clubs öffnen zwar um 23 Uhr, aber das Publikum erscheint erst nach Mitternacht. Die Eintrittspreise schwanken zwischen 15000 und 40000 Lire. Wenn man zu mehreren ist, kann man auch handeln, und manchmal gibt es für Frauen freien Eintritt. Im Sommer verlegen einige Discos ihre Aktivität ans Meer, andere schließen. Dafür darf bei Veranstaltungen in der Stadt, im Rahmen des Sommer-Programms der römischen Stadtverwaltung «Vacanze romane», getanzt werden.
Airport Caffè, Via di Porta Castello 44 (Nähe Vatikan). Großes ehemaliges Kino. Nicht immer geöffnet, manchmal Live-Konzerte.

Alien, Via Velletri 13 (Piazza Fiume) Ziemlich schick, die Qualität der Musik ist aber nicht vom besten. Ab und zu werden Kunstaktionen, «Arte in discoteca», organisiert.

Black Out, Via Saturnia 18 (S. Giovanni) die Mode-Disco der achtziger

Jahre, die nun zu ihren Wurzeln zurückkehrt. Punk, Grunge und Live-Konzerte.

Gilda, Via Mario de' Fiori 97 (Spanische Treppe). Edeldisco mit viel Schickeria. Öfters wegen Privatveranstaltungen geschlossen. Gefeiert werden Filmpremieren, Geschäfts- oder Parteijubiläen, Geburtstage und Scheidungen.

Downtown, Via dei Marsi 17 (S. Lorenzo), Disco im Studentenviertel S. Lorenzo. Jugendliches Publikum. Manchmal auch Live-Konzerte.

L'Alibi, Via di Monte Testaccio (Testaccio-Viertel). Traditionsreiche Schwulendisco, aber auch für Frauen Einlaß.

Picasso, Via di Monte Testaccio 63. Eine weitere Disco im Testaccio-Viertel. Manchmal auch Live-Konzerte mit jungen römischen Gruppen. Im Sommer organisiert sie Funk-, Rock- und World-Music-Konzerte im Freien, im nahe liegenden Testaccio Village, dem ehemaligen Schlachthof.

Piper, Via Tagliamento 9. Eine der ältesten Diskotheken Roms, große Tanzfläche, Video und viele Effekte. Gestyltes Publikum.

Radio Londra, Via di Monte Testaccio 67. Erfolgreiche Disco im Stil eines Bunkers, auch sie im Testaccio-Viertel. Klein und immer brechend voll. Musikstil: Grunge, House und Underground.

Telefonieren und Faxen

Telefonieren läßt es sich von Telefonzellen oder von Münztelefonen in Bars, am weißen Schild mit einem roten Telefonhörer über der Tür zu erkennen. Die Apparate funktionieren manchmal noch mit 100-, 200- oder 500-Lire-Stücken, meistens aber mit Telefonkarten («scheda telefonica»), die in Tabakläden zu kaufen sind und auf denen Einheiten für 5000, 10 000 oder 15 000 Lire gespeichert sind. Auch für längere Ferngespräche empfehlen sich die Büros der Telecom, man zahlt die Einheiten nach dem Gespräch. Ein Büro befindet sich zum Beispiel in der Schalterhalle des Bahnhofs Termini. Die günstigsten Zeiten zum Telefonieren nach Deutschland sind Mo – Sa von 22 – 8 Uhr, sonn- und feiertags rund um die Uhr. Die Vorwahlen von Rom ins Ausland: Deutschland 00 49, Schweiz 00 41, Österreich 00 43. Inlandauskunft 12, Auslandsauskunft 176. Von den Ortsnummern der Städte in Deutschland ist bei Ferngesprächen die erste 0 wegzulassen. Die Vorwahl für Rom innerhalb Italiens ist 06, vom Ausland 00 39 / 6.
Faxen in Rom ist u. a. von der Hauptpost an der Piazza S. Silvestro möglich oder von Kopiershops aus, die auf Plakaten in ihren Fenstern «Servizio fax» anbieten, der jedoch relativ teuer ist.

Theater

Die Theaterlandschaft ist eher flach und ohne größere Erhebungen. Das Spektrum der Theater im architektonischen Sinn reicht von wunderschönen, ehrwürdigen Bauten aus vergangenen Jahrhunderten über geschmack- und zeitlose Bühnen bis hin zu feuchten Kellertheatern. Die Vorstellungen beginnen meistens um 21 Uhr, sonntags und donnerstags in manchen Theatern um 17 Uhr. Das aktuelle Theaterprogramm wird in den großen Tageszeitungen veröffentlicht.
Teatro Argentina, Largo di Torre Argentina 52, Tel. 68 80 46 01 / 2. Zweitältestes Theater Roms aus dem Jahre 1732. Es ist der Sitz des römischen Stadttheaters, mit z. Zt. Luca Ronconi als künstlerischem Leiter. Im Juli und August begibt sich der Theaterbetrieb mit Veranstaltungen unter freien Himmel nach Ostia Antica.

Teatro dell'Opera, Via Firenze 72 (Termini), Tel. 4 88 17 55. Die römische Oper führt ein ziemliches Schattendasein.

Teatro Olimpico, Piazza G. da Fabriani 17, Tel. 3 23 48 90. Gastspiele mit internationalen Kompanien, Tanz und Konzerte, auch Sitz der Accademia Filarmonica.

Teatro Sistina, Via Sistina 129 (Spanische Treppe), Tel. 4 82 68 41. Es ist *das* Theater für Musicals, Unterhaltungsmusik und Chansons. Bietet Gastspiele von guter Qualität.

Teatro Valle, Via del Teatro Valle 23 (Pantheon), Tel. 68 80 37 94. Ältestes

Theater Roms, das 1727 zum Carneval eingeweiht wurde. Gastspiele – klassische und moderne Stücke.

Teatro Vittoria, Piazza S. Maria Liberatrice 8 (Testaccio), Tel. 5740170. Das Theater hat sich in den letzten Jahren auf Boulevard spezialisiert.

Das Off-Theater und auch der Tanz bringen ab und zu etwas Licht in das graue römische Theaterleben. Aber auch hier bleibt es nur bei einmaligen Erlebnissen. Den Gruppen gelingt es kaum, kontinuierlich und perspektivisch zu arbeiten.

Teatro dell'Angelo, Via De Saint Bon 17 (Prati), Tel. 3700093. Avantgardistische Aufführungen italienischer und ausländischer Gruppen. Musikveranstaltungen, Jazz und auch Experimentelleres. Organisiert auch Workshops.

Teatro Colosseo, Via Capo d'Africa 5a (Kolosseum), Tel. 7004932. Ein Ort für junge italienische Regisseure, Schauspieler und Stückeschreiber. In vier verschiedenen Räumen wird gleichzeitig gespielt.

Teatro degli Artisti, Via S. Francesco di Sales 14 (Trastevere), Tel. 68808438. Unterstützt wird dieses Theater von vielen Künstlern, insbesondere Theaterschaffenden aus der alternativen Szene. Interessante Räumlichkeiten mit Innenhof. Organisiert auch Ausstellungen.

Teatro della Cometa, Via del Teatro Marcello 4 (Piazza Venezia). Es präsentiert Stücke der neueren Generation von italienischen Schreibern, Regisseuren und Schauspielern.

Teatro dell'Orologio, Via dei Filippini 17/A, Tel. 68308735. Traditionsreiches Theater für den Off-Bereich. Drei Säle mit Aufführungen von zeitgenössischen Stücken. Ein kleines Café für Kabarett und Lesungen.

Teatro Il Vascello, Via G. Carinin 72/78 (Monteverde), Tel. 5894280, eines der interessanteren Theater Roms, vor allem mit seinen Gastspielen und kleineren Festivals, nationalen und internationalen. Verfügt über einen großen flexiblen Bühnenraum, was für Tanzproduktionen wichtig ist.

Biblioteca Teatrale del Burcardo, Via del Sudario 44 (Largo Argentina), Tel. 68806755. In einer Seitenstraße neben dem Teatro Argentina ist in einem Renaissancehaus eine auf Theater spezialisierte Bibliothek untergebracht. Außer Büchern gibt es einige handgeschriebene Manuskripte und ein kleines Museum. Ein kleiner Leckerbissen für Theaterfreunde. Öffnungszeiten: werktags von 9 bis 13.30 Uhr.

Trinkgeld

Die «Mance», die Trinkgelder, sind in Italien kein Zwang, aber durchaus üblich. Viele Römer legen mit dem Kassenbon, dem «Scontrino», 100- oder 200-Lire-Münzen auf den Tresen, wenn sie ihren Caffé bestellen. In Restaurants rundet man die Summe der Rechnung auf, das kann von 1000 Lire bis 10000 variieren. Meistens erwarten auch Taxifahrer, Hoteldiener, Platzanweiserinnen und Garderobieren ein kleines Trinkgeld.

Überleben

Vorsicht vor Taschendieben ist in allen Buslinien geboten, die häufig von Touristen benutzt werden, wie die Linie 64, die vom Bahnhof zum Vatikan fährt, und die Linie zu den Katakomben. Immer wenn es eng wird, wie auch auf Märkten, möglichst die Tasche oder Geldbörse unter Kontrolle behalten. Am besten ist, die gerade nur nötige Geldsumme einzustecken. Nicht immer ist Diebstahl ein Grund, wenn vor allem Frauen in Bussen jemand zu nahe kommt. Im Gedränge passiert es auch, daß Frauen von Männern mit besonders unschuldigen Blicken bedrängt werden. Ellbogen und deutsche Schimpfwörter, wenn italienische noch unbekannt sind, einsetzen. Eine weitere Vorsichtsmaßnahme, auf die man achten kann: Handtaschen oder Fotoapparate auf der der Straße abgewandten Seite tragen! So läßt sich der «Scippo», eine Blitzaktion mit Mofas oder Motorrädern, vermeiden: Geschickte Fahrer nähern sich dabei dem Passanten, reißen die Tasche weg und verschwinden so schnell, wie sie gekommen sind. Sonst gelten die üblichen Regeln: Handtaschen in Restaurants und Cafés nicht über die Rückenlehne der Stühle hängen.
Vorsicht ist auch geboten, wenn sich Gruppen von bettelnden Zigeunerkin-

dern nähern, die ihre Opfer mit Pappkartons und Zeitungen in der Hand umringen, wodurch die Sicht auf Hosen- und Handtaschen genommen wird. Im Notfall: **Carabinieri**, Piazza Venezia, Tel. 6789557. Rund um die Uhr geöffnet. **Allgemeiner Notruf** 113 (kostenlos), **Automobilclub ACI** 116. Im Auto nichts liegen lassen, Autoradio entfernen. Das schützt vor Einbruch und zerschlagenen Fensterscheiben. Den Wagen möglichst mit einem zusätzlichen Lenkradschloß sichern oder besser über Nacht in eine Garage stellen. Falls das Auto nicht mehr an seinem Platz steht, an dem es abgestellt wurde, gibt es zwei Möglichkeiten: Es wurde gestohlen oder von der Verkehrspolizei abgeschleppt. Im ersten Fall wendet man sich an die nächstgelegene Carabinieri-Station oder an die **Questura**, Via Genova 2, Tel. 4686. Gegen Falschparker wird in den letzten Jahren streng vorgegangen, und neben Abschleppen werden auch Reifenkrallen im Kampf gegen Verkehrssünder eingesetzt. Dann wende man sich an: **Commando dei Vigili Urbani**, Via della Consolazione 4, Tel. 67691 / 6769838. Nach Angabe der Autonummer erfährt man, auf welchen Abstellplatz der Wagen geschleppt wurde. Am Autodepot zahlt man dann auch die Strafe und die saftigen Gebühren (umgerechnet mehrere hundert Mark), um das Auto wieder auszulösen. Führerschein und Kfz-Schein mitbringen. Geöffnet sind die Abstellplätze 8.30 – 13.30 Uhr und 14 – 20.30 Uhr, Sonn- und Feiertage geschlossen.

Umweltgruppen

Greenpeace, Viale Manlio Gelsomini 28, Tel. 5782484 – 5750053, Fax 5783531, kümmert sich hauptsächlich um Probleme des Mittelmeers, um Giftmüll und um Nuklearabfälle.

Italia nostra, Piazza Cola di Rienzo 92, Tel. 3235346, Fax 3235505. Geboren als Organisation, die anfänglich gegen den Verfall von Kunstschätzen und gegen wilde Stadtentwicklungen kämpfte. Sie legte sich mit der Zeit immer mehr einen umweltfreundlichen Stempel zu. Wichtige Informations- und Anlaufstelle.

Legambiente Lazio, Via Nazionale 87, Tel. 4870824. Die größte italienische Umweltorganisation, organisiert häufig Kampagnen, oft auch mit privaten Sponsoren.

L. I. P. U. Lega Italiana Protezione Uccelli, Piazzale Clodio 13 (Prati), Tel. 39730903. Italienischer Vogelschutzbund, der unter anderem im römischen Zoo eine Pflegestelle für verletzte Wildvögel unterhält.

V. A. S. Verdi Ambiente e Società, Corso Vittorio Emanuele II 251, Tel. 68300858, Fax 68300859. Linksorientierte Umweltgruppe. Führt Untersuchungen zu Verkehrs-, Abfall- und anderen Umweltproblemen durch. Hat eine monatlich erscheinende Zeitschrift, *Verde Ambiente*.

WWF Lazio, Via Trinità dei Pellegrini 1, Tel. 6892951, Fax 6896522. Kümmert sich um Wasserqualität, Recycling und Artenschutz.

Telefono verde, Via Aurelia 294/C, Tel. 39377886, Fax 6372266. Telefondienst, um Verstöße gegen die Umwelt anzuzeigen.

Universitäten und Hochschulen

Rom besitzt drei Universitäten: La Sapienza, die große Massenuniversität mit 13 Fakultäten und über 180000 Studenten. Ihren Hauptsitz hat sie in der während des Faschismus erbauten Città Universitaria am Piazzale Aldo Moro (S. Lorenzo). Die zweite Uni, Tor Vergata, liegt zwischen Via Tuscolana und Casilina, etwas außerhalb Roms. Sie beherbergt in erster Linie medizinische und naturwissenschaftliche Fakultäten. Die dritte Universität, Terza Università, ist mit acht Fakultäten die kleinste Uni. Die Vorlesungszeit dauert von Anfang November bis Anfang Juni, die Examensperioden sind Juni und Oktober.

Università degli Studi La Sapienza, Piazzale Aldo Moro 5 (Città Universitaria), Tel. 49911 (Zentrale).

Università degli Studi Tor Vergata, Via Orazio Raimondo 8 (Tor Vergata), Tel. 72591 (Zentrale).

Terza Università degli Studi di Roma, Via Ostiense 159, Tel. 57371 (Zentrale). Ausländische Studenten, die in Rom studieren wollen, wenden sich am besten für Informationen an folgende Stelle: **Segretaria degli Studenti**

Stranieri, Piazzale delle Scienze 2 (Città Universitarià).

Als staatliche Kunstakademie für die Gebiete Malerei, Bühnenbild, Skulptur und Dekor (mit vierjähriger Ausbildung) fungiert die **Accademia delle Belli Arti**, Via Ripetta 222 (Via del Corso), Tel. 3227025.

In der heiligen Stadt Rom sind natürlich auch vatikanische Unis vertreten, die nicht nur Theologie lehren: **Università Gregoriana Pontificia**, Piazza della Pilotta 4 (Trevibrunnen), Tel. 67011.
Università Cattolica del Sacro Cuore, Largo A. Gemelli 8, Tel. 30151. Medizinische und chirurgische Fakultät mit angeschlossener Uniklinik.

Außerdem arbeiten in Rom eine Reihe von Akademien und Privathochschulen:
Accademia Archeologica Italiana, Via S. Nicola da Tolentino 21, Tel. 461849.
Accademia Nazionale di Arte Drammatica Silvio d'Amico, Via Bellini 16, Tel. 8543680, Schauspiel- und Regieausbildung.
Accademia Nazionale di Danza, Largo Arrigo VII 5 (Aventin), Tel. 574 1430, Tanzausbildung.
Accademia di Costume e di Moda, Via della Rondinella 2 (Lungotevere), Tel. 6864132, Modeschule.
Centro Sperimentale di Cinematografia, Via Tuscolana 1524, Tel. 722941. Traditionsreiche und bekannte Filmschule für Regie, Produktion und Schauspiel. Angeschlossen sind eine Bibliothek und ein Filmarchiv.
Istituto Europeo di Design, Via Salaria 222, Tel. 854956. Design, Mode und visuelle Kommunikation.
Luiss, Libera Università Internazionale degli Studi Sociali, Viale Pola 12, Tel. 674861. Von der Privatindustrie subventionierte Universität. Jura, Politikwissenschaften, Wirtschaft und Journalistik. Hat einen guten Ruf, aber sehr elitär.

Unterkünfte

Hotels und Pensionen

Die internationalen Hotelketten sind zwar in Rom vertreten, doch der Großteil der römischen Hotels besteht aus kleinen Privatunternehmen. Das Preisniveau ist hoch, sogar wenn man etwas außerhalb (etwa in die größeren Hotels an der Via Aurelia) geht, wird es nicht billiger als in der Innenstadt. Im Gegenteil, im Zentrum von Rom, etwa um den Campo de' Fiori, finden sich noch einigermaßen billige Hotels, die zwar oft kleine Zimmer haben, aber durchaus zu empfehlen sind. Mit einer Unterkunft im Zentrum hat man den Vorteil, Rom zu Fuß entdecken zu können, und abends braucht man nicht an den Nachtbus oder Taxi denken. Auch um den Hauptbahnhof befinden sich eine Reihe von preiswerten Unterkünften. Die exklusiven Hotels liegen hauptsächlich in der Via Veneto und nahe der Spanischen Treppe. In den meisten Übernachtungspreisen ist das Frühstück nicht inbegriffen. Am besten besteht man erst gar nicht auf der «prima colazione», denn in den meisten Fällen gibt's nur weichen Toast und flauen Kaffee – Cappuccino und Cornetto (süße Hörnchen) schmecken in der Bar um die Ecke besser. Vor allem an Ostern und im September ist es besser, sich schon lange im voraus um ein Zimmer zu kümmern. Zentrale Hotelzimmervermittlung nehmen folgende Büros vor:

Ente Provinciale per il Turismo, Via Parigi 5, Tel. 4883748. Öffnungszeiten: 9 – 19 Uhr.

Enjoy Rome, Via Varese 39 (Bahnhofsnähe), Tel. 4451843, Fax 4450734. Agentur, die außer Zimmervermittlung in Hotels, Pensionen und Studentenwohnheimen auch Privatunterkünfte für längere Aufenthalte besorgt. Im Büro selbst gibt es kostenloses Material, Stadtpläne und eine Gepäckaufbewahrung. Öffnungszeiten: Mo – Fr 8.30 – 13 Uhr und 15.30 – 18 Uhr, Sa 8.30 – 13 Uhr.

Hotelreservations, Tel. 6991099. Die Agentur hat ein Informationsbüro im Bahnhof Termini und eines am Flughafen.

Für alle, die sich die Unterkunft selbst organisieren wollen, hier einige Vorschläge, hauptsächlich für die preiswerteren Zimmer. Wir haben Hotels im Zentrum berücksichtigt und die Auswahl nach Sternen eingeteilt, wobei die Übergänge zwischen den einzelnen Kategorien manchmal fließend sind. Meistens steigen die Preise schneller als der Komfort.

Drei-Sterne-Hotels
(Einzelzimmer 140000 – 190000 Lire, Doppelzimmer 180000 – 240000 Lire).
Aberdeen, Via Firenze 48 (Nähe Termini), Tel. 4823920, Fax 4821092. Hotel in einer Nebenstraße der Via Nazionale. Zimmer über zwei Stockwerke verteilt. Frühstücksbuffet.

Amalfi, Via Merulana 278 (S. Giovanni in Laterano), Tel. 4744313, Fax 4820575. Hotel mit 19 Betten und gutem Service. In der Vor- und Nachsaison günstige Angebote.

Celio, Via dei Santi Quattro 35 c (Kolosseum), Tel. 70495333, Fax 7096377. Kleines, mit besonderem Geschmack eingerichtetes Hotel mit ruhigen Zimmern. Reichhaltiges Frühstück wird auch ans Bett serviert. Garage kann organisiert werden.

D'Este, Via C. Alberto 4/B (Bahnhof Termini), Tel. 4465607, Fax 4465601. Modernes Hotel in Bahnhofsnähe. Geräumige Zimmer und Frühstücksbuffet, Dachterrasse.

Pincio, Via Capo Le Case 50 (Piazza di Spagna), Tel. 6790758, Fax 6791233. Gepfleges Hotel unweit der Spanischen Treppe. Spartanisch eingerichtete Zimmer, dafür viele mit Deckenfresken und Marmorboden.

Sant'Anselmo, Piazza di S. Anselmo 2 (Aventin), Tel. 5743547, Fax 5783604. Gepflegtes Hotel in Jugendstilvilla, auf dem Aventinhügel gelegen. Für alle, die es etwas ruhiger lieben und trotzdem nahe am Zentrum sein wollen; Garten mit Orangenbäumen.

Villa S. Pio, Via di S. Anselmo 19 (Aventin), Tel. 5743547, Fax 5783604. Fast identisch mit dem Hotel Sant'Anselmo. Größerer Garten mit Veranda. Für Lage und Service sehr preisgünstig.

Zwei-Sterne-Hotels
(Einzelzimmer 110000 – 140 000 Lire, Doppelzimmer 140000 – 180000 Lire)
Arenula, Via S. Maria dei Calderari 47 (Ghetto), Tel. 6879454, Fax 6896188. Gutes Hotel mit Lage im antiken Herz der Stadt. Klimaanlage gibt's mit Preisaufschlag.

Aventino, Via di S. Domenico 10 (Aventin), Tel. 5745174, Fax 5783604. Den anderen Hotels auf dem Aventin angeschlossenes Haus, ebenfalls sehr ruhig gelegen, mit hübschem Garten. Einfache Zimmer. In seiner Kategorie sehr preisgünstig.

Campo de' Fiori, Via del Biscione 6 (Campo de' Fiori), Tel. 68806865, Fax 6873006. Hotel mitten im Zentrum mit zwei Terrassen, die zum Campo de' Fiori liegen. Im ersten Stock die «romantischen» Zimmer mit besonderer Atmosphäre.

Croce di Malta, Via Borgognona 28 (Piazza di Spagna), Tel. 6795482, Fax 6780675. Einfache geräumige Zimmer, sehr zentral an der Spanischen Treppe gelegen.

Margutta, Via Laurina 34 (Piazza di Spagna), Tel. 3223674, Fax 3200395. Kleines Hotel mit angenehmer Atmosphäre und sympathischem Personal. Die Zimmer sind sehr einfach eingerichtet.

Parlamento, Via delle Convertite 5 (Nähe Via del Corso), Tel./Fax 69921000. Drei Stockwerke erklimmt man zu Fuß, bis man die nette Pension erreicht. Freundliche Atmosphäre mit Dachterrasse und Blick über die Dächer Roms.

Smeraldo, Vicolo dei Chiodaroli 9 (Campo de' Fiori), Tel. 6875929. Pension mit angenehmer Atmosphäre in zentraler Lage. Kleine Zimmer.

Ein-Sterne-Hotels
(Einzelzimmer 70000 – 110000, Doppelzimmer 100000 – 140000 Lire.)
Abruzzi, Piazza della Rotonda 69 (Pantheon), Tel. 6792021. Preiswerte Pension, die nur wenige Zimmer mit Bad hat. Liegt direkt am Pantheon, und unter dem Fenster tobt das römische Leben. Wer ruhiger schlafen will, sollte nach den Zimmern nach hinten raus fragen.

Casa Kolbe, Via S. Teodoro 44 (Nähe Bocca della Verità), Tel. 6794974, Fax 68312. Großes Haus mit günstigen Preisen. Spezialtarife für Halb- und Vollpension.

Navona, Via dei Sedari 8 (Piazza Navona), Tel. 6864203, Fax 68803802. Freundliche Atmosphäre. Die Zimmer sind größtenteils mit Bad und geräumig.

Perugia, Via del Colosseo 7 (Kolosseum), Tel. 6797200, Fax 6784635. Kleine Pension in einer ruhigen Seitenstraße gelegen, mit Blick aufs Kolosseum.

Pomezia, Via dei Chiavari 12 (Nähe Campo de' Fiori), Tel. 6861371. Nette Pension mit Zimmern mit und ohne Bad. Hat eine kleine Terrasse und eine Bar in der Empfangshalle.

Jugendherbergen / Gruppenunterkünfte

Billige Unterkünfte für Jugendliche vermittelt **AIG, Associazione italiana alberghi per la gioventù**, Via Carlo Poma 2, Tel. 3729295.
Ostello del Foro Italico, Viale delle Olimpiadi 61, Tel. 3236279, Fax 3242613. Die Jugendherberge auf dem Olympiagelände ist ganzjährig geöffnet, im Sommer ist es etwas schwierig unterzukommen. Die Anmeldung ist von 14 – 23 Uhr geöffnet. Zu erreichen mit der Linie A bis Ottaviano und dann in den Bus 32 umsteigen. Zum Übernachten muß man im Besitz eines internationalen Jugendherbergsausweises sein.

YWCA, Via Cesare Balbo 4, Tel. 4880460. In der Nähe des Hauptbahnhofs gelegen. Die Unterkunft ist nur für Frauen in Zimmern mit ein bis vier Betten. Um Mitternacht wird geschlossen, danach ist kein Einlaß.

In den Semesterferien ist es auch möglich, in den Studentenwohnheimen zu übernachten:
Casa dello studente «Civis», Viale degli Affari Esteri 5, Tel. 3962951. **Residenza Universitaria**, Via Cesare de Lollis 24/b und Via G. Dominici 13.

Billige Schlafmöglichkeiten bieten auch eine Reihe religiöser Ordenshäuser an. Zentrale Verwaltung dafür ist: **Ufficio Informazioni Pellegrini e Turisti**, Piazza S. Pietro, Tel. 69884466. Infos auch in deutscher Sprache. Die kirchlichen Häuser sind sehr sauber und meist ruhig gelegen. Nachteil ist, daß sie oft etwas außerhalb liegen und am Abend früh geschlossen werden.
Casa Pallotti, Via dei Pettinari 64, Tel. 6568843. Eines der wenigen Ordenshäuser in zentraler Lage, nämlich in der Nähe des Campo de' Fiori.

Congregazione Suore dello Spirito Santo, Via Pineta Sacchetti 227, Tel. 3053101. Außerhalb gelegen, dafür mit Garten.

Domus Mariae, Via Aurelia 481, Tel. 6638823. Außerhalb gelegen, das Zentrum ist mit Bussen zu erreichen, nur Halb- oder Vollpension.

Campingplätze

Camping Flaminio, Via Flaminia Nuova km 8,2 Tel. 3332604. Geöffnet von März bis Oktober, kostenlose Schwimmbadbenutzung, Bus 910 ab Stazione Termini.

Camping Capitol, Via Castelfusano 195, Tel. 5662720. Ganzjährig geöffnet. Liegt an der Ausgrabungsstätte Ostia Antica. Schwimmbad und Tennisplätze. Mit der Stadt durch die Bahnstrecke Rom–Ostia Lido verbunden (Abfahrt Metrostation Piramide).

Vatikan

Zufahrt mit der Metrolinie A bis Ottaviano (für die Vatikanischen Museen) oder mit dem Bus 64 bis zum Petersdom. Zwischen dem Petersplatz und den Museen pendelt ein Bus. Offizieller Hinweis der vatikanischen Verwaltung: «Der Zugang zur Vatikanstadt ist nur Personen gestattet, die angemessen gekleidet sind.» Allgemeine Information: **Ufficio Informazioni Pellegrini e Turisti**, Piazza S. Pietro, 00120 Città del Vaticano (SCV), Tel. 69884466, Fax 69885100.
Eintrittskarten (gratis) für die päpstlichen Audienzen (jeweils mittwochs 11 Uhr in der Audienzhalle) gibt es Mo und Di 9 – 13 Uhr beim **Prefetto della Casa Pontifica** (nördlich der Piazza, wo die Kolonnaden bei der Präfektur beginnen).

Petersdom (Basilica di S. Pietro), Öffnungszeiten 7 – 19 Uhr (Okt – März 18 Uhr), Schatzkammer 7 – 18 Uhr (Eintritt), Kuppel 7 – 18/19 Uhr (Eintritt), Vatikanische Grotten 7 – 18/19 Uhr.
Bau einer ersten Basilika um 349 unter Kaiser Konstantin über dem Grab des

Apostels Petrus, ab 1506 Erneuerung durch eine Reihe von Architekten während Renaissance und Barock (Langhaus 187 Meter, Querhaus 76 Meter lang). Kuppel (132 Meter hoch) nach einem Entwurf von Michelangelo, Fassade und Vorhalle von Maderno, rechts außen die Heilige Pforte, links außen «Porta della Morte» von Giacomo Manzù (1964). Im Inneren 47 Kapellen, außerdem *Pietà* Michelangelos (1499), Petrus-Statue (Arnolfo di Cambio, 13. Jahrhundert), Altarbaldachin (Lorenzo Bernini, 1624) mit allegorischer Geburtsdarstellung über den Wappen des Papstes Urban VIII. an den Sockeln der vier gedrehten Säulen. In den Grotten Papstgräber sowie Bruchstücke von Giottos Mosaik (Angelo della Navicella) für die alte Peterskirche (13. Jahrhundert) sowie weitere Reste des Vorgängerbaus, der drei Meter tiefer lag als die heutige Basilika. Zugänge zur Schatzkammer (Kunstobjekte, liturgische Geräte) und zur Kuppel (Aussicht!).

Vatikanische Gärten (Grotten, Denkmäler, Vatikanbahnhof, Grünanlagen), Führungen tgl. außer So und bei päpstlichen Zeremonien 10 Uhr ab Pilgerbüro am Petersplatz (Eintritt), Karten vorher kaufen, nach der Sprache der Führung erkundigen, bei Bedarf gibt es mehrere Führungen am Tag.

Campo Santo Teutonico, Friedhof, eingerichtet zum Heiligen Jahr 1450, seit 1597 ist Rechtsträger die «Erzbruderschaft Unserer Lieben Frau auf dem deutschen Gottesacker bei Sankt Peter», verbunden mit einem deutschen Priesterkolleg. Außerdem Kirche S. Maria della Pietà (1501) und römisches Institut der Görresgesellschaft (große Bibliothek). Auf dem Friedhof Gräber des Malers Joseph Anton Koch, der Königin Charlotte Friederike von Dänemark, des Archäologen Ludwig Curtius und des Schriftstellers Stefan Andres. Zugang tgl. außer So und bei päpstlichen Zeremonien 9 – 12.30 Uhr durch das Tor links außen an Fassade St. Peters, dem Schweizergardisten angeben, daß man zum Campo Santo möchte.

Vatikanische Museen, Eingang Viale Vaticano. Öffnungszeiten: Mo – Sa 8.45 – 13.45 Uhr, von April bis Mitte Juni, im September und Oktober Mo – Fr bis 16 Uhr, Sa 8.45 – 13.45 Uhr (Eintritt), jeden letzten So im Monat 8.45 – 13 Uhr (Eintritt frei!), an staatlichen und kirchlichen Feiertagen geschlossen.

Fünf Routen werden angeboten, die zwischen 90 Minuten und fünf Stunden dauern können (durch verschiedene Farben gekennzeichnet). Die Sixtinische Kapelle und die Stanzen Raffaels liegen gut 25 Minuten Fußweg vom Eingang entfernt! Zu sehen sind neben vielen, vielen anderen: ägyptische und assyrische Kunst; etruskische Kunst (Museo Gregoriano Etrusco), griechische und römische Kunst (Museo Pio Clementino mit *Apoll* von Belvedere und Laokoon-Gruppe, Museo Chiaramonti mit Fußbodenmosaiken und Doryphoros-Standbild, Museo Gregoriano Profano mit Marmorfragmenten und Fresko der Aldobrandinischen Hochzeit); frühchristliche und mittelalterliche Kunst (Museo Pio Cristiano sowie Teile der Pinakothek mit Giottos *Stefaneschi-Triptychon*; und schließlich Kunst zwischen dem 15. und 19. Jahrhundert. Hierzu gehört die winzige Privatkapelle von Nikolaus V. mit Fresken des Fra Angelico (1451), die Sixtinische Kapelle (Fresken von Meistern des 15. Jahrhunderts an den Seitenwänden, Deckenfresken 1508 – 12 sowie Altarfresko 1541 durch Michelangelo), die Stanzen des Raffael (ab 1508), sowie in der Pinakothek die *Musizierenden Engel* von Melozzo da Forlì sowie Werke von Bellini, Leonardo da Vinci, Tizian, Guido Reni, Caravaggio und Raffaels letztes Bild, eine *Verklärung Christi*. Moderne Kunst ist teilweise im Appartemento Borgia untergebracht (von Georges Braque über Paul Klee und Edvard Munch bis Picasso). Von der Terrasse vor der Pinakothek (und Erfrischungsbar) schöner Blick in die Vatikanischen Gärten.

Veranstaltungsorte

Aquario Romano, Piazza Manfredo Fanti 47 (Piazza Vittorio). Erst seit seiner Restaurierung vor einigen Jahren ist das Gebäude für Veranstaltungen geöffnet, meist Aufführungen aus dem experimentelleren Theater- und Musikbereich, auch Ausstellungen und Seminare. Kein regelmäßiges Programm. Termine in den Tageszeitungen.

verde	grün
vicino	in der Nähe
Vorrei …	Ich hätte gern …
uscità	Ausgang

Abkürzungen

A	Autostrada (Autobahn)
ATAC	römische Verkehrsgesellschaft (Busse, Tram)
Acotral	Metro-Gesellschaft
BIG	Biglietto Integrato Giornaliero (Tageskarte)
DOC(G)	Denominazione di orgine controllata (e garantita) (Herkunftssigel für Wein, vergleichbar dem französ. AOC)
EPT	Ente provinciale per il turismo (Fremdenverkehrsamt)
FS (FF.SS)	Ferrovie di Stato (Staatsbahn)
M	Metropolitana (U-Bahn)
ple.	Piazzale
PS	Polizia di Stato (Polizei)
PT	Posta e Telegrafo (Post- und Telegraphenamt)
pza.	Piazza
SCV	Stato di Città del Vaticano (Vatikanstaat)
Sip	alte Abkürzung der Telefongesellschaft (heute: Telecom)
SS	Strada Statale (Staatsstraße)
T	Tabacchi (Tabakladen)

Zoo

Der **Giardino Zoologico** liegt am Rande der Villa Borghese mit Eingang am Viale del Giardino Zoologico, geöffnet von 8.30 Uhr bis zu 2 Stunden vor Sonnenuntergang. Der Eintritt für Kinder unter 1,30 Meter ist frei. Die Tiere sind in sehr engen Käfigen untergebracht, und das Konzept des Zoos ist überaltert. Nach jahrelanger Polemik ist nun geplant, den Bestand der Tiere nicht mehr auszubauen und die Anlage in einen Garten mit weitläufigen Freigehegen zu verwandeln.

DIE AUTOREN

Peter Kammerer, geboren 1938 in Offenburg, lebt in Urbino und unterrichtet an der dortigen Universität Soziologie. Veröffentlichungen über Heiner Müller und Pier Paolo Pasolini. Autor u. a. des *Reisebuch Italien* (zusammen mit Ekkehart Krippendorff bei Rotbuch).

Henning Klüver, geboren 1949 in Hamburg, pendelt als Kulturjournalist zwischen Deutschland und Italien, wo er zur Zeit in Mailand für die *Süddeutsche Zeitung* arbeitet. Veröffentlichungen über italienische Reiselandschaften (*Anders reisen: Norditalien*). Autor eines Jugendbuches über *Sissi – Die rebellische Kaiserin* (Rowohlt Taschenbuch Verlag).

DER FOTOGRAF

Bernhard Schurian, geb. 1962 in Rotenburg/Fulda, absolvierte 1986 die Münchner Fotoschule und hat seitdem als freischaffender Fotograf viele Länder bereist. Seine Reportagen und Fotoprojekte erschienen in Magazinen, Büchern und auf CD-ROMs. Seit 1994 lebt und arbeitet er in Berlin; Ausstellungen in Brüssel, Barcelona, Leipzig und München («Walter Benjamin – der letzte Weg», «Leipziger Maler 1987–1990»).

BILDNACHWEIS

Bernhard Schurian 2/3, 4/5, 6, 8/9, 11, 15, 19, 20/21, 25, 28/29, 30/31, 35, 36/37, 40/41, 47, 49, 53, 59, 63, 66/67, 69, 75, 76/77, 81, 87, 91, 92/93, 97, 99, 101, 104/105, 107, 109, 113, 117, 120/121, 125, 129, 132, 134/135, 137, 140/141, 143, 144/145, 149, 153, 154/155, 159, 163, 166/167, 170/171, 173, 177, 178/179, 180/181

REGISTER

Kursive Seitenzahlen verweisen auf den Infoteil

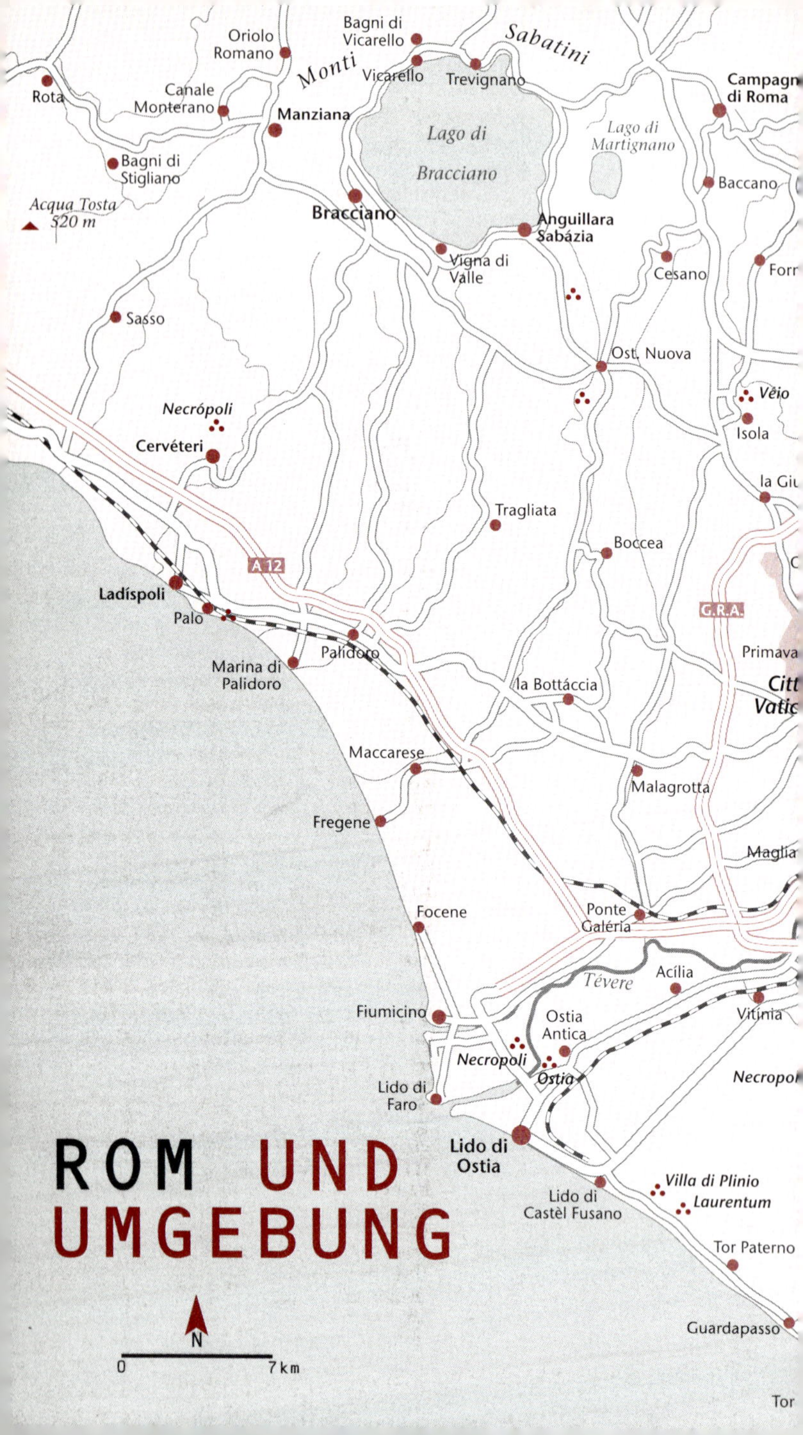
ROM UND UMGEBUNG
Oriolo Romano
Bagni di Vicarello
Monti Sabatini
Vicarello
Trevignano
Campagnano di Roma
Rota
Canale Monterano
Manziana
Lago di Bracciano
Lago di Martignano
Bagni di Stigliano
Baccano
Acqua Tosta 520 m
Bracciano
Anguillara Sabázia
Vigna di Valle
Cesano
Sasso
Ost. Nuova
Vêio
Isola
Necrópoli
Cervéteri
Tragliata
Boccea
A 12
G.R.A.
Ladíspoli
Palo
Palidoro
Marina di Palidoro
Primavalle
la Bottáccia
Maccarese
Malagrotta
Fregene
Maglia
Focene
Ponte Galéria
Tévere
Acília
Fiumicino
Vitínia
Ostia Antica
Necropoli
Ostia
Lido di Faro
Lido di Ostia
Villa di Plinio
Laurentum
Lido di Castèl Fusano
Tor Paterno
Guardapasso
N
0
7 km
Tor